JN229035

データ・ドリブン人事戦略

データ主導の人事機能を
組織経営に活かす

DATA-DRIVEN HR

HOW TO USE ANALYTICS AND METRICS TO DRIVE PERFORMANCE

バーナード・マー 著
Bernard Marr

中原孝子 訳
Koko Nakahara

日本能率協会マネジメントセンター

本書に寄せて

　人事そして人事機能そのものを、組織や従業員にとって、もっと価値あるものにしたいと思っているのなら、まずは、この本を読むことをお勧めします。必読（Must Read）の一冊です。
　（デビッド・グリーン　People Analytics Solutions　IBMグローバルディレクター）

　『データ・ドリブン人事戦略』は、人事プロフェッショナルが読むべき洞察力の深いマスターガイドです。ビッグデータ、人工知能、インターネットなどのツールは、もはやHRの将来ビジョンではなく、こんにち起こっている現実であることを本書は示しています。　人事に携わる人は、まずそれを受け入れることが必要でしょう
　（ヤニスラバ・リストーバ　Xogito Group,Inc　People Operationsディレクター）

　バーナード・マーは、人事が戦略的組織の意思決定の前面に立ち、その中心となるべき方法を示しています。　この「ハウツーガイド」は、人事データによってHRの役割を変革したい人に、明確かつ論理的なステップを提供します。これは預言ではなく、今こそその時なのです！
　（キャロライン・ネビット　People Insight　マーケティング・ディレクター）

　『データ・ドリブン人事戦略』は、人事プロフェッショナルを念頭に置いて書かれています。　データ・サイエンティストやデジタル・グルになりたい人のためというより、人事をよりインテリジェントにするためのトランスフォーメーション・ジャーニーを始めたいと望む人事専門家のための本です。　この本は、理解しやすく、また多くのすぐに使うことができる素晴らしいアイデアを提供しています。　役職レベルや経

験に関係なく、すべての人事専門家必読の書としてこれをお勧めします。

　（アリシュ・シンハ　Diageo　グローバルHR・パフォーマンス分析リーダー）

　バーナード・マーの『データ・ドリブン人事戦略』が優れている点は、まさに今の最緊急課題である人事問題に対して、革新的で実用的な解決策を提供していることです。まさに「今」にドンピシャリで、本当によく書かれています。私は、特に、各章の終わりにある「重要なポイント」を大いに役立てていました。

　（カレン・ルイス　Greene King　小売部門人事部長）

目次

第 1 章 | データ・ドリブン人事戦略 (Data-Driven HR) とは？
What is data-driven HR?

第 2 章 | インテリジェントHRへの進化
The evolution of intelligent (and super-intelligent) HR

第**3**章 | データ・ドリブン戦略:
よりインテリジェントなHRのための事例を作る
Data-driven strategy: making a business case for more intelligent HR

第**4**章 | **データの爆発的増加を利用する
　　　　 －人事関連データの主な情報源の特定－**
Capitalizing on the data explosion: identifying key sources of HR-relevant data

第5章 | データ・ドリブン人事戦略ツール：
人事分析による洞察をもたらすデータ
Data-driven HR tools: turning data into insights with HR analytics

第6章	潜在的な落とし穴： データプライバシー、透明性、およびセキュリティ Potential pitfalls: looking at data privacy, transparency and security

第 7 章 | データ・ドリブン採用　Data-driven recruitment

第 8 章 | データ・ドリブン従業員エンゲージメント
Data-driven employee engagement

第 9 章 | データ・ドリブンな従業員の安全とウェルネス（健康経営） Data-driven employee safety and wellness

第 10 章 | データ・ドリブンL&D Data-driven learning and development

第**11**章 データ・ドリブン・パフォーマンスマネジメント
Data-driven performance management

第12章 | データ・ドリブン人事戦略の未来
The future of data-driven HR

第 **1** 章

データ・ドリブン 人事戦略 （Data-Driven HR） とは？

What is data-driven HR?

適切な人材がいないと企業は成り立ちません。企業は適任者がいないと何もできないのです。適切なスキルと能力を持った人材を引き付けることができる企業こそ、競争力があり、将来的にも成功する企業と言えます。だからこそ、企業にとって、適切な人材を見つけ、募集し、維持するための情報の支援（インテリジェント援助）とそういった人材を見つけるプロセスを導入することが不可欠なのです。

人事（HR）がこの必要性の中心にあることは明らかです。しかし私の経験では、人事チームのほとんどは、その半分以上の時間を管理作業（アドミニ仕事）や法的問題に費やしています。

必ずしも魅力的とは言えないスタッフ評価プロセス、人を見つけたり、管理したりするための細かい日々の業務、年次従業員満足調査のような無駄な経費を使う活動（これについては第8章を参照）は、より有効な他の業務に使うことができるでしょう。

加えて、人事は伝統的にとても「人」志向で、数字やデータをそれほど重要視していないとみなされてきました。データが重要な役割を果たす場合でも、必ずしも問題となっているビジネス課題に対して最適でスマートな方法でデータが使用されてきたわけではありません。人事データ分析の多くは、欠勤者数や正社員一人当たりの研修時間などが主要パフォーマンス指標（KPI）として提供されているのではないでしょうか。これが指標とされているのは、測定が容易であることや他社もそれらを測定基準としているという理由からです。こんにちでは、それ以上にユニークで価値のある、ビジネスに対してクリティカルな洞察を提供し、組織のパフォーマンスとその結果に大きな影響を与える指標の測定も可能になりました。

私は、決して人事が「データ」と「情報」を重視し、「人」志向でなくなるべきだと言っているわけではありません。ロボテックやAI（人工知能）技術によるオートメーションの増加と伸展が続く時代にも、人がビジネスの成功を導くけん引役の中心であり続けるでしょう。

私が言いたいのは、人事の役割が変わってきたということです。

ますます増え続けるデータの収集と分析の能力が高まるにつれて、人

事部門も組織に多くの価値をもたらし、戦略的目標実現を支援すること
になるだろうということです。

データ・ドリブン人事戦略（Data-driven HR：データ・ドリブン・
HR＝データ主導型の人事）に一歩踏み出しましょう。

この章では、インテリジェント人事、データ・ドリブン人事戦略とは
何を意味するのか、人事がデータをインテリジェントに使う主な方法を
探り、データがどのように人事機能を変革しているかを見ていきます。
また、増え続けるデータ主導型の世界において、オートメーションがど
のような役割を果たすかについての概観と、皆さんがこの本に何を期待
することができるのかを説明したいと思います。

1-1 データ・ドリブン人事戦略、あるいはインテリジェント人事の勃興

物事は急速に変化しており、私たちの世界は毎日インテリジェントに
なってきています。現在、従業員の日常的な行動、集中力、幸福度、健
康から広範な事業オペレーションまで、私たちが業務中行うほとんどの
ことを測定することができます。こうしたデータの爆発は、言わば、人
事がこれまで以上に多くのデータとより多くの洞察を提供できることを
意味します。

データ・ドリブン人事戦略の意味すること

データ・ドリブン人事戦略またはインテリジェント人事とは、この爆
発的なデータを賢く活用し、社内の人々のパフォーマンス（人事部門自
体のパフォーマンスも含む）を向上させるだけでなく、組織全体の成功
に貢献する洞察を抽出できるような人事戦略のことです。人事チームは
データを使うことによって、より良い人事的決定、人のビジネスへの影
響のさらなる理解・検証、人事に関する経営層の意思決定の改善、業務
プロセスや相互オペレーションのさらなる効率化と効果性の向上、従業

員の福利全般やその効果性を向上させることができるでしょう。これらはすべて、戦略目標を達成するための会社の能力に、かなりの影響を及ぼしうるものです。

　今のところ、データ・ドリブン人事チームという考え方を取り入れている企業はまだ多くはありません。おそらく、大きくてかつ最も革新的な企業にはあるでしょう。しかし、この概念は、確実にペースを早めています。人事と人材マネジメントは「革命」の最中で、このデータとアナリティクスの波にさらされ始めています。伝統的に企業における人事機能は、人や文化、ラーニングと人材開発、従業員エンゲージメントといったソフト面に焦点を当ててきました。そして、それらはますますデータ分析によって促進されており、それにはもっともな理由があるのです。詳しくは第2章でみていきますが、人事は組織の中でも最もデータを多く持っている機能でもあるのです。雇用主としての企業は、従業員満足度指標など、長年にわたって、ある程度のデータや分析を使用してきました。

　ビッグデータの高まりは、このプラクティスを加速させるとともに、刺激的とも言える新しい方向へと進ませています。

人事の価値を向上させる

　インテリジェントでデータ主導型の人事マネジメント、ピープルマネジメントの最優先事項は、組織に価値をもたらすことです。データ、センサー、アナリティクス、機械学習、AIなども含み、人事チームが自由に使うことができるあらゆるツールを利用して、可能な限り賢明な方法で価値を付加することです。人事チームが、データをスマートに使い、分析ツールを適用してビジネスクリティカルな洞察に変えれば、多大な有益性を得ることができます。

　たとえば、人材マネジメントにおけるGoogle（グーグル）のアプローチを見てみましょう。

　Googleでは、スタッフに無料の食事、寛大な有料休暇手当、昼寝のた

めのナップポッド（睡眠用のマシン）へのアクセス、職場で自分の果物や野菜を栽培するスペースなども提供しています[*1]。

　私はGoogleの経営層がこういったことを提供する寛大で素敵な人々で溢れていると確信していますが、それが会社としてこれらのポリシーを実装している理由ではありません。少なくともそれが唯一の理由ではありません。

　これらの決定は、データが示した従業員の満足度を高める要素という洞察に基づいて行われたのです。従業員の満足度を上げるためのGoogleのアプローチは、テクノロジーの世界の人事マネジメント感を見事に崩壊させ、シリコンバレーの企業は従業員特典についての考え方を劇的に変え、現在大企業から小規模な新興企業まであらゆる規模のテクノロジー企業がそのアプローチを模倣しようとしています。また、テクノロジー業界は、一般にスタッフの離職率が一貫して高いのですが、GoogleはFortune（フォーチュン）誌で米国における働きたい会社のトップ企業として常に選ばれています[*2]。

人事は本来目的に立脚しているか？

　数年前私は、現在の形態の人事部門は必要なのだろうかという疑問を呈した記事を書いたことがあります[*3]。それは、敢えてちょっとした論争と議論を起こしたいという意図で書いたのですが、実際にそうなりました。私は、今の人事機能をピープルサポートチームとピープルアナリティクスチームの2つのチームに再構築することを提案しました。

　ピープルサポートチームは、その名の通り、現場のフロントライン従業員からシニアリーダー層までを支援するチーム。その役割には、人材の開発から従業員エンゲージメントをモニターし高めること、会社文化に関しての課題を特定すること、そして従業員の福利全般をみることです。

　一方、ピープルアナリティクスチームは、人材マネジメントのソフト面から一歩引いた観点で科学的、分析的に人材を見、パフォーマンスを

向上させる視点から洞察を提供して会社を支援します。ピープルアナリティクスチームは下記に挙げるような質問に対する回答を見出し続けることが期待されるでしょう。

・何が人材（タレント）のギャップか？
・自社における優秀な人材の条件とは？
・その条件を備えた優秀な人材を採用するのにベストな方法は何か？
・スタッフの離職をどのように予測できるだろうか？

　重要なことは、上記の質問に対する解を、データに基づいて得られるということです。直観や他社で上手くいった事例に基づくものではありません。私は、いまだに、このようなチームの分割は、データをより一貫して使用するための明確な道筋を提供し、本質的にインテリジェントでデータ・ドリブン人事戦略の基盤を提供するための良いケースだと思っています。読者の皆さんは、2チームアプローチに同意かもしれませんし、そうでないかもしれません。いずれにしても、私たちがビジネスを行う方法は急速に変化しています。そして人事チームがより多くの価値をもたらし、データがそれを行うための方法を提供しているという明確な事例があります。

企業目標とリンクする

　人事チームが自由に使えるデータを整えていれば、会社の戦略実行と主要な目標達成を支援するうえで重要な役割を果たすことができます。私は、企業と協力して、「1ページプラン」と呼ばれる簡潔でわかりやすいシンプルな戦略を作成することがよくあります。そのページの一番上にあるのは、会社の目的、いわゆる使命やビジョンに関する記述を記載するセクションです。人事部門が部内のデータ戦略を作成している場合（第3章で詳しく説明しています）、会社の目的は部内目標のもう一段最上位になければなりません。

　その目的は、会社の目的を人事チーム自身の戦略、決定、および活動の情報に反映するためです。会社の目的と整合を取ることによって、組織の目標達成支援のための人事チーム計画を作成します。人事として組織に付加価値を提供することが人事機能の最終目的なのです。

1-2 ｜ 人事チームがデータを インテリジェントに使うには

　企業がデータをうまく活用するには無限の方法がありますが、最も基本的なところでは、4つの主要カテゴリーに分類されます（図1.1参照）。

- より良い意思決定を行うためのデータ使用
- 業務改善のためのデータ使用
- 顧客理解向上のためのデータ使用
- 収益化データ（マネタイズ）

　順番に各領域を見てみましょう。

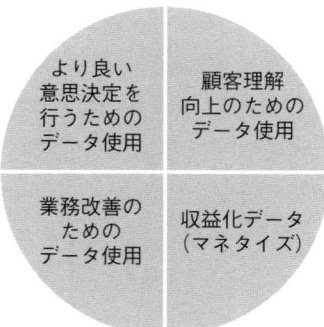

図1.1　ビジネスで使用されるデータ

より良い意思決定のために

データ・ドリブン人事戦略の考え方の根幹は、可能な限りよりスマートな方法で、賢明な意思決定を行うことにあります。今現在ある膨大なデータは、あらゆる専門家がよりスマートな意思決定を行うことを可能にします。

たとえば、求人採用やパフォーマンスレビューなどです。採用や業績評価に関わるデータは、人事のみならず、会社のあらゆる部門、そして経営層の意思決定にも有用な材料となりえます。インテリジェント人事チームは、このプロセスをサポートできるのです。現在のところ、このデータ分析関連業務の多くは、相当なお金をかけて従業員サーベイを行うなど、当面の問題に対して行われており、特に効率的な方法で行われているわけではありません。

オペレーションの改善

第2のカテゴリーは、オペレーションの向上です。人事機能にとっては、より重要な分野かもしれません。人事には、従業員の安全、福利厚生、求人採用等々重要な機能が数多くあり、どの業務にどれくらいの時間と労力を費やすべきかといった課題に対して、最善の対処方法や合理化できることはないかを常に探している状況ではないでしょうか。データ分析は、改善すべき領域や自動化によってより効率的にすることが可能なプロセスを特定するのに役立ちます。

顧客理解

顧客データ活用分野は、こんにち使用されているビッグデータの中で、最大かつ最も広く知られているデータ活用分野の1つです。顧客行動、好み、満足度など、より顧客を理解するためにビッグデータを使っています。企業はデータ活用によって、経営戦略の方向性、次のアクション、

何がその企業や製品サービスを他の人にも推薦させる要因となるのかなどを知ることができます。企業による顧客のフィードバック分析は、製品やサービスの改善に反映させるだけではなく、顧客との意思疎通の向上や顧客の関心をより引き付けることへの応用を可能にしています。

「顧客分析」の分野は、セールスやマーケティング部門の話であると思っているなら、再考してみましょう。人事の顧客は、会社のすべての従業員です。マーケティングチームが顧客理解改善と顧客対話向上のためにデータを使用するのと同じように、人事もその顧客である従業員に関するデータを活用することによって、従業員理解の向上と、関係性の向上が期待できるということです。

データの収益化（マネタイズ）

　4番目のデータ活用方法は、ビジネスにおいては周知のこととなっているデータ自体を収益化し、新しい収益源を創出することです。

　この例の1つは、フィットネス・トラッカーバンド（＝歩数や心拍数、消費カロリーを計測・記録し、日々のトレーニングを自己管理できる活動量計）を製造しているJawbone（ジョウボーン社）です。

　Jawboneは何百万人ものユーザーを抱えており、膨大な量のデータを収集しています。デバイスそのものを売って得る利益よりも、デバイスによって収集されたデータの方により価値があるということを認識するのに時間はかかりませんでした[*4]。集積されたデータの分析によって、ユーザーへのフィードバック、さらには関心を持つ第三者にデータを販売できるという、元のデバイス販売とは異なる新しい収益源を創出できることに気が付いたのです。

　Jawboneは今でもフィットネス・トラッカーバンドを製造していますが、それは、データを収集し続ける手段としてであり、現在の同社の重要なビジネスの焦点はデータそのものにあります。

　従業員データを販売するなどは倫理的な問題となることであり、人事固有データの収益化は起こりにくいでしょう。しかし、人事専門家とし

ては、データ活用の持つ価値を認識する必要があるでしょう。

　たとえば、事業部門においては顧客や製品のデータを活用したデータ収益化による新ビジネスの将来を検討し始めているかもしれません。となれば、会社として採用する将来人材のスキル要件を変える必要が生じるでしょう。このような組織戦略の変化に対して人事がどのように価値をもたらすことができるかという意味でも、データの収益化は、人事部門にも影響を与える可能性があります。

1-3 ｜ データがもたらしている 人事機能の革命

　データがもたらしている人事機能の革命は、実は、すでに起こっています。人事のコア機能をよく見てみると、データ・ドリブン人事戦略がすでに根付いていることに気づくでしょう。

当て推量での採用をやめる

　たとえば採用。多くの企業において、新しい従業員を雇うことは、特に採用担当者やマネジャーにとって大きな投資となります。すべてが測定、定量化、分析することができる時代には、データを使うことによって、この当て推量業務を排除することができるでしょう（詳細は第7章）。

　背景情報、教育、経験情報や直観に頼るのではなく、データ・ドリブンアプローチによって、企業が必要とする役割に適したスタッフを見つけ出し、採用された従業員自体が幸せに働くことができ、より長く仕事を続けられるようにすることが可能になるでしょう。

　私のクライアントにおける一例です。その企業は、強い主導権を持って自律的に仕事をできる人材を採用したいと考えていました。さまざまなデータを分析することによって、彼らは、採用したいと思う人のタイプと避けたい人の違いを分析しました。その結果、求人サイトに申請の

際、応募者がどのブラウザを使うかが、欲しい人材を採用するための強力な予測因子になることを発見しました。

コンピュータにプレインストールされていないFire FoxやChromeといったブラウザを使っている人のほうが、その会社が求めるある業務に適している傾向があることが分かったのです。この単純な発見は、募集プロセスを劇的に合理化するのに役立ちました。

別の例は、出身大学とその後のパフォーマンスの分析を行うというシンプルな方法で行員採用における採用コストの削減とより能力のある行員の採用に成功した例です。それまで、この銀行では、アイビーリーグの大学で優秀な成績を収めた者はベストパフォーマーであろうというバイアスに基づいて採用をしていました。ところが、有名大学出身者ではない行員の方が、アイビーリーグ出身者よりも優れたパフォーマンスを出していることを発見したのです。

従業員エンゲージメントの理解と向上

エンプロイー・エンゲージメントの測定では、従業員が送信したeメールの内容や、FacebookやTwitterに投稿された内容をスキャンし、分析し始めている企業もあります。より多くの企業が、"パルス"サーベイ、すなわち月単位、週単位もしくは、毎日の単位で従業員がどのように感じているのかを測定するということも始まっています[5]。これにより、コストも高く時間のかかる従来の従業員サーベイを実施することなく、従業員のエンゲージメントの度合いを的確に測定することができます。

第8章では、データ・ドリブン従業員エンゲージメントの事例を紹介しています。当然のことながら、従業員コミュニケーションへアクセスすることに対するプライバシーの懸念があります。国によってそのルールは違っています。プライバシーの問題に関しての情報や考察については、第6章を参照してください。

従業員の安心安全と福利厚生の向上

　富士通のユビキタスウェアパッケージのように、加速度計センサー、血圧計、カメラ、マイクなどからデータを収集して解析し、従業員の業務状況を測定しモニターすることで、従業員の安全と福利を向上させるシステムも開発されています[*6]。温度、湿度、動き、脈拍数などのデータを使い、どのような条件が労働者をストレスにさらすのかを特定しています。それらのシステムは、どのような姿勢や身体の動きが体に対する物理的負荷をかけるのかを検出したり、推定したりすることさえできます。データ・ドリブンによる職場環境の安全と福利厚生に関する詳細は第9章を参照してください。

トランスフォーミング：変わる

　ラーニング＆デベロップメントの分野では、オンラインコースが隆盛で、各人に適した学習の仕方を実現する高度なパーソナライゼーションがすすみ、人材育成のやり方に革命的とも言える変化をもたらしています。オンラインでは、学習者のすべての学習行動を容易にトラックできるため、研修教材に対してどのような回答をしているのかを測定できます。

　たとえば、学習者があるユニットの学習に、それ以前のユニットよりも時間がかかったとすれば、その特定のユニットに関してその学習者が、より情報が必要であるということが示されたり、またある別の学習者が、学習内容をササッと終了してしまったとすれば、より難易度の高い状況の教材を勧めたりするといった具合です。これらは、ごく一部のパソナライズド・ラーニングの例です。データによってラーニング＆デベロップメントがどのように変わってきているのかについては、第10章を参照してください。

従業員パフォーマンスの測定と向上

　データは、従業員のパフォーマンスをより的確に測定し、よりスマートに、より迅速に人事考課を行うことを可能にします。マネジメントを行う上では、企業が従業員の業績をより正確に測定し、よりスマートで機敏な方法で業績をレビュー（評価）することに役立っています。よく引用される例がゼロックスです。このオフィス機器メーカーは、あるアナリティクス企業に、従業員のパフォーマンスをモニターし、コールセンターの人材として理想的な候補者のプロフィールを提示するよう依頼しました。

　結果は驚くことに、コールセンター勤務経験が理想的な指標ではなかっただけではなく、犯罪記録を持っている人の方が、犯罪記録がない人よりも頻繁に優れたパフォーマンスを出しているというデータが示されたことでした。この実験は、従業員離職率20%の削減につながりました[7]。

　第11章では、データを人のパフォーマンス向上支援につなげる多くの方法を見ることができます。

スポーツの世界に手がかりを探る

　多くの点で、スポーツの世界は、人事チームがデータを使ってすべきことと興味深い類似性があるとともに、将来の方向性をも示しています。特に、エリートレベルでは、常に最先端の分析が求められ、そのプレッシャーは、信じられないほどと言われています。グレート・ブリテン（GB）のオリンピック漕艇選手団チームは、1984年以来すべてのオリンピックで金を獲得した唯一のGBチームですが、優れた分析技術を強化している一流チームのほんの一例にすぎません[8]。

　人事と同様に、漕艇は本質的に分析に向いています。アスリートが行うことのほとんどは、測定することができます。ちょうどこんにち、従業員が行うことの多くが測定できるようになったことと同じようにです。

　漕艇チームにおける主なデータ使用の目的は、タレント（能力）の特

27

定とタレントのトラッキング（追跡）です。たとえば、トレーニングプログラムに参加するすべてのアスリートのデータを収集し、新人の能力を以前参加していた選手の入団時プロフィールと照合し、各個人をチャンピオンレベルに変える可能性が最も高いアプローチを特定します。

　従業員活動がデータとしてトラッキング可能であるならば、人事活動と並べて比較してみることは、難しいことではありません。たとえば、進捗を把握することによって、特定の個人に合うようにその能力開発プログラムを調整することができるでしょう。

　データはまた、漕艇チームが怪我を防ぐことにも役立てられています。注意すべき兆候は、心理学、身体強化トレーニング、医療、レースパフォーマンスなどのすべてのデータセットから分析され、強調表示されます。過去のデータとの照合から、過度なトレーニングに追い込んでしまう兆候や、怪我をする危険性があるときを表示します。同様に、この章ですでに説明したように、組織はデータを使用して、各従業員の怪我の危険性を特定・察知するなど従業員の安全性向上を可能にしています。

　すべてのスポーツを通じて、アスリートとコーチは、パフォーマンス向上につながる可能性のあるすべての洞察を抽出するために、データとアナリティクスに取り組んでいるところが増えています。そして、企業において、特に豊富で価値ある個人のデータを持っている人事には同様のことが起こっていると言えます。

1-4 ｜ オートメーション（自動化）という言葉

　オートメーションの台頭とこれが雇用にもたらす脅威について多くが語られています。工場ラインの仕事から会計や建築の分野のプロフェッショナルまで、AI技術、特に機械学習——データが伝えていることをコンピュータが「学習」し、学習した内容に従って意思決定と行動に適応する——が、取り入れられています。その意味するところは、ますます多くのタスクが自動化され、機械またはアルゴリズムによって完了で

きるようになるということです。マーケティング、製造、さらには医療などの分野では、機械学習やAIの活用が浸透しており、人事についてもこのオートメーション化は堅調に推移しています。第２章をご覧いただければ分かりますが、沢山の人事業務が現在自動化されています。多くの場合、機械は人間よりもはるかに正確な作業を行うことができます。たとえば、アルゴリズムは、人間の予想よりも正確に従業員の離職を予測することができます。

　求人会社のHarvey Nash（ハーベイ・ナッシュ）は、年次HR調査で、AIと自動化が今後５年間で人事部門に大きな影響を及ぼすと結論付けました。彼らの調査によると、人事リーダーの15％はすでにAIとオートメーションの影響を受けており、40％が２〜５年以内に影響を受けると予測しています[*9]。もう少し先を見てみると、最近のオックスフォード大学の研究では、今後20年間で720の職が自動化の影響を受けることになると予測しています[*10]。この調査では、2035年までに人事管理業務の90％が自動化されるとの結論に達しました。

　しかし、人事担当者、マネジャーや役職者がロボットによって置き換えられる可能性はずっと少ないと見られています。

　実務レベルにおけるオートメーションはどのように機能するのでしょうか？

　１つの良い例が、バーチャルヘルプデスクのチャットロボットエージェントでしょう。

　チャットロボットは、「クリスマス休暇中の会社業務は閉鎖されますか？」や、「今年の有給休暇はあと何日取得可能ですか？」など簡単な従業員の質問に答えることができます。AI技術は今や非常に洗練されているので、質問を入力するのではなく、自然な言葉に反応し、単語そのものの裏側にある感情を検出することさえできます。たとえば、コールセンターでは、電話をしてきた人がその電話応対に満足しているのか、不満を抱いているのか、怒っているのかを分析するのにこの技術を使用しています。

　今後数年間で人事がオートメーションの影響を受けることは明らかで

すが、インテリジェントでデータ・ドリブンな人事戦略を考える時、これは非常に積極的な展開と見ることができるでしょう。単純なアドミニ仕事を自動化することで、人事の専門家は、会社の戦略に沿ったより重要な業務に集中し、パフォーマンスを向上させることができます。

1-5 | この本の使い方

　本書の目的は、データやアナリティクスによる人事部門自体のパフォーマンス向上のみならず、人事が組織横断的にパフォーマンスに対する貢献とその価値を示すことができるようにすることです。この本を旅の出発点として、私たちをここまで導いてきた発展の先にある人事プロフェッショナルの道しるべを発見をしてもらえれば、と願っています。

　それを踏まえ、この本の第2パート、第3章から第6章では、インテリジェント、データ・ドリブン人事戦略の基盤となるデータ戦略の策定、適切な人事データの収集とそれらのデータをどう洞察に変えるかについて書いています。また、プライバシーの問題や透明性の必要性など、データの使用に伴う潜在的な落とし穴と懸念事項についても検討します。第6章で説明するように、会社がデータを使用する方法、およびその使用方法の伝達の仕方は、人々の反応に大きな影響を与えます。十分な検討がない、コミュニケーションが欠如している、差別的な使用などは、信頼を阻害し、従業員のモラルに対して有害となりえます。幸いなことに、人事は、これらの潜在的な問題を軽減し、従業員の賛同を得るための多くの方法をもっています。それらも6章でみていきたいと思います。

　第3のパートは、第7章から第11章です。
　それらの章では、データ・ドリブン人事戦略の実践を見ていきます。データがいかに人事のコア機能におけるオペレーションの向上や判断の適切性をもたらすかについて紹介しています。すなわち、採用、従業員エンゲージメント、従業員満足や安全・安心環境と福利厚生、ラーニ

ング＆デベロップメント、パフォーマンスマネジメントについてです。これらすべての機能がデータとアナリティクスによってすでにどのように変わってきているのか、強調しきれないほどです。これらの章で語られていることは、決して荒唐無稽な予測ではなく、未来はすでにここにあるということです。こんにちの人事が直面している問題は、組織の最大価値を確保するために、いかにこれらテクノロジーの発展に追いつき、継続的に進化していくかなのです。

　この本を通じて示されるあらゆる分野の企業の「人」に関する意思決定や、運用最適化のための驚くべきデータ活用方法の実例が、読者の皆さんを刺激し、エキサイティングな新しい世界に正面から立ち向かい、取り組むための一助になれば、と願っています。

重要なポイント

　各章の終わりには、重要なラーニングポイントの総括を記載しています。たとえ、読者の皆さんが、この本のある特定の部分をサラッとしか読めなかったとしても重要なポイントを簡単なリストとして把握できるようにしています。下記は、この章のポイントです。

- 従業員の日々の活動から幸福度まで、こんにちの業務におけるほとんどのことは、測定可能であり、福利厚生がより広範な事業運営上のポイントとなってくる。データの急増は、かつてない多くのデータの人事チームによる利用が、すぐにでも可能であることを意味している。

- データ・ドリブン人事戦略の意味するところは、このデータの爆発的な増加のアドバンテージを取って人事チームを含む組織の人々のパフォーマンスの向上に貢献し、データから得られた洞察を使って会社全体の成功に貢献することである。

- インテリジェントで、データ・ドリブンな人事・ピープルマネジメン

トにおける優先事項は、データ、センサー、アナリティクス、機械学習、AIなど、人事チームが使えるすべてのツールを活用して、可能な限りスマートな方法で組織価値を付加することの実現である。

⦿ ビジネスにおけるデータの有効活用方法はいくつもあるが、最も基本的な意味で、3つの主なカテゴリーに分類できる：
—より良い決断をするためのデータ活用
—オペレーション向上のためのデータ活用
—より良い顧客理解を促進するためのデータ活用

それでは、「データ・ドリブン人事戦略への旅・ジャーニー」をスタートしましょう。

作業環境の内外を問わず、ほとんどすべての業務がデジタルトレースできることは、私たちが洞察を深めることを可能にしています。次の章では、データ・ドリブン人事戦略の進化について見ていきます。爆発的なビッグデータやAIや機械学習を含む分析の技術やIoT（Internet of Things）など、どのようにこれらすべてのことが、かつてないほどインテリジェントな状態になってきているのかを見てみましょう。

第1章脚注

1　Garfield, J（2017）[accessed 23 October 2017] The Most Incredible Job Perks at Top Tech Companies [Online] https://www.paysa.com/blog/2017/02/28/the-most-incredible-job-perks-at-top-tech-companies

2　Fortune [accessed 23 October 2017] Fortune 100 Best Companies to Work for [Online] http://fortune.com/best-companies/google

3　Marr, B（2013）[accessed 23 October 2017] Why We No Longer Need HR Departments [Online] https://www.linkedin.com/pulse/20131118060732-64875646-why-we-no-longer-need-hr-departments

4　Marshall, M（2013）[accessed 23 October 2017] How Jawbone Is Using Big Data to Lead the Personal Fitness-Wearable Industry
[Online] https://venturebeat.com/2013/11/06/how-jawbone-is-usingbig-data-to-lead-the-personal-fitness-wearable-industry

5　Morgan, J（2016）[accessed 23 October 2017] How Often Should You Measure Employee Engagement? [Online] https://www.forbes.com/sites/jacobmorgan/2016/05/30/measure-employee-engagement/#64f124ac65ea

6 Fujitsu（2015）[accessed 23 October 2017] Fujitsu Develops Ubiquitousware, an Internet-of-Things Package That Accelerates Transformation of Business, press release [Online] http://www.fujitsu.com/global/about/resources/news/press-releases/2015/0511-01.html

7 Feffer, M（2014）[accessed 23 October 2017] HR Moves toward Wider Use of Predictive Analytics [Online] https://www.shrm.org/resourcesandtools/hr-topics/technology/pages/more-hr-pros-usingpredictive-analytics.aspx

8 Marr, B（2016）[accessed 23 October 2017] How Can Big Data and Analytics Help Athletes Win Olympic Gold in Rio 2016? [Online] https://www.forbes.com/sites/bernardmarr/2016/08/09/howbig-data-and-analytics-help-athletes-win-olympic-gold-in-rio-2016/#7c903b567ec9

9 Faragher, J（2017）[accessed 23 October 2017] Artificial Intelligence and HR Tech Grow in Importance, Harvey Nash Finds [Online] http://www.personneltoday.com/hr/artificial-intelligence-hr-tech-growimportance-harvey-nash-finds

10 Shah, S（2016）[accessed 23 October 2017] Will AI Augment or Replace HR? [Online] http://www.hrmagazine.co.uk/article-details/will-ai-augment-or-replace-hr

インテリジェントHR への進化

The evolution of intelligent（and super-intelligent）HR

人事機能は、どのような組織においてもデータが豊富であると言えるでしょう。

　各従業員の個人情報、採用時データ、主要パフォーマンス指標（KPI）などは、典型的な人事データの一例ですが、人事は、通常の業務を通じても多くのデータを収集しています。それは、いわゆる「ビッグデータ」という言葉が注目を集めるようになるずっと以前から行われている事実です。

　しかしながら、収集されたデータすべてから得られるパフォーマンスに関連する知見を大幅に増やすというようなことはありませんでした。結果として、人事は「データは豊富、だが、知見は貧弱」と言われるようになっていたのです。この章においては、ビッグデータとアナリティクスの出現が、この状況をどのように変化させ、どのように人事チームがその保有する豊富なデータと同じくらい豊富な知見を得られるようになり「インテリジェントHR」という用語が生み出されたのかを探ります。

　しかし、これらの動向を完全に理解するために、まずは、こんにちの世界におけるデータの爆発的増加とモノのインターネット（IoT）を紹介した上で、人工知能（AI）や機械学習といった高度な分析機能を探りたいと思います。

　この章の後半においては、私が「スーパーインテリジェントHR」と呼んでいるものの出現を見ていきます。

　人事の日常業務の多くを自動化し、その能力の劇的な向上が期待されるものです。

　最後に、ビッグデータの時代でも、人事チームはまだ必要であることを述べたいと思います。

2-1 データの激増

Googleの親会社であるAlphabet（アルファベット）の元CEO　エリック・シュミットの有名な発言に「我々は、文明の始まりから2003年までの情報量と同じ量の情報を2日で作っている」という言葉があります[*1]。

このことを、ちょっと考えてみましょう。人間が文明の始まりから2003年までに作り出したデータを、こんにちでは、たった2日で作りだしているというのです。一部の人々はシュミットの主張を疑問として捉えていますが、私たちが作りだしているデータの量が増加していることには誰もが異存はなく、そして急速に、そうなり続けることに疑いはないでしょう。2020年までに、世界中で生成されるデジタル情報の量は44ゼタバイトに達すると見積もられています[*2]。私たちが作る情報が2025年までには、180ゼタバイトと言う予測も見ました。[*3]

2013年に私たちが作り出した情報量が4ゼタバイト超であったということが、この背景にはあります。

「こんにち、私たちの活動は、すべてデータ創造である」

日々の生活に置き換えてこの意味を考えてみましょう。私たちの日常活動のほとんどは、デジタルによって追跡可能ということです。

たとえあなたが何も買わなかったとしても、あなたが、オンラインで自分が居住している地域の店について検索したり、ブラウズしたり、クレジットカードでコーヒーの支払いをしたり、バスの乗車時に交通カードをタッチしたり、写真を撮ったり、オンラインで記事を読んだり、オンラインゲームをしたりといったすべて（たぶんもっと多くのこと）がデータを作っているのです。

人々が「ビッグデータ」を語る時、それは、データ収集そのものであり、また、それらのデータを参照して得られる洞察能力の向上、特にビジネスの文脈では、その洞察をいかに有利に使うかを意味します。

もちろん、データを収集する能力それ自体は決して新しいことではありません。コンピュータ以前に戻って考えてみても、紙面による取引記録や人事ファイルといったように、私たちは、行動の追跡とプロセスの簡易化のためにそれらのデータを使ってきました。変わったことは、これらのデータを扱う能力です。コンピュータ——特に初期のスプレッドシートとデータベース——は、膨大な保管ファイルを調べるかわりに、大量のデータを簡単に保存、整理し、それらのデータに簡単にアクセスできるようにしました。

新しいタイプのデータの使い手になる

　スプレッドシートとデータベースについて述べましたが、それは、長い間、データでできることの限界でした。データを保存し、アクセスし、検索を簡単にするためには、それらのデータは、きちんと整然と整理されていなければなりませんでした。データを列と行に収め、これが「構造化データ」と言われるものを構成しました。列と行への変換ができなかったり、整理できなかったもの（「非構造化データ」）は、処理するのが難しすぎたり、処理コストが高すぎたりするものでした。

　ここ数年は、コンピューティング能力とデータストレージの大幅な進歩によって大きく変化しました。こんにち、私たちは、非構造化データを含むあらゆる非常に多くの異なる種類のデータを取得、保存、調査することができます（データの類型についての詳細は第4章にあります）。

　その結果、「データ」は、データベースやスプレッドシートから、センサーデータ、テキスト（ソーシャルメディア投稿など）、写真、ビデオ、録音まで、あらゆるものを意味します。このようなコンピューティング能力とアナリティクスの進歩は、たとえばAmazon（アマゾン）が人々のオンラインストアでの動向を把握し、何を見、最終的に何を買おうとしているのかの追跡を可能にしました。

　毎日、毎週、毎月そして毎年、膨大な量のデータが生成されています。そしてそれらのデータから、素晴らしい統計結果も生まれています。し

かし、今や私たちは、データ量よりもその価値に焦点を合わせなければならないのではないでしょうか。

　データは、自分たちの世界の理解と、データと共に生きる方法を理解するための素晴らしい機会をもたらします。それなので、あなたがビジネスの世界で仕事をしているのであれば、データから得られる価値に焦点を当てることを私はお勧めするのです。ビジネスの観点で考えると、持っているデータの量やどんな種類のデータを持っているかよりも、問われることは、パフォーマンスを向上させるためにそれらのデータをうまく使っているかどうかのみです。

2-2 ｜ IoT

　なぜデータがこんなに急増したのでしょうか。その理由の大部分はIoTです。モノのインターネットは、スマートフォンやスマートTV、フィットビットバンド（活動量計）と言ったような日常的に使うものがインターネットとつながっているものを指します。インターネットに接続され、データを収集して送信し、それらのデータを他のデバイスに認識させます。IoTの世界では、データは、モノによって作られます。人間がデータを作るのではありません。

　こんにち、インターネットに接続されている機器は約130億個あると言われていますが、2020年には、その数は500億個に達すると予測されています[*4]。実際に500億という膨大な数に達するかどうかは定かではありませんが、IoTが近年急成長しているという事実に異議を唱える人はいないでしょう。その拡大が続く可能性は非常に高いのです。

　最近では、ほとんどなんでも「スマート」にすることができます。車はますます高度な接続性（コネクティビティ）を提供し始めており、2020年までには、4億台の車がインターネットに接続されると推定されています。

テレビ、冷蔵庫、サーモスタットなど、家庭で日常的に使う家電が常時インターネットに接続されています。ヨガマットやフライパンなど、IoT化を期待すらしていない製品のスマートバージョンもあります。スマートフォンに関して言えば、2020年までに世界中で60億人がそのユーザーになると予測されています[*5]。

つまり、毎日60億人のスマートフォンがデータを生成することになるということです。今私たちが使っている携帯電話から、フィットビット、テレビといったスマートデバイスが、つながることによって互いに情報を共有しあうようになるということです。これこそが、IoTの持つ重要な要素です。マシン間接続とは、人の介入なしに、デバイスが互いに通信して一連の行動を決定できることを意味します。たとえば、近い将来、牛乳が期限切れになったことを冷蔵庫が認知し、自動的にスマートフォンに対してオンラインショップで注文するように指示する、という状況を想像するのも難しくはありません。

2-3 | 機械学習、ディープラーニングと人工知能

AI－人工知能というアイデア自体は、古くから存在してきました。古いところでは、ギリシャ神話に自分たち自身の行動を模倣するように設計された機械男の話があります。かなり初期のヨーロッパのコンピュータは「論理的な機械」と考えられていました。そして、基本的な算術と記憶のような能力を再生しました。エンジニアはこの仕事を、機械的な頭脳を作成する試みだとみなしていました。テクノロジーの発展とともに、私たちの心がどのように機能するかについての理解も進み、AIを構成するものの概念が変わりました。重要な変化です。

AIの分野は、複雑な計算の実行強化よりも、人間の意思決定プロセスを真似ることと、より人間的な方法でタスクを実行することに集中してきました。近年のAIの発展の多くは、機械学習とディープラーニング（深層学習）のおかげで生まれました。

用語を理解する

　では、AIと機械学習とディープラーニングの違いは何でしょう？

　一般に、AIは、私たちが「スマート」と考えるような方法でタスクを実行することができるマシンという、より広い概念を指す一方、機械学習はその概念の主要な用途の1つです。機械学習は、機械にデータへのアクセスを許可し、機械自らに学習させることができるという考え方に基づいています。

　機械学習はしばしばAIの下位分野として記述されますが、現時点では、機械学習をAI機能の最先端と考えてよいのではないでしょうか。

　ディープラーニングは、最も期待されているAI分野の一つです。言うならば、ディープラーニングは、AIの最先端の最先端でしょうか。ディープラーニングは、AIの中核的な考え方を使って、私たち自身の意思決定を模倣するように設計されたニューラルネットワークで現実世界の問題を解決することに焦点を当てています。ディープラーニングは、機械学習ツールとその技術のサブセットをさらに絞り込み、人間的または人工の「思考」を必要とするほぼすべての問題の解決にそれらの技術を適用します。IBMのWatsonシステムは、その実例です。システムは情報を処理するときに「学習」するため、システムに提供されるデータが多いほど、学習が増え、正確になります[*6]。

どのように機能するのか？

　基本的に、機械学習とディープラーニングには、コンピュータシステムに対して大量のデータを提供することが不可欠です。それによって、他のデータに関する決定を下すことができます。たとえば、コンピュータに犬の写真と棒の写真情報を与え、どれが犬であるかを学習させることによってはじめて、その後に示す写真に犬が含まれているかどうかを判断することができるようになります。

　コンピュータは、トレーニングデータ（教師データ）セット、つまり

元の画像と比較し、新しく示された画像の判断をし、回答します。こんにちの機械学習アルゴリズムはこの判断を「教師」なしで行うことができます。つまり、事前に決断条件のプログラムをする必要がないということです。同じ原則がさらに複雑なタスクにも当てはまります。Googleの音声認識アルゴリズムなど、はるかに大きなトレーニングセットを使用しても問題ありません。同じ技術がNetflix（ネットフリックス）やAmazonでも使われ、顧客が次に見たいであろうものや買いたくなるものを判断し、推薦します。

　機械学習とディープラーニングは、コンピュータビジョン、オーディオや音声認識、自然言語処理の進歩を担っています。これらのAI技術はコンピュータと人間とのコミュニケーションを可能にし、Googleの自動運転車の実現を可能にするものです（とはいえ、広く知れわたってしまったMicrosoft（マイクロソフト）によるTwitterボットのおかしな人種差別的ツイート*7でも示されたように、必ずしも100％成功するとは限りませんが…）。

　また、Facebookが掲載された写真内の人物をほぼ人間と同じレベルで認識し、自動的に人物のタグを提示することができるのも同様の仕組みです。この技術はすでにヘルスケア、金融、教育といった多様な分野、そしてもちろんほとんどのビジネス分野で使用されています。

　大量の複雑なデータを常に処理し、分析して問題を解決する必要がある場合は、AI、特に機械学習とディープラーニングが役立つということです。コンピュータが人間のように考えることができるようになるにつれて、私たち人間も新しい時代に入りつつあります。コンピュータは今までにはなかった新しい方法で人間の知識の向上や強化をさせることができるようになってきました。

　そしてもちろん、機械学習とディープラーニング技術は、コンピュータがアクセス可能なデータから学習することを意味します。つまり、コンピュータが学び、理解し、反応する能力は、私たちが毎年生み出しているデータの量に応じて劇的に増加することになります。

人間の感情すら理解できるコンピュータ

これらの技術によって、今や、コンピュータが人間の感情を認識し、それに反応できる程度まで進歩しています。「感情コンピューティング」として知られるこの技術は、表情を分析します。姿勢、ジェスチャー、声の調子、スピーチ、さらにはユーザーの情緒状態の変化を記録するためのキーストロークのリズムや力の入り具合さえもです。

Disney（ディズニー）やCoca-Cola（コカコーラ）といった先導的な組織はすでにこの技術を使用して、広告の有効性をテストし、視聴者がコンテンツにどう反応するかを評価しています[*8]。

BBCはこれを使って、試験放映中のテレビ番組に対する視聴者の反応を測定しています[*8]。その実験の1つに、オーストラリアでの『シャーロック』のシーズン初演の予告編に関する視聴者モニターがあります。視聴者に予告編を観てもらい、その状況がモニターされました。

この実験は、番組評価をした視聴者が、「面白い」ではなく、「意外」または「悲しい」とタグ付けされた画面のイベントに対してより大きな反応を示したことを研究者に示しました。その結果、シャーロックのプロデューサーは、コメディ部分を少なめにし、より暗い、スリラー的な要素を番組に含むようにしました[*9]。

2-4 これが人事にとって何を意味するのか

データの爆発的増加は、私たちの生活のあらゆる分野と同様、仕事の世界にも当てはまります。ビジネスの場面では、従業員が送信するeメールから生産ライン機械のセンサーまで、ほとんどすべてがデータを生成することになります。

つまり、企業は知見を得るために発掘可能なデータを、これまで以上に多く持っているということです。そして、人事部門はその中心にあるのです。

かつてないほどのデータ

　この章の始めに、人事部は特にデータが豊富であると述べました。そして、それは正しいと確信しています。

　人事チームには、採用データ、キャリア履歴データ、トレーニングデータ、欠勤者数、生産性データ、人材開発レビュー、コンピテンシープロファイル、そして社員・スタッフ満足度データなどがあります。

　これまで、これらのデータはほとんど使われていなかったか、使われたとしても会社の人事考課パッケージのようなものとしてチャートや表にまとめられているだけでした。現在、ビッグデータとアナリティクスの時代となって、企業は、従業員がいつ退職するのか、どこから最適な人材候補を採用するのか、どのようにそれらの人々を特定するのか、どのようにして満足させるのかなどの洞察にそれらのデータを変換しています。

　従来の人事データセットに加えて、今や企業は、より多くのデータの収集が可能です。CCTV（防犯カメラ）で従業員をとらえる、従業員が会社のコンピュータを使用しているときのスクリーンショットを撮る、ソーシャルメディアデータをスキャンする、eメール内容を分析する、社用スマートフォンのGPSデータを使って、どこで使用しているかをモニターすることさえ可能なのです。あらゆる種類のデータの保存や分析する機能が大幅に向上しました。さらに、今では、膨大な量のデータを解析できるビッグデータ分析ツールがあります。これにより、従来の構造化データの分析と、テキストや画像などの非構造化データの分析を組み合わせて分析することが可能になりました。

　こういったデータとアナリティクスの革命は、人事チームにも大きな影響を与えるでしょう。エコノミスト・インテリジェンス・ユニットによる2015年の報告によると、企業の82％が2015年と2018年の間にHRでのビッグデータ使用の開始、または増強する計画を持っているというのです[10]。

44

　これにより、ちょっとした流行語として「インテリジェントHR」が生まれました。理論的には、インテリジェントHRとは、持っている情報が多ければ多いほど、より良い決断を下すことができる人事となり得るということです。

　にもかかわらず、人事データは、常に最良のインテリジェントな方法で使われているわけではありません。調査によると、企業戦略実行の測定に十分なデータを、常に提供できる人事システムを保有している企業は23％に過ぎません[*11]。

　HRアナリティクス（人事分析）の適用は、まだまだその場限りで行われることが多く、恒常的なパフォーマンスの向上を念頭に置いた使用はされていません。本当にインテリジェントな人事になるには、時々または特定のプロジェクトの時だけ分析をするのではなく、常に組織全体に対して価値を付加し、パフォーマンスを向上させるという目標のもとに、人事データとアナリティクスに焦点を当てる必要があります。

間違ったHRデータ処理

　これらすべてのデータを使う上での課題は、実際、どの人事データが実際に会社の業績に影響を及ぼしているかを明確にすることです。私が見てきた大きな問題の1つは、ほとんどの人事部門が、何かを見つけられることを期待して、大量の定量データを整理し始めていることです。

　これでは、ことわざにある「干し草の山の中での針を探す」ようなものです。

　あらゆるビッグデータや分析プロジェクトと同様、重要なのはデータポイントの数ではなく、データについて尋ねる質問の質です。人事部門がもっとすべきことは、定性的データに分析を取り入れることです。多くの構造化された数値データを経理部門や財務部門のように分析するのではなく、人事部門はその強みを活かし、より質的データに向き合う必要があります。どちらかというと、量的ではない質的な側面こそ人事部門がこれまで得意としてきたものであり、ビッグデータは、人事部門に

とって大きなチャンスと言えます。

　私のクライアント企業の例ですが、従業員1人あたりのトレーニング時間数をデータ化する代わりに、エスノグラフィータイプのデータ収集法を使って、定性的方法を使用したトレーニングの有効性に関する強力な洞察を得たところがあります。同社は現在、トレーニングジャーナルログの記録、ビデオ分析、およびパフォーマンスの影響評価を使ってデータ収集とアナリティクスを行なっています。

　同社は、実際のビジネス上の疑問に答えるには、既存の単純な測定基準を超えた検討が必要であることに気づいたのです。

Googleから学ぶ

　多くの人事部門と違って、Googleの人事チームは、そのオブジェクティブを以下のように述べています。「人に関するすべての決断はデータと分析に基づくものとする」[*12]。

　当初、Googleの創設者たちは、中間管理職の役割は重要ではないと考えていたので、これらの役職を廃止しました[*13]。この考えが誤っていることが明らかになったとき、彼らはマネジャーポジションを復活しましたが、中間管理職には価値がないという認識が組織には根強く残っていました。そこで、Googleは、データを使ってマネジャーの価値の定量化を試みました。データを通じて、同社は、「マネジャーはパフォーマンスに影響を与えない」という見解から、優れたマネジャーはチームのパフォーマンス、従業員エンゲージメント、従業員の離職、そして生産性に大きな影響を与えていることへ、統計的に証明するに至ったのです。

　この分析で、Googleはパフォーマンスレビュー（業績評価面談）、定性的インタビュー、そして「ベストマネジャー賞」プログラムへの応募内容をデータとして調べました。

　Googleは、優れたGoogleマネジャーが生み出される理由と、それほど熟練していないマネジャーを奮闘させた理由を識別し、明確にすることができました。

　この知見は、その後、それらの要因を検証する年2回のパフォーマンスレビューを通じて、Googleの文化に組み込まれました。素晴らしいマネジャーと奮闘しているマネジャーの両方を検出し、早期忠告システムとして機能しているのです。奮闘している人たちのためには、改良されたトレーニングとサポート、学べるものが沢山あるであろうと思われるロールモデルへのアクセスが提供されます。そして、よくできている人たちに対しては、「優秀マネジャー賞」があります。これらすべてを可能にしたのは、彼らが正しい質問を考えることから始め、実用的で検証可能な分析に至るまでその質問を洗練したことです。正しい質問をするためには、広範なビジネス目標を支援することと人事目標との両面において、自分たちが何を達成したいのかが明確になっている必要があります。これこそが、明確なデータ戦略を持った人事チームが必要となる場面です。これについては、第3章で詳しく説明しています。

2-5 ｜ スーパーインテリジェントHRはすでにここに

　「インテリジェントHR」という流行フレーズは、すでにどこかで聞いたことがあるのではないでしょうか。しかし、人事チーム（人事部門、HRチーム）がその意味を理解しようとしている間に、私たちはすでにオートメーションの劇的な台頭によってもたらされた「スーパーインテリジェントHR」の時代へと移行しつつあることを、私は強調したいと思います。もし、あなたが、人事にオートメーションは適応できないと考えているなら、再考してください。実際、これから説明するように、多くの人事業務を自動化することがますます可能になっているのです。

　スーパーインテリジェントHRは、機械学習やディープラーニングなどのAI技術を利用してさまざまな人事活動や業務を自動化することだけを意味するのではなく、機械が人事活動や業務を、人間よりも良く、早く、そしてもっと正確に実行することを意味するのです。つまるとこ

ろ、それは、人事チームがインテリジェントマシンやシステムと協力して、より良い決定を下し、業務をより効率的にするということなのです。

　ほとんどすべての管理業務（アドミニ仕事）は潜在的に自動化することができますが、スーパーインテリジェントHRは、これをはるかに超えて採用や従業員エンゲージメントなどの重要な機能をも果たすことができます。特に機械学習は、人事に対して大きな影響を与えます。たとえば、入社出願者のトラッキングと評価では、機械学習ツールを使用して人事チームが出願者の履歴を追跡し、候補者へのフィードバックを迅速に行うことができます。

　一例として、Peoplise（ピープライズ）というデジタル求人プラットフォームでは、デジタルスクリーニングとオンライン面接の結果に基づいて候補者の適合スコアを算出し、人事担当者や採用担当者に対して誰が最適な候補者かを判断する材料を提供します[*14]。

　機械学習はまた、従業員サーベイへの応答や電子メール、ソーシャルメディアへの投稿などの分析に基づいて、従業員が会社を辞めるかもしれないリスク要因を特定、識別するなどによって、対処や対応を考えるのに役立つ情報を提供することもできます。

加速するチャットボットによる自動化

　最近のIBMビジネスバリュー研究所の調査は、人事担当最高責任者の半数が、人事の重要な業務がAIテクノロジーによって変わることを認識していると報告しています[*15]。

　よく見られるAI技術の例に、チャットボットがあります。これは、人間の会話を模倣するコンピュータアルゴリズムです。人事関連の質問に対するリアルタイム回答や学習経験のパーソナライズなど、さまざまな人事活動にチャットボットを使うことできます。チャットボットは私たちの日常生活でますます一般的になってきていますが、2016年にFacebookがチャットボット機能をメッセンジャーアプリに取り入れていることを発表し、一気に人気が高まりました[*16, 17]。

　多くの大手ブランドでは、すでに顧客の質問に答えたり、アドバイス
をしたりなどにチャットボットを使った顧客対話が始まっています。購
入検討中の顧客に対してMessengerアプリケーション内からeBay商品
を見つけて購入を支援するeBayのShopBotは、その代表例です。チャッ
トボットはメッセンジャーでユーザーに呼びかけたり、ピザの注文に対
応したりなど、すでに私たちは、日常生活の中でチャットボットとやり
取りすることに慣れてきています。職場でチャットボットが使われるの
も、もう間もなくでしょう。さらに、職場の地理的分散や、リモートワ
ーカーの数も増え続けています。人事部門担当者に簡単にアクセスでき
ない従業員も増え、そういった従業員に対してチャットボットがそのニ
ーズを満たすことに活用されるかもしれません。

　インテリジェントアシスタントは、採用面接スケジュールの調整から
採用か不採用かの決断を支援する応募者の情報の提供（場合によっては、
決定さえも）まで、人材採用にも役立てられるでしょう。

　Talla（タラ）は、新入社員求人時の人事担当者に対するリアルタイ
ムのアドバイザとして機能するように設計されたチャットボットの一例
です[18]。Tallaは、採用予定の役職情報に基づいて一連のインタビュー
質問を提供したり、採用プロセスを評価するためのネットプロモーター
スコア調査を実施することさえできます。

　ラーニング＆デベロップメントの分野、MOOCs（大規模オープンオ
ンラインコース）では、学生が質問に答えながら学び、締め切りのリマ
インドをし、学習へのフィードバックを提供するという学習支援方法が、
チャットボットで試験運用されています。オンライン学習の人気が高ま
るにつれて、インテリジェントアシスタントは、人間の教育アシスタン
トの役割を強化するためにますます使用されるようになるでしょう。こ
のように自動化が進むと、個々の学習者のニーズに合わせて調整された
個別のアダプティブラーニング（適応学習）を簡単に提供できるように
なります。これは、ビジネス環境における従業員のエクスペリエンス向
上に大きな役割を果たすでしょう。

AIとスーパーインテリジェントHR

　チャットボットの先を見ると、機械学習のようなAI技術はさまざまな方法で人事機能に影響を与え始めています。人間のように「考え」「決断を下す」ことができるマシンは、採用を含む人事のあらゆる側面に利便性をもたらすでしょう。潜在的な求職者を特定したり、数百人から数人に絞ったりするためのソフトウェアは既に存在しますが、AIはこのプロセスをより正確に実行できるでしょう。一部の人々は、これが人事業務の大多数である「人間的」側面を取り除いてしまうという懸念を表明していますが、いずれにしても、人事とはすべて人について業務を行っているところです。

　AIを人事プロセスに取り入れることによる多くの良い点があります。

　たとえば、AIテクノロジーによって処理される、より速い、より合理的なフィードバックシステムの導入によって、候補者は、その会社に対してより大きなエンゲージメントを感じるかもしれません。このポジティブな経験は、たとえ彼らがその応募申請で失敗したとしても、将来何か新しいポジションの募集があったときの再挑戦を奨励する要素につながるかもしれません。志願者の選定では、マシンは、人間が選考にもたらす可能性のある潜在的な偏見を持つことなく意思決定を行うことができるでしょう。もちろんこの採用業務の大部分は、全プロセスが単純にマシンに移行してしまうものではなく、人事担当者との共同作業で行われるでしょう。しかし、このテクノロジーが、多くの採用プロセスを自動化し、増強するであろうことは、否定できません。

　もう１つの例は、従業員定着率の領域です。組織の人材、特に彼らが実際にどのように感じているのかについて、AI技術を使ってこれまでにない洞察を得ることができます。たとえば、ｅメールやソーシャルメディアへの投稿に書かれている内容をテキストマイニングし、言葉の背後にある感情を分析し、その洞察を得ます。それは、スタッフの満足度調査の代わりに使うことができます。

　機械学習アルゴリズムにより、従業員のｅメールやソーシャルメディ

アの投稿から会社とのエンゲージメントの度合い、特定の状況での反応、企業文化への適合性などを分析することが可能です（倫理的な問題や法的な問題は別の課題です。詳細は第6章を参照してください）。こういったプロセスは、誰が嫌気を覚えて会社を辞めようとしているのか、はたまた、誰が昇進・昇格可能なレベルに熟達しているのかを、人間だけで行うよりもはるかに正確に予測することに役立つと考えられています。

2-6 ｜ では、人事部門はまだ必要か？

こういった自動化により、人事部門はもうすぐ要らなくなるのではないかといった論調も見ます。私自身もそれに関連した投稿を書きました[*19]。

では、私が本当に人事専門家やマネジャー、人事部長といった職が機械によって置き換わると考えているかというと、違います。今後数年間であらゆるビジネス分野を通じて、マシンとアルゴリズムが特定のタスクを奪うことは避けられないと思いますが、人事部門が完全に存在しなくなるとは考えていません。しかし、この新しい環境に適応し、フォーカスの当て方を再考する必要があると考えています。

新技術の採用と自動化の拡張

個人的には、チャットボットやインテリジェントアシスタントのような自動化などによる人事業務の発展は、人事業界全体にとって素晴らしいことであると強く信じています。

現在、多くの人事の時間やリソースが、日々の管理業務（アドミニ仕事）に費やされてしまっていることを人事部門で働く人自身よく理解しています。このような日常的管理作業を自動化できれば、人事は、経営の成功に不可欠な、より戦略的な事柄に集中することができるでしょう。それによって、人事チームはより大きな組織価値貢献に、その焦点を向けることができます。それは非常に前向きな移行であり、それがインテ

リジェントHRの中心的考え方だと私は思っています。

　したがって、人事部門は自動化の進展を認識することや準備するだけではなく、受け入れることが重要だと思います。

　自分たちの仕事にAI技術が及ぼす影響を心配するよりも、AI技術を使う側に参画する必要があるでしょう。人事部門のリーダーや専門家は、これらの新しいテクノロジーについて、できる限り学ぶことをお勧めします。第4次産業革命とも言われるように、ビジネスは激変しているのですから…。

第4次産業革命、インダストリー4.0

　最初に蒸気と初期的機械によって産業に機械化が起こりました。その後、電気の発明によって第2次産業革命がもたらされました。コンピュータと初期のオートメーションは、第3次産業革命で起こります。

　そして今、私たちは第4次産業革命、インダストリー4.0に入りました。

　コンピュータとオートメーションが統合され、ロボティクスやAIシステムは自ら学ぶことができ、人間のオペレーターからの僅かなインプットで、機能をコントロールしたり、決断を下したりすることができるようになっています。

　人事領域を少し離れて見てみても、自動化（オートメーション）の波は、すでにさまざまな業界の多くの人々の仕事に影響を及ぼしているか、近い将来に影響を与えると考えられます。自動化が進むにつれて、コンピュータや機械は、運転手や会計士から不動産営業や保険代理店まで、幅広い業界の労働者に取って代わるでしょう。オックスフォード大学の研究による予測では、47パーセントもの米国の雇用が自動化の危険にさらされているといいます[20]。

　だからこそ、人事担当者は、この革命が業界や組織、そしてその組織に働く人々に与える影響に対処するための知識とリソースを持っている必要があるのです。オートメーションの増加に備えて、人事部門は、会

社の議論に深く参画する必要があります。

　人事担当者は、経営層とこれらの話をするためにも、テクノロジーに精通している必要があります。オートメーション（自動化）は、あらゆる分野における組織の将来の働き方に影響を及ぼします。そして、これらの変化のいくつか、特に製造業のような産業においては、その影響が大きくなると考えられています。そのため、人事担当者としては、オートメーションの進展について最新の情報を入手し、それが自分のビジネスおよび人事部門自体にとって何を意味するのかを理解する必要があります。なぜなら、ビジネスの性質が変化し続けるにつれて、人事チームは、経営層（リーダーシップチーム）が持つであろうビジネスクリティカルな質問に答えるための中心となる可能性が高いからです。

　たとえば、「これらの自動化システムを使っていくためには、どのようなスキルや能力を伸ばさなければならないのか？」「どのような能力を持った人材を採用する必要があるのか？」といったような質問に対してです。人事部門の専門性と人事部門が持っている豊富なデータは、そのような質問に対して答え、起こるかもしれない変化に組織が対応できるように備える助けとなることができます。私にとって、これこそがインテリジェントおよびスーパーインテリジェントHRの重要な部分です。ニーズの変化と進化に合わせてビジネスをサポートすることです。

挑戦と機会

　データ、アナリティクスそして自動化さえもが人事部門に大きな変化と大きな機会の両方をもたらすことは明らかです。

　より多くの反復作業がコンピュータによって実行されることによって、人事部門のサービス提供方法は今後数年間で確実に変化するでしょう。人材の調達や採用から、従業員のラーニング＆デベロップメントのサポートまで、自動化は時間の節約、効率の向上、意思決定プロセスの改善に貢献するでしょう。

　人事が日々の管理業務（アドミニ仕事）のような日常的で時間のかか

る作業から離れ、より広範な戦略的問題に集中するにつれて、人事部門自体が組織にとってより価値のあるものになり、おそらく、組織の成功にとってより重要な機能になると思われます。私は、AIや自動化に関する議論が人事の専門家（そして従業員、そしてしばしば経営者さえも）にとって神経をとがらせる話題であることを理解していますが、これらの発展により、人事がインテリジェントになることは、組織に大きな価値をもたらすものだという観点から見るべきだと考えます。

　電話やテレビ、買い物をする方法まで、私たちの生活の多くの分野がよりスマートになっているように、私たちの仕事もそうなってきています。どのような技術がどのように進化するのか、どのような規模でいつ頃どうなるのかなどを正確に予測することはできませんが、この技術のすべてが一方向に進んでいることだけは明らかです。すなわち前進です。

　これらのテクノロジーの人気がなくなり、後戻りするということはないでしょう。私たちは、より多くのデータ、より知的なアルゴリズム、より良い機械学習プログラム、より多くのセンサー、そして、より良い自動化機能などを持つことになるでしょう。少なからず、もっと…。

　人事部門は、この変革に備える必要があります。今は、データ、アナリティクス、および自動化などに課題があるとしても、これらのテクノロジーは、ビジネスのやり方を改善し、従業員の職場環境の向上、組織に対する人事の貢献を高める大きな機会をもたらします。そのような価値を組織にもたらすインテリジェントな（そしてスーパーインテリジェントな）HRになることは、とてもエキサイティングなことではありませんか。

重要なポイント

　初期のコンピュータと控え目なデータベースから、データと分析が大きく進歩し、データの爆発的増加が人事の運営方法を劇的に変化させていることは明らかです。以下は、この章で取り上げた内容の概要です。

● 昨今私たちが行っていることのほとんどすべてがデジタルトレイルを生み出し、今や多くの異なる種類のデータを統合的に捉え、保存し、そして調査することができます。IoTは、接続されたスマートなデバイスとともに、データの爆発的増加に重要な役割を果たしてきました。

● 課題は、これらすべてのデータを使用して、どの人事データが実際に会社の業績に影響を及ぼしているのかを明確にすることです。重要なのは、データの数や量ではなく、それらのデータについて尋ねる質問の質です。

● 企業は現在、人事データを付加価値に変えています。従業員がいつ離職するか、またはどこから最適な人材を採用するかを予測するなどの知見を得ています。

● 問題解決のために大量で複雑なデータ処理と分析を必要とする業務場面では、AI（特に機械学習とディープラーニング）が役立ちます。

● 私たちはすでに「スーパーインテリジェントHR」の時代を迎えようとしています。これは、あらゆる業界で起きている自動化の劇的な増加によってもたらされています。

● 人事部門は、新しいテクノロジーと自動化を推進する必要があります。日常業務や管理業務（アドミニ仕事）の自動化が可能になれば、人事は、組織に大きな価値をもたらす、より戦略的な事柄に集中することができます。人事部門は、データ・ドリブン人事戦略の基盤を築くことによって、この移行に備える必要があります。まずは、より広範な組織目標にリンクした堅牢でスマートなデータ戦略を策定し、データ使った明確なビジネスケースをつくりましょう。

第2章脚注

1 Siegler, M G（2010）[accessed 23 October 2017] Eric Schmidt: Every 2 Days We Create as Much Information as We Did up to 2003 [Online] https://techcrunch.com/2010/08/04/schmidt-data

2 Turner, V（2014）[accessed 23 October 2017] The Digital Universe of Opportunities [Online] https://www.emc.com/leadership/digitaluniverse/2014iview/executive-summary.htm

3 Kanellos, M（2016）[accessed 23 October 2017] 152,000 Smart Devices Every Minute in 2025: IDC Outlines the Future of Smart Things [Online] https://www.forbes.com/sites/michaelkanellos/2016/03/03/152000-smart-devices-every-minute-in-2025-idcoutlines-the-future-of-smart-things/#77d1b5ed4b63

4 Ericsson（2010）[accessed 23 October 2017] CEO to Shareholders: 50 Billion Connections 2020, press release [Online] https://www.ericsson.com/en/press-releases/2010/4/ceo-to-shareholders-50-billion-connections-2020

5 Lunden, I（2015）[accessed 23 October 2017] 6.1b Smartphone Users Globally by 2020, Overtaking Basic Fixed Phone Subscriptions [Online] https://techcrunch.com/2015/06/02/6-1b-smartphone-usersglobally-by-2020-overtaking-basic-fixed-phone-subscriptions

6 IBM [accessed 23 October 2017] Watson [Online] https://www.ibm.com/watson

7 Price, R（2016）[accessed 23 October 2017] Microsoft Is Deleting Its AI Chatbot's Incredibly Racist Tweets [Online] http://uk.businessinsider.com/microsoft-deletes-racist-genocidal-tweets-from-ai-chatbot-tay-2016-3

8 Murgia, M（2016）[accessed 23 October 2017] Affective Computing:How 'Emotional Machines' Are About to Take Over Our Lives, Telegraph [Online] http://www.telegraph.co.uk/technology/news/12100629/Affective-computing-how-emotional-machines-areabout-to-take-over-our-lives.html

9 Marr, B [accessed 23 October 2017] How the BBC Uses Big Data in Practice [Online] https://www.bernardmarr.com/default.asp?contentID=710

10 The Economist Intelligence Unit（2015）[accessed 23 October 2017] What's Next: Future Global Trends Affecting Your Organization [Online] http://futurehrtrends.eiu.com

11 SAP SuccessFactors [accessed 23 October 2017] Global HR Survey Shows Why Employees Want a Single Source of Analytics [Online] https://www.successfactors.com/en_us/lp/global-hr-survey.html?Campaign_ID=21487&TAG=Q413_Global_HR_Survey_EC_LinkedIn&CmpLeadSource=Public%20Relations

12 Sullivan, J（2013）[accessed 23 October 2017] How Google Is Using People Analytics to Completely Reinvent HR [Online] https://www.eremedia.com/tlnt/how-google-is-using-people-analytics-to-completely-reinvent-hr

13 Garvin, D A（2013）[accessed 23 October 2017] How Google Sold Its Engineers on Management [Online] https://hbr.org/2013/12/how-google-sold-its-engineers-on-management

14 Peoplise [accessed 23 October 2017] Superior Talent Experience. Mobile. Faster [Online] http://www.peoplise.com

15 IBM [accessed 23 October 2017] Extending Expertise: How Cognitive Computing Will Transform HR and the Employee Experience [Online] http://www-935.ibm.com/services/us/gbs/thoughtleadership/

cognitivehrstudy

16 Constine, J（2016）[accessed 23 October 2017] Facebook Launches Messenger Platform with Chatbots [Online] https://techcrunch.com/2016/04/12/agents-on-messenger

17 Messenger [accessed 23 October 2017] Messenger Bots for Business and Developers [Online] https://messenger.fb.com

18 Talla [accessed 23 October 2017] Never Answer the Same Question Twice [Online] https://talla.com

19 Marr, B（2013）[accessed 31 January 2018] Why We No Longer Need HR Departments [Online] https://www.linkedin.com/pulse/20131118060732-64875646-why-we-no-longer-need-hrdepartments/

20 Frey, C B and Osborne, M A（2013）[accessed 23 October 2017] The Future of Employment: How Susceptible Are Jobs to Computerisation? [Online] http://www.oxfordmartin.ox.ac.uk/downloads/academic/The_Future_of_Employment.pdf

第 3 章

データ・ドリブン戦略：
よりインテリジェントな
HRのための
事例を作る

Data-driven strategy: making a business case
for more intelligent HR

目標を明確にし、データを最大限に活用して、その活動に賛同を得るためには、データ・ドリブン人事戦略の明確なビジネスケース（事例）をつくる必要があります。

これは、「より広範な会社の戦略目標にリンクする明確な人事データ戦略を策定することによって、人事が、それらの目標達成にどのように貢献することができるか」を示すことを意味します。

経営戦略に貢献できる人事目標を特定し、データとアナリティクスを通じてそれらの目標をどのように達成できるかを確認しなければなりません。

この章では、なぜデータ戦略を練ることがそれほど重要であるのか、そしてなぜそれをより広範な組織目標にリンクさせる必要があるのかを探ります。その後、皆さんの参考としていただくため、目標の具体化と、データの使用目的を明確にするための「スマート戦略ボード」や「1ページプラン（1ページの人事計画)」を作成するプロセスを示します。また、インテリジェントまたはデータ・ドリブン人事戦略のための戦略策定プロセスについて詳しく説明します。それには、『データの4層構造』と、優れたデータ戦略の基礎を形成する『6つの重要な質問』の理解が含まれています。

3-1 | すべては戦略から始まる

第2章でみてきたように、データの爆発的拡大は、私たちの生活や仕事の至る処に影響を及ぼしています。

私たちは、こんにち、毎日、毎秒という速度でデータが生成される世界に生きています。正直、驚異的です。そして、それらのデータを使わなければならないとなった時、多くの企業や事業部は、以下2つの立場のいずれかに陥っているようです。

1つは、「データ列車」に乗り遅れまいと必死になり、データがビジ

ネスにどのように役立つかについて熟考することなく、とにかくさまざまな種類のデータを収集し始めているグループです。

　もう一方のグループは、爆発的にデータが増えている現状を見て見ぬふりをしているケースです。この場合、大方、何をどこから始めるべきかわからず、途方に暮れている状態なのです。

　この状態にこそデータ戦略が必要なのです。

本当に必要なデータは何か

　本当は必要ではないかもしれない大量のデータを収集し始めることは、決して良いアイデアとは言えません。人事が扱うデータは、その性質上、個人情報が多く、特に気を付ける必要があります。

　単にデータ収集が可能だからという理由で「人」に関するデータを収集することは、人々の不信やモラルの問題を引き起こします。

　何のためなのか、それが自分たちと会社全体にとってどのような利益をもたらすのか、という明確な理解もないままデータが収集されれば、従業員は、組織という権威が自分たちの行動を監視していると感じてしまうでしょう。（第6章で見るように、データ活用を成功させるためには信頼と透明性が不可欠です。）

　私は、データのパワーは、いかに多くの量のデータを収集できるかということでも、また、超クールな分析方法を使って多彩なデータ分解ができるということでもないと考えています。

　データのパワーは、それらをどのように使用するかにあります。

　収集したデータから得た洞察をどのように使って、意思決定を改善し、従業員をより理解し、業務を最適化し、会社に価値を付加するかなのです。

　したがって、自分たちが何を達成したいのか、そして具体的には、どのような種類のデータがその目的を達成するのに役立つか、ということを非常に明確にしておく必要があります。

「ビッグ」な方がデータ的に優れているとは限らない理由

　目標を達成することが可能であれば、最小量のデータ収集、保管、分析で済むことが理想的です。

　私は、かつて、世界最大級の小売企業でコンサルティング業務を行ったことがあります。経営層グループとのセッションの後、CEOが会社のデータチームに会いに行きました。

　そこで、世界最大級のデータベースの構築をやめて、代わりに最小のデータベースで、会社の最も重要な質問への回答に対する支援を可能にするよう提案したのです。

　これこそが、データを見る上で重要なことです。

　世の中では広く「ビッグ」データに関する誇大宣伝があるにもかかわらず、小さいことを目的としたのです。

　データをできるだけ小さくするということは、どこに行き着きたいのか、そこにたどり着くのには、どのデータが役立つのかに集中できることを意味します。

　もちろん、GoogleやFacebookのようなビッグデータの巨人たちは、将来価値を生み出す可能性のあるものをすべて集めています。たとえば、Googleはインターネット検索でのスペルミスの単語をキャプチャーし、そのデータを使って世界で最高のスペルチェッカを作成しています。Googleは、膨大な量のデータに対処するためのマンパワー、専門知識そして予算を持っていますが、ほとんどの会社はそうではありません。それが、目標を達成するために絶対に必要なデータのみを収集することをお勧めする理由なのです。

　強固なデータ戦略を策定することで、どのデータが自分たちの部署に最適であるのか、レーザーのように焦点を当てることができます。さらに、強力なデータ戦略を実施することは、プロセス全体をより円滑に進めることを可能にし、人事チームや人事以外の組織の人たちが今後の旅に備えることを支援します。

3-2 | 出発点：人事戦略を広範な組織目標にリンクする

　どのデータを収集し、それらをどのように分析するかは、「達成しようとしていること」に完全に依存します。よって、データ戦略を作成する最初のステップとして、まずは、これを検討する必要があります。

　最良のHRデータ戦略は、組織のより広い目標に直接関連していることです。つまり、会社の目標達成に貢献できる人事目標を作成するために、会社目標をカスケードダウン（＝会社などの組織において、情報をトップから下のレベルへと順次伝えていくこと）することです。

　したがって、人事戦略策定を始めるのに適した場所は、人事ではなく、全社的な戦略計画です。

　理想的な組織戦略計画は、組織内の誰が読んでも理解できる簡潔でシンプルな文書であることと言われています。つまり、組織がどこに向かうべきなのかを明確に示している「１ページプラン（１ページの人事計画）」と言われるようなものです。しかし、常にそのような計画であるとは限りません。組織戦略計画の中には非常に長く、複雑で、どのようなアクションをとる必要があるのかの判断が困難なものも多く見受けられます。

　たとえ会社の戦略がどのようなものであったとしても、財務上の目的と非財務上の目標を含む会社の意図する結果（アウトカム）、および、可能な限りこれらの結果達成を導くコア活動とイネーブラー（成功要素）を設定する必要があります。

　会社の戦略的計画からこれを理解するのに苦労している場合は、データ戦略を先へ進める前に経営層と話し合ってください。ビジネスがどこを目指しているのかを正確に理解することが重要です。会社の戦略目標を念頭に置いて、それらの目標にリンクし、会社の成功に貢献するために達成する必要があるものを特定して、初めて、人事独自の計画を作成し始めることができます。

第**3**章　データ・ドリブン戦略：よりインテリジェントな人事戦略のための事例を作る

63

たとえば、会社目標の１つが「今後３年間での運用コストの削減」であるとします。これは、明らかに人事の具体目標にも影響を与え、結果、使用するデータの種類にも影響します。

3-3 人事のデータ戦略を報告する「１ページプラン」、または「スマート戦略ボード」

この段階での目標設定フェーズを単純にしてしまうことは、お勧めできません。

一方で、達成したいと思うかもしれないすべてをカバーする100にも及ぶHR目標（タスク）リストを作成したくなってしまうという誘惑にも負けないでいただきたいと思います。

コアとなる目標だけに焦点を合わせてください。何を達成する必要があるのか、そしてその目的を達成するためにどの分野や活動に注力する必要があるのかが明確でない場合、堅牢なデータ戦略を作成することはできません。

100の「あったほうがいいかも（なくても支障がない）」程度の目標リストは、ごたごたしているだけで、ほとんど価値がないデータ戦略──おそらくとてもコストのかかる──につながります。戦略的人事目標や活動を明確にするために、「１ページプラン（１ページの人事計画)」や、私が「スマート戦略ボード」と呼んでいるものを作成するのも良い方法だと思います。

以下に概説するように、これは６つの簡単なセクションに分けられています。各セクションの内容を練るときは、組織全体の目標・目的をしっかりと念頭に置いて策定すべきでしょう。

人事の目的

ここでは、人事部門が達成しようとしていることを正確に説明し、具体的なシーンを設定して、簡単な言葉で、戦略の包括的なコンテクスト

を提供します。

　その良い方法としては、人事の目的とビジョン・ステートメントを記載することがあります。目的、または、ミッション・ステートメントには、チームの存在理由を平易な文で明確に、包括的に要約します。

　「人事の目的」の項ですから、まさに「私たちの目的は何なのか」という質問に答える内容でなければなりません。ビジョン（または、「抱負（アンビション）」といってもいいかもしれませんが）を文書にすることは、人事としてあなたがやりたいことの目的を明確してくれます。もちろん、それは、人事機能の将来をどのようにしたいのかに焦点が当たってなければなりませんが…。

　人事がチームとしてどのような行動をとり、どのような価値をもたらしたいのかといった抱負をインスパイヤーするような言葉で書く必要があるでしょう。

人事の顧客

　どんな人事にとっても、第一の顧客は、組織の従業員です。このセクションでは、会社の人々を理解することを考えてみます。

・あなたがすでに知っていることは何でしょうか
・まだ知らないことは何でしょうか
・設定したHRゴールを達成するためにもっと知らなければならないこと、見つけなければならないことは何でしょうか

　これら、それぞれの問いの答えを書く際に常に念頭においてもらいたいことは、人事の視点のみならず、組織全体の目標とそれが各従業員とどのようにつながっているのかです。

財務の視点

　ここでは、組織戦略に関連した財務の視点からの目標や抱負を明確に
します。

　場合によっては、この部分に書かなければならないことがコストの削
減かもしれません。しかし、それでもなお、付加価値創造についても書
く必要があります。たとえば、「会社の雇用者としてのブランドを強い
ものにすることによって、優秀な人材を引き付けることができる」など
といったことです。

　人事の担当者であればよく承知しているように、優秀な人材を探し、
採用し、トレーニングを提供し、さらに彼らが離職することのないよう
にすることは、組織にとって大きなコストです。多くの人事にとって、
この部分が財務的な目標と結び付けられるところであり、中心的なこと
になるのではないでしょうか。

　たとえば、データとアナリティクスを使って、業務研修と新人研修を
オンライントレーニングに移行し、研修コストの削減と同時にパフォー
マンスの向上、そして、その導入による離職率低下を目指す、などです。

人事オペレーション

　ここは、データ・ドリブン人事戦略で実現したい目標のために、生じ
る可能性のある運用やオペレーション上の変化について書くセクション
ですが、慎重に検討する必要があります。

　重要な検討事項の１つとして、外部プロバイダーとパートナーを組む
必要性の有無があります。それらのパートナーとはすでに関係を築いて
いるか、あるいは関係構築から始める必要があるかなどを検討します。

　また、推進にあたって必要とされる能力は何か、社内にそのコンピテ
ンシーがあるのかといったことも調べる必要があります。人事チームと
して埋めなければならないギャップがあるとすれば、それをどのように
埋めるのかも検討が必要です。

新しく想定している人事制度や運用プロセスもこのセクションに書きます。

人事リソース

このセクションの目的は、目標を達成するために必要なリソースを正確に定義することです。必要なITシステム、インフラストラクチャ、人、能力と組織文化、そして必要な価値観とリーダーシップについても書きます。データと、それがITリソースに与える影響について考慮すべきこともたくさんあるのは確かです。この段階で詳細に説明する必要はありません。

確認したいことは、計画書上に、あなたが（人事チームが）達成したいことと、その実行のために必要とされる可能性のあるものが明確になっているかです。

データを洞察や知見（インサイト）に変えるために必要なシステムについての詳細は、第6章で述べています。

競争とリスク

このセクションでは、戦略を実行するためにどのような競争やリスクに直面する可能性があるのかを検討します。自分自身に問うてみましょう。

「外部の人事サービスなども含め、主な競争相手となり得るのは誰か。その理由は何か。」

また、市場、規制、人に関連するリスクなど、どのような外部要因が成功を脅かす可能性があるのかも検討します。計画を前に進める以前に、これらの脅威となり得ることを認識しておくことは、その軽減のための最良の方法と言えます。

3-4 | 最適なデータの使い方

　計画表を作成することによって、人事チームの将来の方向性、組織にどのような価値を付加できるのか、そしてどの分野を開発する必要があるのかといった事項を把握することができます。

　次に、データ戦略自体を詳しく検討する前に、データの最適な使用方法について考えてみます。

　第1章で見たように、ビジネスでデータを使用する方法はたくさんありますが、最も広い意味で、これらの使用法は4つのカテゴリに分類されます。

・決定・決断の改善
・オペレーションの最適化
・顧客（人事の場合は従業員）のより良い理解
・データの収益化（マネタイズ）

　このセクションでは、あなたの人事戦略に関連するデータの使用法をもう一度見ていきます。もちろんすべての組織は異なりますから、場合によっては、ここに示されるいくつかのオプションは、自分の組織には適用できないと感じるかもしれません。たとえば、人事オペレーション上の課題に直面している人事部門もあるかもしれませんし、従業員モラル（士気）に重大な問題があり、業務環境理解を早急に進める必要がある場合もあるでしょう。

　データの収益化ということになると、ヒト関連のデータを扱う人事にとっては、特に問題となるところでしょう。それでもなお私は、4つのデータ領域すべてを順番に確認することをお勧めします。あなたにとっての主な焦点は、これらカテゴリーのうちの1つか2つにあるかもしれませんが、計画表にデータ戦略を描き始める前に4つすべてを検討することが最善だと思います。

意思決定改善のためのデータ使用

データを使って経営上の意思決定をより良いものにすることは、私が仕事をしてきた大多数のクライアント企業にとっての重要な目標の1つでした。多国籍企業から小規模なスタートアップ企業まで、組織のあらゆるレベルでの意思決定の際のデータ使用は、ますます加速しています。

会社の成功の大部分は、情報に基づいたより良いビジネス上の決定を下すことにあり、データはそれらの決断に必要な洞察を提供します。人事関連の意思決定をより良いものにするためには、2つの重要な要素があります。

1つめは、人事部門自体の意思決定で、組織と人事部門の目標の設定や人々に関連する重要課題への対処のための決断です。

2つめは、人事関連のデータを使用して、経営層から会社全体にわたる他の機能に至るまで、人事以外の組織がより有効な意思決定を下すための支援をすることです。

データの民主化と、会社全体にわたる意思決定を支援するためのデータへの幅広いアクセス提供へ（多くの場合はリアルタイムでの）の強い動きがあり、多くの人事部門は、各部門や役職機能の人たちの意思決定に関連する人事データを、必要な人に必要な時（リアルタイム）に提供する方法についても検討する必要にも迫られています。ますます多くの企業が、従来行われてきた慣例的な方法や直感に基づいた意思決定を下すのではなく、データに基づく決断の文化を構築しています。

すでに第2章で、この例として、Googleでのデータに基づいたマネジャーに関する仕組みと支援方法の決定を見ました。

また、第1章では、ゼロックスのコールセンターが、データ分析に基づく適性人材のプロフィールを作ったことを紹介しました。人事機能は潜在的に豊富なデータの提供が可能です。つまり、データベースド文化の構築に価値ある貢献をすることができるということです。

オペレーションの最適化のためのデータ使用

日常業務の改善と最適化によって業務プロセスの効率を高め、より良い人事サービスの提供を目指すためのデータ使用です。第2章で見たように、ますます増えている人事プロセスの自動化のことです。

可能な限り自動化し、人に関連するデータを自動的に利用できるようにする内部システムを整備することがこのデータ使用の目的になります。

自動化は、人事部門がもはや無視できないものになっています。しかし、このカテゴリで検討したいことはプロセスの自動化だけではありません。人事担当者のサービスをチャットボットなどに置き換えることも含まれています。

広く捉えれば、主要な業務プロセスや活動を振り返り、人事部門がその予算と時間を何に費やしているかを理解し、それらのプロセスをより良くする方法を検討することです。

第7章から第11章で、特定の人事機能と活動について詳しく検討しています。

顧客をより理解するためのデータ利用

これは、ビジネスにおける最も一般的なデータの使い方の一つです。AmazonからNetflix、高級商店街の店舗まで、データを使っています。AmazonやNetflixでは、購入する商品や推奨するプログラムなどのアドバイスを提供しています。

高級商店街の店舗では、顧客の店内の動きや移動の追跡データを活用して顧客の目を捉えるディスプレイに応用しています。このカテゴリのデータ使用の目的は、顧客の物理的動向（どこから来るのか）、顧客の価値観、顧客の嗜好性などの理解だけでなく、市場のより広いトレンドすべてを理解することです。

明らかなことですが、人事にとっての顧客は組織の従業員です（そして、もちろん、一定程度、経営層も含まれます）。自分の顧客について

の理解が進むほど、私たちは顧客に対してより良い仕事を提供することができます。

またこのカテゴリには内部と外部の両方があります。内部的な側面としては、データを使うことによって、従業員や組織の文化をより理解できることがあります。従業員が幸せと感じているか、エンゲージしているか、安心して働くことができているかなどのデータです。テキスト分析やビデオ分析、急成長のウェアラブル技術ももちろんのこと、こんにち利用可能なさまざまな分析手法により、人々の気持ちやパフォーマンスに関する重要な洞察を得ることがこれまでになく容易になっています。

ソーシャルメディアもまた、かつてないほどに豊かな顧客の全体像の構築を容易にしました。

外部的な側面では、LinkedIn（リンク・ド・イン）やGlassdoor（グラスドア）のようなプラットフォームのデータを使用することによる、組織を超えた視点から雇用者としてのブランドの理解があります。それらのデータは、外部から見える会社に対する認識や会社の成功に必要な人材を引き付ける方法についての貴重な洞察の提供を可能にします。このカテゴリのデータ活用には、決断支援のためのデータ活用カテゴリと多くの重複があるでしょう。顧客に対する理解を深めることは、顧客へのサービス提供方法についてのより賢明な決定を下すことにつながります——その決定は、直観や想定ではなくデータに根ざしています——。

それが、このカテゴリと最初のカテゴリが密接に関連する理由です。

データの利益化（マネタイズ）

データは貴重なものとなり、企業が保有するデータを狙った企業買収も増えています。たとえば、Microsoftは、LinkedInを262億ドルで購入しましたが、それによって、Microsoftは、プロフェッショナルネットワーク４億人以上のユーザーへのアクセスとそれらが生成するデータを入手しました[*1]。

これらのデータは、Microsoftのコラボレーションや生産性向上ツールと統合され、Microsoft製品内でのパーソナライゼーションをさらに向上させる可能性があります。

　これによって、Microsoftは、エンタープライズ市場での競争力をさらに高めるでしょう。

　第三者に販売できるデータを持っていることは、多くの企業にとって成長分野です。たとえば、Facebookもその例です。

　ソーシャルネットワークはユーザーには無料ですが、特定のデータを有料で他の企業が利用できるようにすることで、ユーザーデータから収益を生み出しています[*2]。

　Amazonも、もの凄い規模でそのデータを商品化しています。（そして、Facebookとは異なり、Amazonのデータは、私たちが苦労して稼いだお金をどのように使うかに関連しているので、それらは特にビジネスにとって価値があるのです。）これにより、同社は現在、Googleの真の競争相手となり、オンライン大手の両社がマーケティング担当者の予算の大部分を狙って戦っています。[*3]

　そして、AmazonのホームボイスアシスタントAlexa（アレクサ）とGoogleのGoogle Home（グーグルホーム）の立ち上げにより、両社は最良かつ最も価値のあるユーザーデータを求めて戦い続けています。

　当然のことながら、多くの人事データは個人的で機密性が高いため、このようなデータの使い方は、人事にとっては大きな問題をもたらします。

　そのため、従業員データから新しい収入源を生み出すことはできそうにもありません（できたとしても、したいことですか？）。

　米国では、フォーチュン500社を含む企業から有料でデータを取得し、それらへのアクセス権をデータ収集機関関係者らに提供する代理店業もあると言われています[*4]。

　概して、このやり方はほとんど前例のないことです。しかしながら、会社に付加価値を与えるという点では、人事データには確かな金銭的価値があります。意思決定を改善し、従業員を幸せにし、プロセスを最適

化することに人事データが使用される場合、もちろん、これは会社への付加価値提供になります。

　私は、こういったデータの使い方こそ、人事データを重要なビジネス資産とし、ビジネスに大きな価値をもたらすことを可能にすると考えています。

　しかし、人事データがコア・アセット（主要な資産）になるにつれて、慎重なデータガバナンスが、さらなる緊急の課題となります。

　データ、特に個人データに関する最大の懸念の1つは、プライバシーとガバナンスであり、もちろんそれには正当な理由があります。データセキュリティ、プライバシー、そしてガバナンスについては第6章で詳しく述べます。

どの使い方が自分たちにとってベストか

　人事目標に照らし合わせて、4つの分野すべてを検討します。そこからデータ・ドリブン人事戦略の最大機会が、組織内のどこにあるのかを見極め始めることができます。

　たとえば、あなたの会社が今後3年以内に特定分野のコンサルティングサービスのトップ3プロバイダーになるという企業目標を持っているとします。それは、さまざまな人事関連のアクションに翻訳することができます。

　一例としては、優秀な人材を引き付けることができるよう会社の雇用者ブランドを評価し最適化すること、などです。これは、データ・ドリブン人事戦略の大きなチャンスです。より顧客を理解し、より良い決定を下すことに密接に関係するでしょう。最も大きいチャンスがあるのはどこかという感触を一度得たら、データをどのように使いたいのかを考え、それをもって、人事データ戦略をまとめることができます。

3-5 | データの階層を理解する

　これで、データ戦略自体を詳しく調べる準備が整いました。しかし、データ戦略をまとめるときは、４つのデータ層を理解することが重要です。優れたデータ戦略を策定するには、これら４つの層が明確にマッピングされている必要があるからです（**図3.1**を参照）。

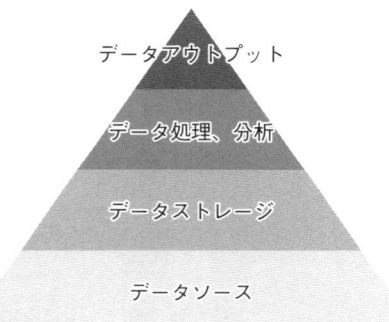

図3.1　データの4階層

データソースの層

　この層は、人事部門にデータが届くレイヤーです。この層には、営業記録（主要なパフォーマンス指標（KPI）取得目的のため）、顧客からのフィードバック、従業員アンケートとフィードバック、eメールアーカイブ、人事ファイル、および業務オペレーションのモニターや測定から収集されたデータが含まれます。データはGoogle Analytics（グーグル・アナリティクス）などのデータ収集ツールやソーシャルメディアネットワークを介して、組織の外部から得られることもあります。データ戦略を設定する際の最初のステップの１つは、すでに保持している情報を検証し、それが支援したいと考えている重要な課題とその質問への回答に必要な情報であるかを判断することです。場合によっては、必要な情報すべてが揃っているかもしれませんし、新しいデータソースを確立

74

する必要があるかもしれません。

データストレージ層

　情報源から集められたデータを保存する場所です。ビッグデータの全般に及ぶ爆発的増加とともに、ストレージタスクを支援するための洗練されたシステムやツールが多く開発されています。Apache Hadoop（アパッチ・ヘドゥープ：オープンソースの並列分散処理ソフトウェア）コンピューティングソフトウェアなどは、その代表例です。コンピュータシステムが理解できるデータ保存システム──ファイルシステム──の構築と共に、人々が理解しやすいよう、これらのデータを組織化し分類するシステム──データベース──が必要になります。

データ処理と分析の層

　データを使うには、それらを処理して分析できる必要があります。一般的な方法の1つは、MapReduce（マップリデュース）ツールを使用することです。これらのツールは、分析したいデータの要素を選択し、データから洞察を集めることができる形式にします。最近では、データを照会するために使用できる独自のツールやシステムが数多くあり、それらの多くは、データサイエンティスト以外の人にも使用できるように設計されています。

データアウトプット層

　この層は、分析を通じて収集された洞察を、必要とする人々に伝える方法を持つ層です。人事チーム内部にとどまらず、経営層、社内のその他事業部や機能部門のためにデータを使用できるようにする層です。
　アウトプットは、レポート、チャート、図や主な推奨事項の形式にすることができます。どのような形式で表示されるとしても、情報は、明

確かつ重要なアクションを識別できるよう、できる限り簡潔である必要
があります。

3-6 | データ戦略を立てる： 正しい質問をする

　4つのデータレイヤーを念頭に置くことによって、人事データ戦略を
明確なセクションや質問に分割することが容易になります。この本の後
半に各セクションの実装方法についての詳細があります。現時点では、
あなたのやりたいことの理解に焦点を当てましょう。戦略をまとめて実
行するには、専門家の助けが必要になるかもしれません。あなたの会社
の規模や専門知識に応じて、このプロセスに社内ITチームを巻き込む
のも良いでしょう。社内でデータに関する知識や専門知識を十分に調達
できない中小企業の場合には、データコンサルタントに相談するのもよ
いでしょう。ニーズに合った最善の行動方針を決定するのに役立ちます。
　図3.2に示すように、次の6つの質問は、あなたが何をしたいのかの
理解とその明確化の手助けとなります。それは、データ戦略の基礎を形
づくってくれるでしょう。

　それぞれのセクションは飛ばさず、以下に示す順序で6つの質問すべ
てに答えてください。

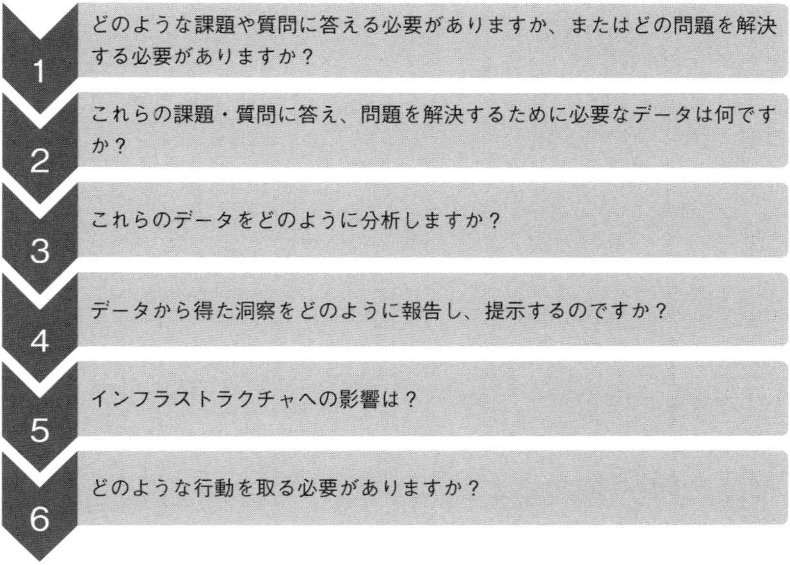

1	どのような課題や質問に答える必要がありますか、またはどの問題を解決する必要がありますか？
2	これらの課題・質問に答え、問題を解決するために必要なデータは何ですか？
3	これらのデータをどのように分析しますか？
4	データから得た洞察をどのように報告し、提示するのですか？
5	インフラストラクチャへの影響は？
6	どのような行動を取る必要がありますか？

図3.2　データ戦略を立てる：正しい質問をする

質問１：どのような課題や質問に答える必要がありますか、またはどの問題を解決する必要がありますか？

　私が仕事をしている組織や事業部の多くは、可能な限り多くのデータを要求する傾向にあります。賢明な分析の実行予定があるからではなく、何が本当に必要なデータなのかがわからないからなのです。しかし、何のデータを集めるかというデータ自体について考えることから始めるのではなく、戦略上の目的に戻って始めるほうがはるかに良い結果をもたらします。

　言うならば、目標達成に役立たないかもしれないデータの収集を、なぜこの段階で心配しなければならないのかということです。この章のはじめにあった計画表のことを思い出してください。ここでは、その計画に関連したキーとなる質問を特定することから始めてみましょう。

　達成したいことが何であるかが明らかになっているならば、今は、その戦略実行のために答える必要がある重要かつ未回答の質問を突き止め

る必要があります。

いくつかの質問は、1ページプラン、計画表の作成を進めたときにすでに識別されているでしょう。人によっては、この段階で慎重な検討が必要となるかもしれません。

これらの質問を定義することは、知っておくべきことを正確に特定することに役立ちます。また、それらの質問が会社の優先事項にリンクされていることを確実にしましょう。それによって、質問が戦略的にも重要であることが確認できます。それがなされなければ、「そんなこともあるか、でも本質的ではないな」というような微細な質問を羅列することになってしまいます。

質問2：これらの課題・質問に答え、問題を解決するために 必要なデータは何ですか？

すでに何度かコメントしましたが、私がコンサルタントとして何度も何度も見てきたことなので、再度言わせてください。あまりにも多くの企業や部門が、重要なデータだからではなく、単に集めることが可能であるという理由で、歩き、動くすべてのデータ収集に巻き込まれています。

データ戦略を作成する際には、集中し続けることが重要です。データの可能性は刺激的かもしれませんが、目標や目的に関係のないデータ収集に巻き込まれないようにしましょう。質問1で特定した各課題や質問を見て、それらの課題や質問に回答するために必要なデータについて考えます。これらのデータの多くは社内から取得できると思われますが、求人に関しては、特に、外部のデータプロバイダーを利用する必要があるかもしれません。

すでにアクセスできているデータと、まだアクセスできていないデータは何かを確認します。アクセスできていないデータについては、外部のプロバイダーと提携する必要があるでしょうか。それとも、内部でデータを収集するための新しいデータ収集方法を設定できるでしょうか。

第4章に、人事データの主要な情報源についてさらに記述があります。

質問3：これらのデータをどのように分析しますか？

情報のニーズと必要なデータを特定したら、次に分析の要件を考えます。つまり、データを分析し、それらを価値のあるインサイト（洞察）に変換して質問に答え、目標を達成するための方法の検討です。

分析を考えると、電子メールによる会話、ソーシャルメディアへの投稿、ビデオコンテンツ、音声録音など、有望なデータの大部分が非構造化データにあることがわかります。

これらの面倒で複雑なデータをKPIや売上データといった、より伝統的なデータと組み合わせることによって、多くの価値を生み出すことができます。詳細については第5章にあります。

質問4：データから得た洞察をどのように報告し、提示するのですか？

データと分析、およびデータから得られた興味深い洞察は、最適な行動につながるよう、適切な方法で適切な人々に提示されない限りまったく役に立ちません。

レポートを作成して洞察を提示するためのオプションは、データへのリアルタイムアクセスを備えた豪華なダッシュボードから洞察をビジュアル化して示す簡単なレポートまでさまざまです。

ターゲットオーディエンスを念頭に置いておくことは、おそらくこの段階で意識すべき最も重要なことです。データを提示するオーディエンスが誰であるかを明確にし、どのような情報提示方法が、そのオーディエンスにとってベストなのかを検討する必要があります。

人事チーム自体が主な対象者であることが多いと思いますが、組織内の他部署の人にも得られた知見や洞察を提示する必要は生じるでしょう。

この質問への回答は、組織に対してより大きな価値を付加できる人事

チームの意義を示す重要な部分です。よって、この時点で、誰が情報にアクセスする必要があるのか、それをどのように提供するつもりなのかを考えてみましょう。

　もしかしたら、なぜ『今』これについて考える必要があるのか、という疑問をお持ちの方もいるかもしれません。その理由は、データ提示の方法が、データインフラストラクチャの要件に重大な影響を及ぼす可能性があるためです。それが第5の質問です。

質問5：インフラストラクチャへの影響は？

　どのデータが必要か、それらをどのように価値に変えるか、そしてそれらをどのように伝達するかを定義しました。ロジカルには、次のステップは、これらの決定事項のインフラストラクチャへの影響を解決することです。

　基本的には、データのキャプチャー、格納、分析、データから得た洞察のコミュニケーションに、どんなソフトウェアとハードウェアが必要とされるかの選択を考えることです。

　たとえば、かなり多量のパフォーマンスデータの収集を検討しているとしましょう。現在のデータストレージテクノロジーで、新しく収集するデータを格納するタスクに耐えられるでしょうか。それとも他のソリューションで補完する必要があるでしょうか。現在の分析やレポート機能にはどのようなものがあるでしょうか。それは、十分に伝えたいことを伝えることが可能でしょうか。その他に必要なものはありませんか。以上のようなことを考察します。

質問6：どのような行動を取る必要がありますか？

　上記5つの質問に答えることによって、ここでやっとHRデータ戦略を現実に変える行動計画を定義する準備ができたことになります。
　一般の行動計画と同様、計画には主要なマイルストーン、アクション、

そして各アクションのオーナー（所有者）が含まれます。

このステップの一環として、計画を実行に移すために必要なトレーニングや人材の開発要件を特定し、外部からの支援が必要な箇所も特定する必要があります。

3-7 | データ・ドリブン人事戦略の事例 （ビジネスケース）をつくる

経営層や主要な意思決定者を巻き込むことが、より堅牢なデータ戦略の立案に役立つことは間違いありません。それだけでなく、この初期段階で経営層の賛同を獲得することは、極めて重要です。戦略実行後、人事が提供するヒト関連のデータを、彼らの意思決定において有効利用する可能性を高めることにつながるからです。

したがって、堅牢なデータ戦略を作成する上で重要なのは、強力なデータ・ドリブン人事戦略アプローチの事例（ビジネスケース）をつくることです。データ・ドリブン人事戦略の考え方に基づく事例をつくる段階では、チームの内外を問わず参加を促しましょう。

HRデータの可能性に気付き、ワクワクした人が多ければ多いほど、データ・ドリブン人事戦略の考え方に賛同を得られる可能性が高くなります。

会社全体にデータ・ドリブン人事戦略を「売る」

最終的にデータ・ドリブン人事戦略は、ヒトとそのヒトに関わるデータを扱うことです。これは、会社の経営層だけでなく、すべての階層、すべての機能に及びます。

組織内の人々が、データ・ドリブン人事戦略とは何かを理解し、それが会社全体や部門、そして従業員としての有益性や利便性にどのような役に立つかを理解することによって、新しい種類の従業員データ取得などにも協力が得られるでしょう。データ・ドリブン人事戦略の事例（ビ

ジネスケース）があらゆるレベルで適切にコミュニケーションされていない場合、それは不信感を生み出し、組織文化に深刻な悪影響を及ぼす可能性があります。データ・ドリブン人事戦略の事例（ビジネスケース）をつくることは、起業家が新しいベンチャービジネスのためにビジネスケース（またはビジネスプラン）を作成することに似通っています。つまり、この段階で行うことは、起業家が事業計画を作成するときと同じようなことをすることです。その中には、データ戦略の概略とその目標（データによって何を達成したいのか、具体的な経営と従業員にとってのベネフィットは何か）を示します。

　また、経営層との話し合いにおいて重要なことは、時間枠の提示や、事業やコストに及ぼす影響についてもオープンであることです。事例をつくるためにも、これらのことは適当に示すのではなく、明確にする必要があります。データ・ドリブン人事戦略を「売る」プロセスは、インテリジェントHRに至るための重要な考慮事項です。それは、データ・ドリブン人事への自信を印象付け、人事チームへの信頼感と透明性を高め、会社の目標達成に貢献する人事の価値を力説する場です。誰にでも人事関連データの価値を理解できるようにして、初めて、人事以外の部門にも、人事関連データを意思決定に取り込んでもらうことが可能になるでしょう。

　今、事例（ビジネスケース）をつくることが、データ・ドリブン型意思決定のための種を蒔き、将来的にはデータを通してHRの価値を付加することにつながります。

あなたの会社でこれをどうやるか？

　データ・ドリブン人事戦略の計画をどのようにコミュニケーションするかは、会社の規模や新しいイニシアティブを開始する際の会社のプロセスなど、状況によって異なるでしょう。1つの方法は、あなたのデータ戦略から重要なポイント抽出し、短めのプレゼンテーションで伝えることです。

簡単かつ簡潔にします。アナリティクスの可能性やデータストレージのオプションなどに関する詳細な情報に入る必要はありません。新しい時代におけるデータ・ドリブン人事戦略に対するあなたの熱意こそ伝わりやすいということも肝要なポイントです。

まずは、他社の事例を使って、彼らがデータ・ドリブン人事戦略をどのようにリードしているのか、それが実際にどのような意味を持つのかを説明しましょう。あなたの会社に関連する業界例を見つけることができればさらに良いでしょう。この本にも示されている例がその一助になれば幸いです。とにかく、データ・ドリブン人事戦略は、組織全体とそこで働く人々にもたらすベネフィットに焦点を合わせているということを忘れないようにしましょう。

3-8 | 将来戦略に戻る

どのような状況にも対応できる確固たる戦略などはありません。物事は変りますし、市場も変化します。組織の優先順位が変わることもあります。ですから、データ戦略が、依然として会社の全体的な優先事項に沿っているかどうかを確認するためには、それを定期的に見直す必要が生じるでしょう。

たとえ、何も変わっていなくても、戦略を見直すことによって、無駄を省き、結果に焦点を当て続けることができます。また、データ・ドリブン人事戦略を進めるにつれて、新しい重要機会や疑問が生じる可能性もあるでしょう。たとえば、戦略的な質問の1つに回答したのちに、データがより緊急の他の質問を提示し、それらにも回答する必要が生じ、それによって、戦略に少し調整を要することもあるかもしれません。データとアナリティクスに関する技術は急速に進化しており、1〜2年以内にできるようになることが、現在可能なものとはまったく異なる可能性もあります。

戦略に沿ったアクションを取っていく時に、忘れないでいただきたい

ことは、データ・ドリブン人事戦略の焦点が組織に対してより大きな価値を付加し、よりインテリジェントで合理化された方法で物事を進めることを可能にするということです。したがって、新しい働き方に注意を払い続けることが必要なのではないでしょうか。

重要なポイント

　データを有効に使うため、戦略がいかに重要であるかは、強調しても強調しきれません。そして、私たちがこれまでにない量のデータを生成し続けているにつれ、明確なデータ戦略を持つことは、これまで以上に重要になるでしょう。

　以下は、この章でデータ戦略について説明した内容のポイントです。

● 増え続けるデータの世界では、達成したいこととその目的を達成するためにどのようなデータが役立つのかを、明確にすることが非常に重要です。それがデータ戦略です。

● 大きいことが、常に良いとは限りません。収集するデータを最小限にできるということは、目指したい方向や、そこにたどり着くために必要なデータが何かということにフォーカスされていることを意味します。

● 最良のHRデータ戦略は、組織のより広範な目標に直接関連しています。組織がどこに行こうとしているのかが明確になった後、人事部門の目標を設定し、組織目標を達成できるよう支援します。

● 人事目標や活動を明確にするためには、人事の１ページプランを作成したり、「スマート戦略委員会」のようなコミッティーをつくることも良いアイデアでしょう。

- データ戦略をまとめるときは、データソース、データストレージ、データ処理解析、およびデータアウトプットの4つのデータ層を理解することが重要です。優れたデータ戦略をつくるには、これら4つの層を明確にマッピングする必要があります。

- データ戦略を立てるには、この章で説明した6つの重要な質問に答えましょう。

- 堅牢なデータ戦略を作成する上で重要なのは、データ・ドリブン人事戦略の考え方を理解してもらうために、データ・ドリブン人事戦略アプローチの強力な事例（ビジネスケース）をつくることです。

　本書の最初の第1〜3章で見たように、昨今は、膨大な量と種類のデータが入手可能です。強力なデータ戦略を立てることによって、ノイズを除去し、目標達成に最適な種類のデータを特定することができます。
　次の章では、人事関連データの主な情報源についてさらに詳しく説明します。

第3章脚注

1　Feller, G（2016）[accessed 23 October 2017] This is the Real Reason Microsoft Bought LinkedIn [Online] https://www.forbes.com/sites/grantfeller/2016/06/14/this-is-the-real-reason-microsoft-boughtlinkedin/#695b191cf04a
2　Facebook [accessed 23 October 2017] Advertising and Our Third-Party Partners [Online] https://www.facebook.com/notes/facebook-and-privacy/advertising-and-our-third-party-partners/532721576777729
3　Maverick, J B（2015）[accessed 23 October 2017] How Amazon Competes with Google [Online] http://www.investopedia.com/articles/investing/060215/how-amazon-competes-google.asp
4　Carrns, A（2013）[accessed 23 October 2017] Checking the Data Collected on Your Work and Pay [Online] http://www.nytimes.com/2013/08/31/your-money/exploring-companies-that-collect-morethan-the-standard-credit-data.html

第 4 章

データの爆発的増加を利用する －人事関連データの主な情報源の特定－

Capitalizing on the data explosion: identifying key sources of
HR-relevant data

こんにち私たちが行っているすべてのことが、デジタルにトレースできるようになり、ピープルマネジメントのあらゆる側面のデータを取得できるようになりました。

携帯しているスマートフォンや車、そして、近代的な製造設備まで、これらすべてのものは、本質的にはコンピューティングが搭載されており、データはコンピューティングの副産物です。基本的な事務機器ですら「スマート」にすることができます。

たとえば、"控えめな"オフィスチェアである、BMAエルゴノミクス社のAxia（アクシア）スマートチェアシートは、センサが取り付けられており、これらのセンサによって集められたデータから、従業員の座姿勢に対するフィードバックを提供し、適切な座姿勢を助け、健康を損なわないようにアドバイスします[*1]。

このデータの先に、人事チームにとってエキサイティングなデータオプションがあることは明らかです。労働時間のデータと組み合わせて、健康と労働時間の関係性を探る、パフォーマンス・レビュー（業績評価）データと組み合わせて健康姿勢とパフォーマンスの関係を検証するなどのオプションが考えられます。

従来の人事データを最適化し、よりインテリジェントに使用することもできます。たとえば、パフォーマンスレビュー（業績評価）の単純なレイティングスコアを使う代わりに、テキスト分析を使用して、従業員のパフォーマンスと満足度レベルについての詳細な洞察（次の章ではテキスト分析の詳細に触れます）を得ることもできます。

どのデータが最適かを判断するために、この章では、データのさまざまなカテゴリを設定し人事関連データタイプを探索します。活動データ、会話データ、写真やビデオデータ、およびセンサデータも含みます。データソーシングや必要なデータを収集するオプションも考え、いずれのタイプのデータが、どのように他のデータより優れているか、効果的かの回答も提供します。

4-1 | データの区別

　HR関連のさまざまな情報源に触れる前に、データを包括的に分類する方法を理解することが重要です。**図4.1**に示すように、データは内的/外的、そして、構造化/非構造化/半構造化のいずれかに分類されます。順番に各カテゴリを見てみましょう。

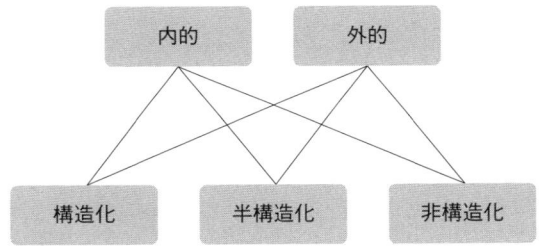

図4.1　データの種類

内的データ

　内的データは、すでに社内にあるデータ、将来収集する可能性があるすべてのデータを含み、あなたの会社独自のデータで構成されます。これには、従業員の個人データ、パフォーマンスレビュー（業績評価）データ、従業員アンケート、売り上げや財務のデータ、顧客フィードバックなどが含まれます。

　内的データは構造化、非構造化または半構造化されています（詳細は後で説明します）。

　内的データの大きな利点は、通常、外的データを購入したりアクセスしたりするよりも安価で簡単に扱えることです。また、外的データと異なり、自分たちのビジネスや業界に合わせた独自調整も可能です（そうでない場合もありますが）。それが、内的データを非常に有用かつ価値あるものにします。しかし、欠点もあります。内的データは会社事業に

よってかなり縛られるため、人事の戦略的目標を達成するのに十分なイメージを提供することができないかもしれませんし、必要な情報を得るために複数の外的データで補充する必要があるかもしれません（特に人材採用の時）。内的データについてのもう1つの重要な注意点は、それらのデータ、特に機密性の高い個人データを保管し、適切に保護する責任があることです（詳細は第6章を参照）。

データに関する誇大宣伝と期待はたくさんありますが、内的データはそれほどエキサイティングで最先端なデータとは見なされていません。結局、何年も前から収集していた古いデータと同じかもしれません。しかしながら、内的データの価値を見過ごすべきではありません。

2012年、IBMは米国に本拠を置く人材育成・研修会社Kenexa（キネクサ）を13億米ドルで買収しました[*2]。毎年数百万人の従業員やマネジャー、そして応募者のアセスメント結果から得られた価値あるデータを持っていたからです。IBMはこれらの貴重なデータを分析して、優秀な営業人材の特徴について洞察を深めることができました。従業員に対するアセスメントとマネジャー評価の調査を比較した結果、彼らは、営業人材の特性に関する新しい発見をしました。それまでは、セールスマンというと「外向性」が典型的な特性として結び付けられてきましたが、実は「エモーショナル・カレッジ（感情的な勇気）」が成功しているセールスマンにとっての最も重要な特性であることを発見したのです。この洞察により、IBMはその後、営業職への応募者に対しエモーショナル・カレッジ（感情的勇気）のアセスメントを実施し、高い特性を示す候補者を雇用するようになりました。

外的データ

外的データは、会社の外部に存在するすべてのデータです。それは、自由に利用できるパブリック・データであったり、他の組織が私的に保有しているデータであったりもします。これらのデータには、ソーシャルメディアのプロフィールや投稿、LinkedIn（リンクドイン）や

Glassdoor（グラスドア）などの求人サイトのデータ、経済データ、社会動向に関するデータ、などです。内的データと同様に、外的データにも構造化、非構造化、または、半構造化されたものがあります。

　一部の外的データは無料でアクセスできますが、特定のデータ、特に民間の営利企業が所有するデータを使用するためには、対価を支払う必要があります。そこに明らかな欠点があります（これらのデータは安くないかもしれません）。

　アクセス権に関しても、外部プロバイダがアクセスを遮断したり、価格を引き上げたりする可能性が常にあるという点で問題です。したがって、絶対的に重要な知見の取得を特定の外的データに依存している場合、それらのデータを社内で生成するか収集できる可能性はないかを検討しなければなりません。

　こういった懸念事項はありますが、外的データにはいくつかの大きな利点があります。多くの場合、平均的な企業の社内データよりも豊富で詳細な情報なので、社内で構築することが決して望めない膨大で複雑なデータにアクセスできるという点です。

　データの保管と管理に関する猥雑さは、外的データ提供者と協働することで軽減されます。外的データ提供者が自分たちのデータを管理し、保護するからです。シリコンバレーに本拠を置くネットワーキングソリューション会社のJuniper Networks（ジュニパーネットワークス）は、外的データをインテリジェントに使用している一例です。Juniper（ジュニパー）は、LinkedInを通じて入手可能な膨大な量のデータを使用して、最も業績が良く、成功している従業員の出身地、およびJuniperを退職したときにどこに転職するかを分析しています[*3]。それによって、Juniperの人事は、ネットワーキングソリューション業界の人々のキャリアパスを描き、優秀な人材を引き付け、維持するのに役立つ情報を得ています。

構造化データ

　第2章で見たように、構造化データという用語は基本的に行と列にきちんと整理できるデータ、通常、データベースまたはスプレッドシートに整理できるデータのことです。これには、従業員の個人データ、売上データ、アセスメントスコア、業績評価スコア、欠勤データ、給与情報、センサーからのデータポイント情報などが含まれます。一般企業の人事部門は、これらの膨大な量の構造化データ、特に内的構造化データの活用が可能だということです。

　実際、ほとんどは、ごく最近まで、データ分析の大部分は構造化データに基づいていました。なぜなら、その性質上（安価なことは言うまでもありません）、組織化や構造化、保管、調査することがはるかに簡単だったからです。そして、多くの場合、アナリスト以外の人でも調査することができます（言わば、大方の従業員が、社内の構造化データのデータベースを分析調査できるでしょう）。これは別の大きな利点です。

　固定的な性質にも関わらず、構造化データは依然として非常に強力です。構造化データがパワフルである一例を第1章で見ました。銀行の例です。従業員の出身大学とパフォーマンスの関係を分析しました。結果は、優秀な人材は一流校出身だろうという期待に反し、優秀なパフォーマーは、一流とは言えない大学の出身者でした。

　もう1つの例は、GoogleのPeople Operations（ピープルオペレーション）の元シニアバイスプレジデントを務めたLaszlo Bock（ラズロボック）の著書『Work Rules！（邦題『ワークルールズ！』東洋経済新報社2015)』という本にあります[*4]。構造化データがGoogleの採用プロセスの最適化にどのように役立ったのかを説明しています。インタビューの質問はすべてコンピュータ生成で、人間の偏見に邪魔されることなく、会社が確実に最高の人材を採用できるように完全に自動化されています。しかし、構造化データの大きな欠点の1つは、そのデータが、全世界のデータの約20パーセントを代表しているにすぎず、残りは構造化されていないデータまたは半構造化されたデータという点です[*5]。

つまり、構造化データだけに焦点を当てていると、利用可能な知見を大幅に制限する可能性があるということです。そして、構造化データからの知見は、構造化データと非構造化データを組み合わせた場合よりも詳細ではなく、豊かとは言えないイメージを提示する可能性があります。

たとえば、従業員の離職率を考えましょう。構造化データから、従業員の離職率が20パーセントと出たとしましょう。しかし、構造化データからわかるのはそれだけです。従業員の離職率が20パーセントである理由を理解するには、従業員の出口面接で示された詳細な回答など、構造化されていないデータを利用する必要があります。

非構造化・半構造化データ

非構造化データは、内的データ、外的データに関わらず、基本的にスプレッドシートやデータベースにうまく収まらないすべてのデータのことです。非構造化データはテキストを多用することが多いのですが、オーディオまたはビジュアルデータを示すこともあります。例としては、ソーシャルメディアへの投稿、従業員のeメール、従業員および顧客からのフィードバック、写真、ビデオ（例：CCTV（closed-circuit television：有線監視カメラシステム）の映像）、および音声録音（例：カスタマーサービスへの電話）があります。

これらの厄介なデータは、一般的な企業においては、処理が難しすぎたり、処理費用が高すぎたりしていましたが、それも近年変わりました。ストレージとコンピューティングの大幅な進歩のおかげで、ますます多くの企業が非構造化データから恩恵を受けています。

ご想像のとおり、半構造化データは、非構造化データと構造化データの間に存在します。ある種の構造（たとえば記述子タグのような）を持っていますが、データベースやスプレッドシートに見られるような厳密な構造を欠きます。たとえば、ツイートは作成者、日付、時間、長さ、さらにはツイートの背後にある感情によって分類することができますが、ツイート内のテキスト自体は一般的に構造化されていないため、分析が

第**4**章 データの爆発的増加を利用する—人事関連データの主な情報源の特定—

少し複雑になります。これらが非構造化データまたは半構造化データの主なデメリットであり、扱うのがより複雑です。それらはより大きな容量となる傾向があり、つまり、より多くの記憶域を必要とすることを意味します。より専門的な分析ツールを必要として、組織化および分析することがより困難です。明らかに、コストにも影響を与えます。しかし、これらの背景をもって誰しもが、非構造化データまたは半構造化データの使用を先送りする理由にはなりません。なぜなら、いくつかの重大な利点があるからです。明らかに大きな利点の1つは、私たちの見解を広げるということです。構造化されたデータのみを使用している場合（すでに知ってのとおり、利用可能なデータの約80パーセントは、構造化データではありません）よりもはるかに多くの視点を得られます。また、これらの乱雑とも言えるデータを構造化データと組み合わせることで、もっと詳細で豊かなものを手に入れることができるでしょう。

　Facebookは私たちのプロフィール、「いいね」、そして投稿の中身にある非構造化・半構造化データに基づき、長い間、怖い程の正確な予測をしてきました。

　最近、この予測力を使って、生命の救助に取り組んでいます。2017年3月に、同社は自傷や自殺の危険にさらされているユーザーを見つけることができるAI主導のツールとアルゴリズムを発表しました[*6]。アルゴリズムは、自殺や自傷につながりそうなユーザ自身の投稿やそれを心配するユーザーや友人の言葉やコメントからそれらのデータを発掘しました。投稿にフラグを立て、より迅速かつ容易に懸念を提起し、危険にさらされている人をメンタルヘルスサービスに結び付けることが目的です。同様に、数年前、Microsoftは、うつ病を発症する危険性のあるTwitterユーザーを特定する方法を開発したことを発表しました[*7]。このような開発が、従業員の福利厚生を担当する人事チームにとって、どのように利益をもたらすかは、簡単にご理解いただけると思います。

4-2 | 人事関連データの識別

　それでは、人事に関連する主なデータを見てみましょう。基本的に、人事関連データは次のように分類できます。

- 活動データ
- 会話データ
- 写真とビデオのデータ
- センサーデータ

　上記のすべては、構造化データまたは非構造化/半構造化データのいずれかであり、それらには内的データと外的データを含めることができることをまず理解しましょう。たとえば、センサーデータは構造化データであり、使用するセンサーデータによって、内的データまたは外的データになるでしょう。会話データは、非構造化または半構造化の可能性があり、内的または外的データである可能性があります。次のセクションでは、各データについて順番に説明します。

活動データ

　活動データは、人間の活動や行動の記録（オンライン、オフラインであろうと）を提供し、人事の観点からすると非常に価値があります。通常の1日にあなたがするすべてのことについて考えてください――それらはすべて活動データを生成します。

　たとえば、私のようにあなたも睡眠追跡機能のある活動量計を身に着けているとすれば、それは、睡眠と起きる時間さえも活動データとして生成します。それから仕事に出かける時は、銀行カードで乗車チケットを買う、トラベルカードを使うなどをするでしょう。電話がスマートフォンであると仮定すると、移動している間、あなたの場所の記録が取ら

れます。仕事の途中で電話をかけたり、写真をTwitterに投稿したりすると、データが生成されます。職場では、数え切れないほどの電子メールを送信したり、1日に数百、あるいは数千の単語を入力したり、多数のWebページを見ます。時には、昼休みにスーパーに行ったり、オンラインで何かを買ったりするかもしれません。たとえ購入しないまでも、誰かの誕生日のプレゼントを検討するためにオンラインで何かを閲覧したところからも、データが生成されます。

人々が本当にしていることを理解する

　人事チームが利用できる膨大な量の活動データは溢れるような量になる可能性があるため、常に戦略目標を振り返り、目標を達成するのに役立つデータだけに焦点を当てることが重要です。しかし、活動データの本当の利点は、従業員に期待されている行動や想定している行動に対する「実態：従業員が実際にやっていること」を検証できることです。いくつかの会社は思い切った手段でこれを取り扱っています。

　たとえば、Bloomberg（ブルームバーグ）は、従業員のすべてのキーストロークに関するデータを収集していると報告されています[*8]。もっと特定のデータを集めている他の例もあります。Container Store（コンテナストア）は、従業員にウェアラブル装置を着用してもらい、その活動、顧客や他のスタッフとのコミュニケーション方法、および大半の時間を費やす場所を追跡しています[*9]。

　パフォーマンス関連のデータは、人事チームにとって特に価値があります。このような活動データを追跡することによって、企業は正確に個々のパフォーマンスを追跡し、この情報を使って優秀者や、助けを必要とする可能性のある人々を特定できます。

活動データの実践例：採用と定着率

　もちろん、誰が優秀か、そして優秀者がどのような特性を持っているのかを知っていれば、その特性に合う人を多く雇うことにフォーカスすることができます。サンフランシスコのソフトウェアプロバイダである

Evolv（イボルブ）は、採用プロセスを改善するための先駆的なオンラインアセスメントを作成しました。Evolvのツールは、仕事に応募するすべての人と採用されるすべての人に関するデータを収集するのに役立ちます。Evolvは、オンライン評価を受けた30万人以上の候補者のデータセットから、大変価値のあるパフォーマンス関連データを得ました。この会社は、非常に高いレベルの正確さで、優秀な小売販売員の特徴の抽出に成功しています[*10]。

　第1章で、有能なコールセンタースタッフにつながる要素についての貴重な洞察を得たXerox（ゼロックス）の方法について簡単にご紹介しました。Xeroxは、Evolvのアセスメントを使用して採用慣行を改善した大企業の1つです。米国Xeroxにとって、150のカスタマーケアセンターで働く約45,000人の従業員の中から、業績が良く、かつ仕事への定着が高い従業員を見つけることはとても重要です。

　Xeroxは2010年にオンライン評価に切り替えました[*10]。アルゴリズムは、応募申請者の事実情報と共にアセスメントのスコアを分析し、各応募者情報に交通信号に見立てた評価をしました。緑は雇用を勧める候補者、赤は避けるべき候補者、オレンジ色は真ん中を意味します。これらのアセスメントがXeroxに示したのは、コールセンター勤務の経験が、定着率や生産性―採用マネジャーが採用基準にしていた大きな前提条件だったのですが―に影響を与えていないということでした。また、このアセスメントは、候補者がどの程度オフィスに近い場所に住んでいるかが、定着率に関連する強い指標であることも示しました。初期のパイロット期間だけで、従業員離職率は20％減少しました[*10]。そしてこの雇用の質の向上による長期的な利点には、昇進回数の増加も含まれています。

活動データの実践例：イノベーションの促進

　もう1つの例は、ビデオゲームのスタートアップKnack（ナック）とRoyal Dutch Shell（ロイヤルダッチシェル）のコラボレーションです。データ・サイエンティスト、心理学者、神経科学者のチームによって設計されたKnackのビデオゲームは、単に楽しむことだけではなく、人間

の可能性を測定します。プレーヤーがゲームに参加すると、多様な要素が記録されます。すべての動き、問題の解決方法、行動を起こすまでの一時停止時間などです。これにより、プレーヤーの持続性、創造性、さらには知性レベルに関する詳細、そして、タスクに優先順位を付ける能力や、ミスからどれだけ早く学習できるかがわかったのです。

ロイヤルダッチシェルのGameChanger（ゲームチェンジャー）ユニット（社内外から最良のビジネスアイデアの特定を担当する部署）は、最高のアイデアを特定するプロセスの改善とスピードアップのために、そのゲームの可能性に非常に興味を持っていました。そこで、このビジネスユニットは実験を考案しました。以前GameChangerチームにアイデアを提案していた1,400人のシェル従業員に、Knackのゲームいくつかに参加するように呼びかけました。GameChangerチームは、参加者の４分の３がそのアイデアを最後まで完結するアイデアマンであることをKnackと共有しました。Knackは、この情報を使って、アイデアマンとしては弱いとされるプレイヤーのプロファイルと、ベストアイデアマンのゲームプレイプロファイルを作成しました。さらに、トップイノベーターのゲームプロファイルの情報と、ベストアイデアを持っていた残りの４分の１のプレイヤーから優秀者を推測しました。結果は驚くほどの正確さで出されました。以前に優秀賞を勝ち取ったアイデアを生み出した人々を、ゲームの勝ち方にのみ基づき明確に識別したのです[*10]。

この実験に基づいて、KnackとShell（シェル）は、トップアイデアを生成することができる重要な特性を洗い出しました。ソーシャル・インテリジェンスやタスクの切り替え能力などです。これにより、GameChangerユニットは、より大きなメリットを生み出すであろうアイデアを出すと思われる従業員により多くの時間を費やすことができるようになりました。

会話データ

会話とは、従業員がコーヒーメーカーの周りでしている雑談や会話だ

けを意味しているわけではありません。顧客との通話、電話またはコンピュータ経由で送信されるインスタントメッセージ、会社の電子メールまたは書面によるアンケート回答、ソーシャルメディアへの投稿など、さまざまな形式の情報が、会話としてカバーされます。これらすべてが会話データなのです。こういったタイプのデータは、従業員が本当に幸せだと感じているか、仕事にエンゲージしているか、また、会社の雇用者ブランドがどの程度ポジティブであるか（Glassdoorのデータ分析）などについて、深い洞察を与えることができるため、人事部門にとっては大変貴重なデータです。アナリティクスの進歩のおかげで、会話は文脈（＝どのように言われているか）と同様に、内容それ自体（＝言われている内容）のマイニングもできます。言い換えれば、使用する言葉と、その会話に携わっている人の気分から、何が起こっているのか理解することが可能なのです。つまり、企業にとって、従業員が満足しているのか、いらだちを感じているのか、またはストレスを感じているのか、そして真実を語っているかどうかも、声の調子を分析することで判断できるということです。

　たとえば、米国国土安全保障省は、音声分析を使用して、入国者が嘘をついていることを検出しています。アバターシステムを使用して、仮想の人間の顔と声を持つコンピュータ化された「エージェント」はいくつかの質問をします[11]。

　人の反応をモニタリングし、声の調子の変動や発言内容を正確に検出します。これらのデータはデータベースと比較され、以前の経験に基づいて、嘘をついている可能性を示す要因と照合されます。この例は、多くの人事チームにとっては少し度を越しているように思えるかもしれませんが、いかにテクノロジーが進歩しているかを示している例です。

今使われている会話データ

　一般的な人事チームでも適用できる例を見てみましょう。企業では、従業員満足度調査など多くの従業員アンケート調査を行いますが、喜んで従業員調査を記入する人はほとんどいないでしょう。実際、従業員調

査のほとんどが、期日までにまったく完了していないとか、真実を反映していないことで有名です（回答が個人に結び付けられるのではないかと心配するため、従業員は、会社が聞きたいであろうと思っていることを回答した方がいいだろうと考える傾向にあると言われています）。

　会話データを使用すると、会社が聞きたいであろうと思っていることとは対照的に、従業員が、実際のところどのように感じているかを検証できます。例えば、これらのデータは、従業員が会社を辞めたい理由（もしくは、その会社に留まりたい理由）を理解することにも有効です。アンケートの自由回答形式の質問に対するテキストや、離職インタビュー、ソーシャルメディアへの投稿、eメール、チームアセスメントなどを分析することによって、今や、人事チームは、従業員が会社を辞める理由や在籍する理由をかなりの精度で正確に予測可能なのです。

　採用は、会話データから恩恵を受けることができるもう1つの領域です。雇用企業が応募者の人物像を垣間見るために公開されているソーシャルメディアプロファイルを検策して、参照することは珍しくありません。将来の潜在候補者を評価するために、優秀な従業員がTwitterやFacebookに投稿するコンテンツや背景にある感情を特定するというようなことも、大規模に実行できる可能性があります。

　また、従業員同士の会話や顧客の会話（従業員と顧客の両方）に満足しているかを検証したり、有能なチームメンバーの行動を正確に把握するために会話を検証することもできます。ウェアラブル技術は、将来この分野で大きな役割を果たす可能性があります。ウェアラブルテクノロジー企業のSociometric Solutions（ソシオメトリックソリューションズ：現在はHumanyze（ヒューマナイズ）の一部）は、会話の長さ、声の調子、遮断回数、共感を示す度合いなど、従業員が1日のうちに行っている会話から情報を取得する電子バッジを作成しました[*12]。バッジを製作したMITのヒューマンダイナミクスラボの責任者であるSandy Pentland（サンディー・ペントランド）は、どのチームがより成功する可能性があり、どの従業員がより生産的で創造的であり、だれが優れた指導者となる兆候を示しているかを予測することに使用可能だと述べて

います[*13]。

洞察を得るためにe-mailをマイニングする

　多くの企業にとって、ｅメールは会話データの豊富な情報源であり、従業員の生産性、同僚に対する態度などについての洞察を与えてくれます。テキスト分析ソフトウェアは常に改善され、安くなっています。ｅメールトラフィック、特定の成功（または失敗または減少）メトリクスにリンクされる単語、フレーズ、またはコミュニケーションパターンを探索できます。

　会話データの収集が、アナリティクスに影響があることは言うまでもありませんが、気を付けなければならないこともあります。一般的に言えば、ただ単に集めたいからといって、電話での顧客や従業員の会話を記録することはできません。あなたが記録するものはビジネスに関連していなければなりません。関係者にもあなたが記録していることを知らせる必要があるかもしれません。電子メールデータの使用は、あなたがどの国にいるかによっても制限される可能性があります。米国では、作業中に送信されたｅメールを分析に使用できます。ヨーロッパでは、会話が特に個人的なものである場合は、雇用主はコミュニケーションを読むことにもっと慎重にならなければなりません。

　そのような陥りやすい誤りについては、第6章に詳細を挙げます。

写真とビデオのデータ

　写真およびビデオデータとは、あらゆる写真またはビデオ画像（CCTV映像など）を指します。写真とビデオのデータ量は、主にスマートフォンの出現とCCTVの使用の増加（特にイギリス）のおかげで、近年爆発的に増えています。写真やビデオのデータは大きくなる傾向があるため、保存や管理が面倒になる可能性があります（潜在的に高価にもなります）。しかし、会社としては、すでに日常的な慣行としてこれらのデータを収集しているかもしれない（おそらくセキュリティ映像を

通して）ので、これらのデータをよりインテリジェントに、安価に使用する新しい方法を見つけることはそれほど難しいことではないかもしれません。

　会社としては写真やビデオのデータをまだ収集しないものの、人事としてそのデータに興味を持つならば、これらのデータを扱う必要がある明確な事例（ビジネスケース）を確かめ、（高価であるため）そのメリットと達成したい目的とが関連することを確証しましょう。

稼働中の写真とビデオ

　では、どのように写真とビデオデータを使うことができるでしょうか。一例は、ラスベガスの明るく照らされた世界にあります。

　Harrah's（ハラー）の分析チームは、カードディーラーとウェイターの笑顔が顧客満足度に影響を与えていることを明らかにしました。

　現在、ホテルとカジノはカードディーラーと待機中のスタッフの笑顔を追跡しており、笑顔の分野において、誰が一番パフォーマンスが高いかをモニタリングしている業界です[*10]。顔認識ソフトウェアは人を写真やビデオで簡単に識別します。Facebookはこの動きの最前線にいて、その顔認識ソフトウェアは98％の精度で個人を正確に識別できるようになり、FBIの顔認識技術よりも正確であると言われています[*14]。

写真とビデオのデータをAIに接続する

　Microsoftはまた、2017年に開催した「デベロッパーカンファレンス」で、写真およびビデオデータを職場でどのように使用できるかについて興味深い例をいくつか紹介しています[*15]。

　他のさまざまなテクノロジーと同様、人工知能（AI）プログラムに接続されたカメラは、将来の職場ビジョンを示しています。ビデオデータの使用例として、適切な安全装備を着用していない従業員を検出したカメラが、従業員の上司に注意を喚起する通知を送信する例が示されました。また、危険な機械作業を担当している従業員が業務中に自撮りをしている様子をビデオが捉え、クラウドベースのコンピュータサポート

システムがその活動を探知し、危険の潜在状況を認識して、従業員が無謀に行動していると認知、監督者に事態を通知した別の例も示されました。

センサーデータ

センサーは、工場の機械からオフィスチェア、ヨガマットまで、ますます多くの製品に組み込まれています。そしてこれらのセンサーは、従業員のパフォーマンス、従業員の安全など、人事部門の機能を改善するのに役立つ豊富なデータを生成します。

センサーデータを他のデータソースと組み合わせる

センサーデータはコンテキストを欠く傾向があるため（事態を引き起こす要因ではなく、ある一定時間センサーが記録したものを通知しているだけです）、最良の結果を得るためには、何を達成しようとしているかによって、別のデータセットと組み合わせる必要があります。センサーデータは自己生成的なものなので、データキャプチャツールが導入されれば、非常に簡単にキャプチャすることができます。スマートフォンなどの一部のデバイスには、会社としてもすぐに有効利用可能なセンサー機能が含まれています（例：配達会社は、ドライバーの電話を利用してドライバー行動を追跡します）。

稼働中のセンサーデータ

ウェアラブル技術はセンサーデータを活用する上で、明らかに大きな役割を果たしており、職場におけるウェアラブル市場は急成長しています。Forrester Research（フォレスターリサーチ）が2,000人を超えるテクノロジーに関わる意思決定者に行った調査によると、その3分の1が、職場のウェアラブルセンサーデータは「重要」または「高い」優先度があると回答したそうです[*16]。Honeywell（ハネウェル）の「Connected Worker（コネクテッドワーカー）」ソリューションはその一例です[*17]。

一連のウェアラブルセンサーを繋げることで、従業員の心拍数、呼吸、動き、姿勢を測定し、彼らが身体的ストレスを受けていないか、潜在的な危険にさらされていないかを検証します（たとえば、有毒ガスの探知）。この種の技術は、特に、身体的な要求が厳しい仕事に従事している労働者や危険な場所や隔離された場所で働く労働者のために、将来ますます一般的に利用されるものになるでしょう。

　センサーデータの最も革新的な用途のいくつかはスポーツの世界から出現しています。それらは、将来私たちがどのようにデータを使うことができるか一考させてくれます。たとえばアメリカンフットボールでは、活動の強度と衝突の影響を監視するウェアラブルセンサーにより、怪我のレベルを低下させています。ウェアラブルセンサーから得られた情報を履歴データと比較して、プレーヤー自身が過度に興奮したり怪我をしたりする危険性がある場合を判断します。あるオリンピックスポーツチームは、ウェアラブル機器を使って、運動選手の夜間の睡眠状態を追跡し、それらのデータをパフォーマンスと関連付けました。これによりコーチは、過去のパフォーマンス結果だけを参照するのでなく、個々のチームメンバーの試合前夜の有効睡眠情報にも基づいて、チーム編成することが可能になりました。

4-3 ｜ 必要なデータの入手と収集

　データを使って達成したいことが特定された後（第3章）の次のステップとして、会社内部に必要なデータが、すでに存在するかどうかを確認することをお勧めします。データが無い場合は、それらのデータを社内で生成できるかどうかを検討する必要があります。

内部調達データ

　この章ですでに説明したように、こんにちでは、従業員のほとんどす

べての活動から活動データを収集できます。アセスメントのスコアから
インタビューの回答、パフォーマンスレビュー（業績評価）まで、あら
ゆる種類の活動から価値あるパフォーマンス関連のデータを収集できる
可能性があります。そして、人事チームであろうが、従業員間に会話が
あるところなら会社のどこでも、会話データを収集できる機会がありま
す。たとえば、テレセールス部門やカスタマーサービス部門のマネジメ
ントの場合、それらの会話録音の内容と感情分析を行うことによって、
スタッフの業務パフォーマンスに関する有用な洞察を得ることができる
でしょう。社内サーベイ、eメール、顧客からのフィードバック、ソー
シャルメディアプラットフォームなどはすべて、会話データの有用な情
報源となります。

　ビデオと写真のデータは、デジタルカメラを使って収集できます。た
とえば、小売業者の場合、CCTVカメラのネットワークを使用して、店
舗の売り場におけるスタッフの立ち位置などが、顧客の購買行動にどの
ように影響するかを分析できます。また、最近のセンサーはこれまでよ
りも小型で安価になっているため（たとえば、従業員のバッジに収まる
ほど小さい）、製造機器からオフィス機器まで、ほとんどすべてに組み
込むことができます。

　内的データがあらゆるデータ・ドリブン人事戦略の重要な部分を構成
していることは明らかです。しかし、より完全な全体像を得、戦略的な
質問に本当に答えるためには、これら内的データをいくつかの外的デー
タと組み合わせる必要があるかもしれません。

外的データソース

　世の中には、すでに豊富な外的データがあります。ますます多くの企
業がデータをビジネス商品と見なすようになるにつれて、事実上あらゆ
る組織がデータを購入、販売、取引できる市場が出現しています（実際
に、多くの企業が純粋に他の企業にデータを提供するために存在してい
ます）。LinkedIn（リンクドイン）とGlassdoor（グラスドア）は、おそ

らく2大HR関連データソースです。さらに、小規模で業界特化型のデータプロバイダも数多くあります。したがって、たとえあなたが非常に特殊なデータを探していても、すでに誰かがそれらを持っている可能性があります。

　ソーシャルメディアプラットフォームは明らかに有用なデータの重要な情報源であり、それらは現在、過去、そして潜在的な従業員に関する豊富な情報を提供しています。LinkedInの後、FacebookとTwitterがソーシャルネットワークデータの最初の訪問先になるでしょう。たとえば、以前勤めていた従業員がオンラインであなたの会社文化について何を言っているのか、また、現在の従業員が自分の職場環境にどの程度満足しているのかを調べるには、感情分析（詳細は第5章）を使用できます。あるいは、会社の方針や労働条件に変化があった場合などに、従業員のつぶやきを検証して、人々がその変化にどう反応しているかを調べることもできます。

　感情分析では、個々のつぶやきを一度に1つずつ調べずとも、ユーザーの感情、意見、および経験について多くのことがわかります——この章の前半に示した、ツイートの内容からうつ病のリスクのある人を特定することが可能であった例のように…。

　その他のHR関連の外的データ情報源としては、人口データ、地理データ、および教育データなど、国勢調査データに有用な情報源が含まれていることがあります。たとえば、新しい場所に新しいオフィスを開設しようとする際など、人口統計を基にその地域の潜在的な従業員環境を評価したい場合などに便利です。また、気象データは、たとえば、晴れた週末に予想される訪問者数に応じて人員配置を計画するなど、企業ではすでによく使用されています。

データ収集のオートメーション化の重要性

　自動化の観点に戻りますが、それには正当な理由があります。データを収集することだけに時間を取られないためです。可能な限り、必要な

データを自動的に収集または生成するためのシステムを設置した方が良いでしょう。従業員の生産性に関連する活動データを収集するのか、危険な作業環境におけるセンサーデータを収集するのか、あるいはそれ以外のことかを問わず、データ収集は自律的に実施されるのが理想です。データ・ドリブンなインテリジェントHRに重要なのは、人事の時間とリソースをアドミニ仕事から解放して、組織に対してより大きな価値を付加することに集中することです。

　人事担当者が長いデータ収集の実施に従事しなければならない場合、インテリジェントHRの目的は完全に無効となります。もちろん、新しいデータプロジェクトでは、これらのプロセスの設定、微調整、維持、評価に手間がかかりますが、その段階が過ぎたとき、最小限の労力でデータ収集が可能になり、収集されたデータを洞察に変え、それらの洞察に基づいて行動することに注力できるようになることが重要です。

4-4 ｜ 最も効果的なデータタイプを特定する

　結局のところ、どのデータタイプも他のデータタイプより優れているということはありません。それはすべて、あなたが何を達成したいのか、それを実行するのに最も役立つデータを見つけることに帰着します。より刺激的なビッグデータのケーススタディの多くは、非構造化データの革新的な使用に焦点を当てており、その理由は簡単です。現存データの多くが非構造化データであり、非構造化データを使いやすくすることは、これまで難しいものであったからです。

　しかし、構造化されたデータのみを扱うことによってあなたの目的を達成することが可能ならば、それをしない手はありません。非構造化データは、構造化データよりも本質的には価値がありません。

　外的データは、データが多いからといって内的データよりも優れているわけでもありません。また、ある事業に最適なものがあなたの事業には最適ではないかもしれません。最近は、利用できるデータが非常に多

いので、組織にとって最も効果的で、正確で具体的なデータを見つけることに集中することがコツと言えます。その出発点として確固たるデータ戦略を立てることが不可欠です（第3章を参照）。

　目的を達成するためにあなたが知る必要があるものは何かを考えることから始め、次にその答えとなる最良のデータを識別しましょう。データによっては、明らかに他のものよりも妥当なものがあるかもしれません。データ調達の容易さやコストとともに、そのデータの目標達成に対する近似性に基づいてデータオプションを評価します。

　データが構造化なのか、非構造化なのか、内的か外的か、またはこれらすべての組み合わせであるかに関係なく、重要なのはそれらによって必要な仕事が達成できるかどうかなのです。

　実際には、さまざまな種類にわたるデータセットの組み合わせが必要になるでしょう。それは良いことです。重要な決定を下すために1つのデータセット（たとえば、アンケートに対する従業員の回答など）だけに頼っているのであれば、実際には非常に限られた状況しか得られていないかもしれません。これらの調査データを他のデータ（活動データや会話データなど）と組み合わせることで、実際に起こっていることの、より豊富なイメージを描くことができます。限られたデータセットからの誤った仮定に基づき類推するのではなく、洞察を多角的な知見から検証することもできます。

　たとえば、あなたが会社の文化を改善するために働いているとしましょう。これを行うには、社内の構造化データ（はい・いいえで回答する従業員アンケート、1〜10のスコアなど）と外的データとの組み合わせが必要になることがあります（Glassdoorスコアなど）。構造化データ、従業員間やり取りの会話データや自由回答アンケートなどの内的非構造化データ、およびソーシャルメディア投稿などの外的非構造化データなどです。優れたインテリジェントHRチームは、データを組み合わせることによって、目標達成に関連する最も有用な洞察を得ることができるでしょう。私の経験では、最も貴重な洞察を得られるのは、やはり、内的データと外的データおよび構造化データと非構造化データの組み合わ

せだと言えます。

重要なポイント

　利用可能なデータオプションは圧倒されるほど豊富にありますが、一般的に言って、データは次のようにいくつかの主要なカテゴリにまとめられます。

● データは、内的または外的、構造化、非構造化、または半構造化のいずれかです。人事関連データは、一般に、活動データ、会話データ、写真、およびビデオデータ、そしてセンサーデータに分類できます。

● 活動データは、人間の活動や行動の記録（オンライン・オフラインどちらでも）を提供し、人々が実際に行っていることを理解することに有用です。

● 会話データは、形式は何であれ、人々の会話を網羅します。人々が本当に考え、感じていることを理解することに特に役立ちます。

● 写真とビデオのデータには、写真、CCTVの映像、その他の写真やビデオの画像が含まれます。これらは、従業員の安全とセキュリティの向上に役立ちます。

● センサーは、従業員のパフォーマンス、安全など、人事部門の機能改善に役立つ豊富なデータを生成します。

● データ収集のオプションは以下のとおりです。
　―既存の内的データを利用する。
　―新しい内的データを生成する（たとえばセンサーや調査を通して）。
　―外的データの調達（たとえばGlassdoorのようなサイトを通じて）。

- 結論から言うと、ある特定のデータタイプが他のデータタイプより優れていることはありません。重要なのは、何を達成したいのかを知っていることと、それを実行するのに最も役立つデータを見つけることです。

必要なデータを特定したら、インテリジェントHRが取る次のステップは、データ分析を通じてそれらのデータを洞察に変えることです。次の章では、さまざまな種類のデータ分析と、データ分析が人事チームに重要な洞察を提供する方法について説明します。

第4章脚注

1 BMA Ergonomics [accessed 23 October 2017] Axia Smart Chair
   [Online] https://www.bma-ergonomics.com/en/product/axia-smartchair/#ad-image-0
2 Bersin, J (2012) [accessed 23 October 2017] Why IBM Acquired
   Kenexa [Online] https://www.forbes.com/sites/joshbersin/2012/08/27/
   why-ibm-acquired-kenexa/#d6aa4f71372f
3 Roberts, B (2013) [accessed 23 October 2017] The Benefits of Big Data [Online]
   https://www.shrm.org/hr-today/news/hr-magazine/pages/1013-big-data.aspx
4 Bock, L (2015) [accessed 23 October 2017] Work Rules! [Online]
   https://www.workrules.net
5 Schneider, C (2016) [accessed 23 October 2017] The Biggest Data
   Challenges That You Might Not Even Know You Have [Online]
   https://www.ibm.com/blogs/watson/2016/05/biggest-data-challengesmight-not-even-
   know
6 Callison-Burch, V, Guadagno, J and Davis, A (2017) [accessed 23 October 2017]
   Building a Safer Community with New Suicide
   Prevention Tools [Online] https://newsroom.fb.com/news/2017/03/
   building-a-safer-community-with-new-suicide-prevention-tools
7 De Choudhury, M et al (2013) [accessed 23 October 2017] Predicting
   Depression via Social Media [Online] https://www.microsoft.com/
   en-us/research/publication/predicting-depression-via-social-media
8 Seward, Z M (2013) [accessed 23 October 2017] Bloomberg's Culture
   Is All About Omniscience, down to the Last Keystroke [Online]
   https://qz.com/83862/bloomberg-culture-is-all-about-omnisciencedown-
   to-the-last-keystroke
9 Sacco, A (2014) [accessed 23 October 2017] How the Container Store
   Uses Wearable Tech to Think outside the Box [Online] http://www.
   cio.com/article/2378126/infrastructure/how-the-container-store-useswearable-
   tech-to-think-outside-the-box.html
10 Peck, D (2013) [accessed 23 October 2017] They're Watching You at Work [Online]

https://www.theatlantic.com/magazine/archive/2013/12/theyre-watching-you-at-work/354681

11 US Department of Homeland Security（2014）[accessed 23 October2017] Rapid Screening Tool: the Avatar［Online］https://www.dhs.gov/sites/default/files/publications/Rapid%20Screening%20Tool-NCBSIAVATAR-Jan2014.pdf

12 Humanyze [accessed 23 October 2017] People Analytics. Better Performance [Online] https://www.humanyze.com

13 Berman, A E（2016）[accessed 23 October 2017] MIT's Sandy Pentland: Big Data Can Be a Profoundly Humanizing Force in Industry [Online] https://singularityhub.com/2016/05/16/mits-sandypentland-big-data-can-be-a-profoundly-humanizing-force-in-industry

14 Lachance, N（2016）[accessed 23 October 2017] Facebook's Facial Recognition Software Is Different from the FBI's. Here's Why [Online] http://www.npr.org/sections/alltechconsidered/2016/05/18/477819617/facebooks-facial-recognition-software-is-different-from-the-fbisheres-why

15 Sullivan, M（2017）[accessed 23 October 2017] At Build, Microsoft's Vision of the Future Workplace Looks Both Helpful and Intrusive ［Online］https://www.fastcompany.com/40419938/at-build-microsoftsvision-of-the-future-workplace-looks-both-helpful-and-intrusive

16 Gownder, J P（2014）[accessed 23 October 2017] How's Your Enterprise Wearables Strategy?［Online］http://www.informationweek.com/mobile/mobile-business/hows-your-enterprise-wearables-strategy/a/d-id/1316342

17 Galman, D（2017）[accessed 23 October 2017] Honeywell Launches New Connected Worker Software Aimed at Boosting Safety, Productivity, press release［Online］https://www.honeywell.com/newsroom/pressreleases/2017/05/honeywell-launches-new-connectedworker-software-aimed-at-boosting-safety-productivity

第 **5** 章

データ・ドリブン
人事戦略ツール：
人事分析による
洞察をもたらすデータ

Data-driven HR tools: turning data into insights
with HR analytics

近頃は、多くの人事部門がすでにデータを豊富に持っていますが、それは知見が豊かであることと同等ではありません。豊富な知見や洞察力を得るには、収集したデータが戦略的な質問に対する解となり、戦略的な目標を達成することに役立つ必要があります。

この章では、こんにち利用可能なより高度なデータ分析方法を見て、最も価値があり、有用な人事関連のアナリティクスのいくつかを探ります。また、分析を組み合わせて全体像を把握することが重要な理由についても説明します。最後に、データと分析を洞察や知見に変える方法、それらの洞察や知見を必要としている人々に伝達する方法を見ていきます。この章を読むと、あなたはアナリティクスがもたらすエキサイティングな機会に引き込まれるのではないかと思います。

しかし、いかにアナリティクスが新しくてエキサイティングでも、実際にはパフォーマンスに影響を与えない分析アプローチにとらわれないよう、洞察に集中することが重要です。多くの組織がアナリティクスを使って非常にクールなことをしているように見えますが、どこかのビジネスに役立ったものが、あなたの会社でもうまくいく保証はありません。この段階でのあなたへのチャレンジは、最善で最も利用しやすく、最も達成可能性の高いアナリティクスアプローチを特定することです。近年、多くの企業があらゆる種類のアナリティクスサービス、ツール、およびプラットフォームを提供し始めています。この章で概説しているオプションのアナリティクスプロセスのほとんどが、簡素化した市販のツールとして数多く市場に出回っています。

図5.1　分析手法

5-1 ｜ 最新の分析手法を見る

　図5.1に示すように、データを分析するための重要なテクニックには、テキスト分析、感情分析、画像分析、ビデオ分析、音声分析、予測分析などがあります。各項目を順番に見てみましょう。

テキスト分析

　テキスト分析は、大量の非構造化テキストデータから価値を抽出するプロセスです。ほとんどの人事チームは、eメール、アンケートの回答、求人応募、業績評価ファイル、ソーシャルメディア投稿など、大量のテキストベースのデータを所有、またはアクセス可能な状態にあります。しかしながら、アナリティクスの観点からは、最近まで、これらが役に立っているとは言えませんでした。膨大なテキストデータセットへのアクセスと技術的能力の向上により、テキストを分析して、テキストが実際に言っていること以上の質の高い洞察を抽出できるようになりました。テキスト分析は私たちがテキストからより多くの情報を得ることを助け

ます。それにより、私たちはページやスクリーン上の単なる言葉以上の
ものを理解し、より大きなパターンを識別することができます。

　テキスト分析は、特に、従業員理解を深めることに役立ちます。たと
えば、テキストは顧客からの肯定的なフィードバックの増減などをパタ
ーンとしてマイニングできます。これは、優秀な顧客サービス担当者や、
スキル向上や特別なサポートを必要とする担当者の特定に役立ちます。
テキスト分析ツールを使用して、スタッフの送信したeメールの内容と
ソーシャルメディアの投稿をスキャンして分析する組織もあります。こ
の分析によって、その組織は、スタッフのエンゲージメントレベルを正
確に理解することができるようになりました。つまり、従来の（そして
高価な）従業員サーベイを実行する必要も、年1回の従業員エンゲージ
メント・アセスメントを待つ必要もなくなるのです。

感情分析

　感情分析は、テキストから主観的な意見や感情を抽出するのに役立つ
ため、テキスト分析と密接に関連しています（音声または音声データで
音声単語の裏にある感情を検証するためにも使用できます）。基本的な
目的は、特定のトピック（例：会社のインセンティブプログラム変更の
提案）や組織の全体的な状況の把握（例：より広い会社風土）のために、
個人と組織の態度がポジティブかネガティブか、またはニュートラルか
を理解することです。このように、感情分析は、コミュニケーションの
背景を理解するのに役立ちます。そして、絶え間ないデジタルコネクテ
ィビティと、さまざまな考えや感情をソーシャルメディアで共有したい
という企業を含む私たちの願望の高まりの中で、感情分析が主流になっ
てきました。

　感情分析は、ステークホルダーの意見を理解したい場合にも使われま
す。特に、ステークホルダーが、従業員だけでなく、経営層や顧客も含
む場合です。高度な感情分析は、さらに背後にある情緒状態に関する分
類まで可能です。たとえば第4章では、米国の入国管理で使用されてい

るアバターシステムを紹介しました。システムは、旅行客が言っていることを分析するだけでなく、彼らの声のトーン、表情、ボディ・ランゲージなどを分析し、その人物が落ち着いているか、ストレスを感じていないか（真実を語っていない時の兆候）を判断することができます[*1]。私たちのコミュニケーションの大部分は、ボディ・ランゲージと声のトーンを通して非言語的に感知されます。今、このようなことも、大規模に分析することができるのです。

画像分析

　画像解析——写真、医療画像、グラフィックなどの画像から情報、意味、洞察を抽出するプロセス——は、パターン認識に大きく依存しています。これまで、画像で可能だった唯一の分析は人間の目によるものでした（医師が患者のスキャンを見るなど）。コンピュータを使った場合でも、人間が各画像にキーワード入力によるタグ付けをして画像を分類することしかできませんでした。画像解析の進歩は、コンピュータが画像の内容（個人の顔など）を理解し認識できるレベルになり、画像に関連するデジタル情報（撮影日、場所など）を分析できるようになりました。画像分析は、セキュリティを目的とした顔認識や、従業員がソーシャルメディアに掲載した自社ブランドや製品の認識など、さまざまな用途に使用されています。

ビデオ分析

　ビデオ分析は、ビデオ映像の情報、意味、洞察を抽出するプロセスです。これには、画像分析でできることすべてが含まれていますが、さらに行動を測定し追跡することもできます。その良い例は、従業員がヘルメットなど適切な安全装備を着用しているかを検出するCCTV（closed-circuit television: 有線監視カメラ）カメラの使用です[*2]。セキュリティを強化したい場合や、従業員の現場行動を把握したい場合などにも、ビ

デオ分析が使用されます。ビデオ分析の使用によるコスト削減やリスク削減、それによる意思決定支援も可能でしょう。

　たとえば、現在多くのプロバイダが、24時間365日自動的に特定の場所をモニターできるソフトウェアを提供しています。そのようなビデオ映像を基に行動分析をし、異常行動や疑わしい行動をリアルタイムで警告することも可能です。一度、適切なビデオ情報を提供し、インストール（ビデオフィード）すると、ソフトウェアはその環境を観察し、正常な動作と異常な動作を区別することを学習します。このシステムは自己修正型のため、行動に関する独自の仮定を継続的に改良し、そのパラメータを定義するための人手を必要としません。

音声やスピーチ分析

　これは会話の音声録音から情報を抽出するプロセスです。音声分析を使用して、トピックまたは実際に使用されている語句（コンテンツ）、およびその会話の背後にある感情（センティメント）を分析できます。たとえば、従業員の満足度や、コールセンターでのパフォーマンス状況の把握といった連続的に状況の分析が必要な時、音声分析を役立てることができます。音声分析によって、従業員がいらだったり、怒ったりしていることを特定することもできるからです。コールセンターでの顧客との会話では、話のピッチやイントネーションなどを分析することによって、カスタマーサービス担当者の感情とパフォーマンスを測定し、優秀な担当者の特定や、トレーニングやコーチングを必要としているかもしれない人を特定できます。

予測分析

　予測分析とは、過去のデータに基づいて将来の結果予測に（第2章を参照）データ、統計モデリング、および機械学習を使うものです。

　可能な限りの過去に起こった事象を理解することによって、パターン

を識別し、将来起こることを解明するためのモデルを構築します。人事的には、キーとなる従業員の退職可能性といったようなリスク発生の可能性を把握することなどに使える機能です。たとえば、Googleは、このテクニックを使用して、入社から4年以内に昇進しない営業担当者は、会社を辞める可能性が非常に高いことを確認しました[*3]。データのボリュームやコンピューティングパワーが強化されるにつれ、将来の結果を予測する私たちの能力も向上します。IBM Watsonのような予測分析ツールは、あらゆる規模のビジネスでますます普及しています。

5-2 | 重要なHRアナリティクスとは

　こんにちのデータ分析の一般的な使用分野を見てきましたが、人事にとっての利用価値があるピープルアナリティクスについて見てみましょう。一般に、ピープルアナリティクス・オプションも、この章ですでに概説した手法を利用します。たとえば、能力分析（以下で最初に見るオプション）では、テキスト分析を使用してアンケートまたはインタビューの回答を分析することがあります。

　ピープルアナリティクスには、大変多くの種類がありますが、中には、他のアナリティクスよりも組織的価値を付加するものも、そうでないものもあります。

　私の企業人事部門との仕事経験に基づいて、人事チームやマネジャーのヒトに対する理解を促進するために最も重要で有用なピープルアナリティクスを次に示します（**図5.2**を参照）。

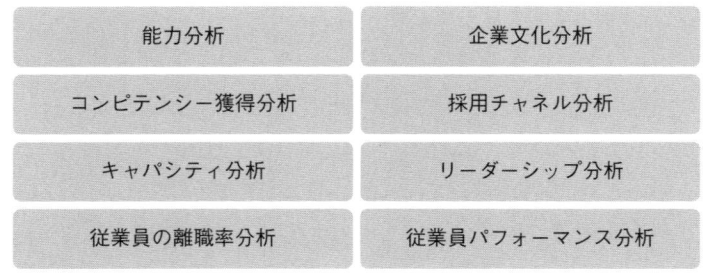

能力分析	企業文化分析
コンピテンシー獲得分析	採用チャネル分析
キャパシティ分析	リーダーシップ分析
従業員の離職率分析	従業員パフォーマンス分析

図5.2 重要な人事分析

能力分析

　いかなるビジネスの成功も、その組織の従業員のスキルや専門知識にかかっています。能力分析は、ビジネスに必要とされる能力やコアコンピテンシーを特定するタレントマネジメントプロセスです。一度必要とされる能力が明確になれば、現在のスタッフを分析し、ギャップがあるかどうかを確認できます。能力は、もちろん、資格やスキルを意味するだけではありません。たとえば、人との関係の発展や維持の能力のように、公式的には認識されていない能力も含みます。

能力分析をなぜ使うか

　ビジネスに必要とされるスキルが何であり、すでに獲得しているスキルが何かを知ることは、気付いていなかった問題に注意を喚起したり、スキルギャップを効果的になくすための従業員の再教育をサポートしたりすることを可能にします。

　すでに獲得しているスキルや必要な追加スキルを正確に把握することなく、新入社員を雇っているようなことも、かなりあるのではないでしょうか。結果として、直感や履歴書の内容、良く書けている履歴書だった、あるいは、たまたま採用面談に来た人物だった、などに基づいて採用していることではないでしょうか。

　「理想的な候補者特性」のリストがあるかもしれませんが、それらは

「Xソフトウェアの知識」と言った知識やスキルの側面よりもむしろ、「正直さ」と「誠実さ」のような一般的な人格要素で記載されていることをしばしば見受けます。

　新入社員が会社に加わり、彼らが既存のチームに適合してうまく機能することを願ってのことでしょうが、新しく雇用する人材が「追加作業要員」の域を超えた成果をもたらすことができる能力が正確にわからない場合、それは、失望に終わる可能性があります。能力分析はこのシナリオを回避することに役立ちます。能力ギャップを埋めるために必要なもの、持っているもの、採用する必要がある追加の能力（または在籍する従業員に提供する必要があるトレーニング）を正確に把握できます。ビジネス、業界、または市場が急速に変化している場合には、能力分析は特に重要です。

　少なくとも1年に1回は必ず、また、新しい役職の任命や影響のあるポストが設置される前には常に能力分析を実施することをお勧めします。既存の従業員に対しては、能力分析をパフォーマンス・レビュー・プロセスに組み込むことで、継続的にトレーニング・ニーズや改善取り組みのニーズを知らせることができます。ビジネスが変化し、その方向性が変わり、新しい分野に移行しつつある場合、追加能力や異なる能力が必要となります。その場合にも能力分析を実施する必要があります。誰が何をできているかを把握することによって、適切な社内異動や人材の配置、新しい役割や立場に適応できるよう追加のトレーニングやサポートを提供することが可能になります。今はある特定の業務にしか従事していない従業員には、別の仕事をする能力がないということではありませんが、あなたが能力分析を実施しない限り、誰が適切な能力を持っているのかも明確にすることはできません。

能力分析の使い方
　能力分析は、アンケート、および分析対象者自身やその人達と密接に働く人々に対するインタビューによって行われます。たとえば、ITメーカーを考えてみましょう。

IT業界の変化スピードは、マシンの技術的能力と購買行動の両面で、非常に不安定な業界です。ほんの10年前、業界は活況で、大型のメインフレームコンピュータと個人市場向け小型機を製造していました。しかし、クラウドコンピューティングの出現は市場を大きく変えました。詳細な能力分析を実行すれば、過去10年間そのビジネスを支配的な立場においた能力が、時代遅れのものであることに気付くでしょう。

　このような悲惨な潜在結果を抑えるためには、コンピテンシー・フレームワークを作成して、ビジネスに必要な特定の能力と一般的な能力を概説します。

　たとえば、組織すべての人材に「顧客中心」の能力を向上させる必要があることがわかるかもしれません。さらにITセンターの専門職に対して、現在のビジネスには存在しないHadoop（ハドゥープ：大規模データの蓄積・分析を分散処理技術によって実現するオープンソースのミドルウェア）スキルやクラウド・コンピューティングスキルなど、ビッグデータ関連のコンピテンシーに重点を置く必要があるということが分かるかもしれません。このようなコンピテンシー・フレームワークは、人事チームが適切なトレーニングを提供することや、スキルシフトを開始するための新入社員採用に役立ちます。

　スキルと能力は成功に不可欠ですが、チームとの適合性、文化的適合性、および既存の関係性も非常に重要です。したがって、必要な能力のある個人を見つけて、採用し、組織文化やチームに適合することを期待するよりも、これらすべてを維持しながら、必要な能力を従業員に再教育する方がはるかに簡単です。

コンピテンシー獲得分析

　コンピテンシー獲得分析は、あなたの会社がどれほど適切なタレント（人材）を獲得しているかを評価するプロセスです。これは、組織の成功に欠かせない重要なコンピテンシーを特定し、どれほど効果的にそれらの能力を持った人材を引き付けているかを測定することによって行わ

れます。

コンピテンシーとは、特定のスキルや知識（データ分析スキルなど）、または特定の属性や行動（リーダーシップの資質、他人とうまく機能する能力など）を指します。

コンピテンシー獲得分析をなぜ使うのか

人材の採用とマネジメントは、いかなる企業の成長にとっても非常に重要です。タレント獲得の競争は激しく、有能な人材の採用、維持には多くの費用がかかる可能性があります。コンピテンシー獲得分析は、あなたのタレント戦略がどれほど成功しているか、そしてあなたの会社がどれほど適切なタレントを獲得しているか（もしくは、うまくいっていないか）を検証します。会社が必要とするタレントのマネジメントがうまく機能しているかどうかを確かめるためにも、以下のコンピテンシー獲得分析は、少なくとも毎年実施し、検証すべきでしょう。

1）会社が必要とするコンピテンシーの特定
2）それらの能力やタレントを費用対効果の高い方法で見つけること

どの業界でも、キープレイヤーを特定するのは比較的容易なことです。また、会社の資金が豊富であれば、そういったタレントもあなたの会社に魅了されるかもしれません。しかし、報酬によって引かれて来る人材は、おそらくそれほど長く留まることも、会社のビジョンに完全にエンゲージすることもないでしょう。業界や特定分野の完全な熟練者になる前のタレントを特定する方法を見つけることの方が重要です。コンピテンシー獲得分析は、それを可能にします。この分析によって、早い段階で適切な人材を合理的な対価で確保できているかどうかを知ることができます。つまり、タレント獲得というタスクにおいて、あなたの会社がどれだけうまく機能しているかを知ることができるのです。

コンピテンシー獲得分析の使い方

　まずは、会社としての競争力を維持するために必要とされる現在、そして将来のキーとなる能力を特定することから始めてみましょう。この分析は、テキスト分析、フォーカスグループ、インタビュー、アンケートなどのさまざまなツールや手法を使ってできます。職業特有のスキルや知識、行動や属性も同様に重要です（そうでない場合もあるかもしれませんが）。職種や組織目標に応じて異なるものの、以下のような属性がよく含まれます。

・コミュニケーションスキル
・チームワーク
・変化への対応
・分析的思考
・概念的な考え方
・他の人をやる気にさせ、支えるといったマネジメントの資質

　次のステップは、会社におけるこれらのコンピテンシーの現在レベルを検証し、期待されるコンピテンシーと現在保有しているコンピテンシー間のギャップを評価することです。その後、定期的に検証し、主要なコンピテンシー獲得の進捗状況を時間経過とともに追跡できるようにすることをお勧めします。たとえば、有用なコンピテンシーを持つ人材の採用候補者を特定できたか、いかにコンピテンシーギャップを効果的に埋めることができたか、また、獲得が困難なコンピテンシーが判明しているかといったことです。

　その実例は、野球の世界にあります。読者の皆さんは、映画にもなった"Money ball（邦題「マネーボール」2011）"の物語をご存知ではないでしょうか。多くのスポーツのように、野球における新人タレントは、歴史的に、野球の試合を見ながら全国を旅し、新進気鋭のスターを見分ける専門家や才能のあるスカウトによって「発見」されてきました。このプロセスは非常に主観的なもので、ほとんどの場合、経験と運に任さ

れてきました。野球アドバイザーのビル・ジェームズは、それをすべて変えました。彼は、プレーヤーの行動を科学的に複数の測定可能な要素に分割し、新人タレントの「発掘」にエビデンスベース・アプローチを構築しました[*4]。Oakland Athletics（オークランド　アスレチックス）（別名Oakland A's）のゼネラルマネジャーBilly Beane（ビリー・ベネ）が彼の理論を耳にし、有能な新人タレントを獲得するために彼と一緒に働くことにしました。ジェームズの仮説はうまくいきました。オークランドAは、リーグで3番目に低い給与体系しかなかったにもかかわらず、2002年と2003年にクラブをプレーオフに導いた貴重なタレントを獲得することができました[*5]。このデータ・ドリブンアプローチ以前は、ニューヨークヤンキースのような懐の大きい野球クラブとうまく競うことはできませんでした。コンピテンシー獲得分析はそれを一変させ、クラブの運を変えました。

＜警告として＞

　コンピテンシー獲得分析は、組織内のコンピテンシーを効果的に識別し、追跡できる場合に限って成功します。多くの企業は、不可欠な（または入手が困難な）コンピテンシーに集中せず、代わりに、一般的な（別の言葉で言えば、どこにでも通用する）コンピテンシー・フレームワークを採用しています。そのフレームワークがコンピテンシーのトラッキングや評価のプロセスを非常に複雑で面倒なものにしています。効果的なコンピテンシー獲得分析の鍵は、会社にとって絶対的に重要な限定されたコンピテンシーに焦点を当てることです。

キャパシティ分析

　キャパシティは収益に影響を与えるため、インテリジェントHRが重要視する項目です。

　キャパシティ分析は、業務オペレーション効率上、有効に働くことができている従業員が、どれだけ会社にいるかを検証します。たとえば、

アドミニ業務に時間を取られ、収益性の高い仕事を十分にこなすことができていないことはないか、従業員個々の業務負荷が大きすぎることはないか、といったことを検証します。企業としてのキャパシティをどの程度成長させる必要があるのかを確立し、従業員パフォーマンスのパターンや傾向を特定することによって、採用やトレーニング＆デベロップメントの改善に使うことができます。

キャパシティ分析をなぜ使うのか

従業員が具体的に何をしているのかの理解なしに、その能力を適切にマネージすることはできません。たとえば、フル稼働のコンサルタントが、さらに新しいクライアントとのコンサルティング業務を求められたとします。すでにフル稼働ですから、最終的にはストレスを感じ、不満を抱いて会社を辞めようとするかもしれません。また、アドミニ作業にあまりにも多くの時間を費やしている別のコンサルタントは、期待されるほど生産的でも収益的でもないかもしれません。

明らかに、ヒトは機械ではなく「人」であり、個人の能力は、さまざまな要因に基づいて年間を通じて変動します。生産性の山や谷があるのは、当たり前のことです。ただし、キャパシティ分析は、マイナス、または危惧される生産性の傾向をユーザーに警告します。この分析によって、従業員がモチベーションを失いネガティブな状況になる前に、その個人が生産的軌道に戻ることを支援し、たとえばトレーニングやコーチングなどの提供をします。

キャパシティ分析の使い方

従業員が時間をどのように使っているかのデータをトラッキングできるシステムがあれば、これらのデータを使用してキャパシティレベルを確認できます。データは、タイムトラッキングシステム（会社への入退出）やセンサー（第4章で述べたように名札のセンサーなど）で生成されます。

たとえば、あなたの会社がソフトウェアエンジニアリング会社で、会

社には20人のソフトウェアエンジニアが働いているとしましょう。キャパシティ分析によって、実際にコーディングに費やした時間と他の作業に費やした時間をトラッキングできます。この比率を時系列的に追跡して、プログラミングに費やされる実際の時間（明らかに請求できる時間）が低下しないようにする解決策を実行します。この分析によって、会社として新しいプロジェクトにどれだけの能力を割くことができるかも分かります。全員の能力が今現在100%の場合は、新しいスタッフを採用して会社全体のキャパシティを高めない限り、これ以上仕事を引き受けることを勧めることはできません。

　フォーチュンが、ある製造会社の実例を挙げていました。若手管理職の多くが週に30時間以上を「管理業務」、すなわち進捗会議に出席したり上級幹部への報告したりに時間を費やしていることを発見した例です[*6]。

　単純計算で、収入を生み出す仕事へ使うことができる時間は、週10時間しかありません。

　この情報から、その会社は、会議削減を厳密な方針として実行しました。注意が必要なのは、アドミニ上の大きな負担をかけず、かつ「会社のお偉いさんが言っているから…（仕方がない…）」的アプローチで従業員を疎外することなく、これらのシステムを確立することです。

　キャパシティ分析は人々を非常に神経質にさせる可能性があるため、分析の必要性や実施を人々にどのように紹介するかには十分な配慮が必要です。要点は、従業員により多くの業務をさせるために効率の悪い人員を見定めることではなく、むしろ、会社全体としての利益向上のために改善できるキャパシティのギャップを特定することだという点です。

従業員の離職率分析

　従業員は会社にとって最も重要で、しばしば最も高価な資産です。分析を使って能力を検証し、適切な能力を持つ人材を雇用することは、プロセスのほんの一部です。その人材を会社に留めなければなりません。人材を雇い、訓練し、彼らが経営に資するまでには、時間と費用がかか

ります。仮に多くの従業員が退職しているとすれば、その投資が失われ、ビジネスに悪影響を及ぼす可能性があります。加えて、従業員の高い離職率は、既存のメンバーにも混乱をきたし、モチベーションと生産性の低下を招きます。

なぜ従業員離職率分析を使うのか

　従業員の離職率分析は、将来を予測して事前に離職を減らすことができるように、過去のスタッフの離職率を検証するプロセスです。組織的な停滞を防ぐには従業員の離職が望ましい場合もありますから、健全な離職レベルを特定し、「残念な」離職を正確に示すことができるシステムを開発することが望まれます。業界によっては、他の業界よりもスタッフの離職率が高い業界もあります。たとえばコールセンターは、製造業のようなより伝統的な産業と比較して、比較的高いスタッフの離職率を示します。実際、コールセンターの離職率は30〜45％にも達すると推定されています[*7]。

　事業形態の変動性にもよりますが、6か月から1年ごとに従業員離職分析のトラッキングをすることが望ましいでしょう。基本的に、そのトレンドを把握しておく必要があります。会社の離職率が、高くなっているのか、低くなっているのか、それとも安定しているのかによって、トレンドが高まっている場合は、さらなる調査のための赤いフラグをあげる必要があるかもしれませんし、安定させるための策を講じなければならないかもしれません。

従業員離職率の使い方

　従業員満足度指数（ESI）、従業員エンゲージメントレベル、およびスタッフの支持スコアなどの従来の主要パフォーマンス指標（KPI）を使用して、これまでの従業員の離職率を識別できます。アンケート調査、退職者インタビュー、パフォーマンスレビュー、ソーシャルメディアデータは、さらなる情報収集に役立ちます。テキスト分析などを使用して、データをマイニングすることにより、より深い洞察を得ることもできる

でしょう。

　過去の従業員離職率はベンチマークとしては役立ちますが、本当の価値はあなたの会社と業界平均とを比較し、従業員離職パターンを識別すること、そして特に有用なのは別の分析と組み合わせることによって、離職理由を解明することです。理由が分かれば、将来の従業員の離職の予測も可能です。しかし、最も重要なことは、従業員のエンゲージメントを維持するために問題を解決し、必要な措置を講ずることです。

　実例を、Watson Analytics blog（ワトソン　アナリティクス　ブログ）に見ることができます[8]。このケースでは、IBMのWatson（ワトソン）プラットフォームによる過去および現在の従業員データからのシンプルな分析を使って、退職した従業員のデータに基づいた従業員の職務および業績評価が関連している離職要因を特定し、離職予測をしています。

　残業、業務（役職）レベル、現在の上司の元で働いている年数、そして従業員の年齢は、離職に関連する重要な要因でした。また、データを職種ごとに分類した結果、人事または管理業務に就いている人は、営業や品質管理に従事している人よりも会社に留まる傾向が高いこともわかりました。そして、週に15時間以上の残業をしている従業員が、会社を辞める可能性が最も高かったということも分かったのです。

　これらは、どのような人事担当者にとっても明白に想定できることのように思えるかもしれません。過労を感じている人は、離職する傾向があると…。しかし、データ・ドリブン人事戦略として重要なことの1つは、直感ではなくデータに基づいて決定を下すことです。この場合、データは残業時間数が要因であることを疑いもなく証明しました。このことにより、人事チームが対処し、将来の社員の離職を防ぐために、根拠に基づくインテリジェントな決定を下すことが可能になりました。

　読者の皆さんは、私が年次従業員アンケートの大ファンではないことを推察しているかもしれません。もし、あなたが従業員の状態を測定するために年次調査を使っているとすれば、確実に貴重なデータを見逃していると思います。全従業員に年1回アンケートを完了させるような調査を使用するより、10か月間、毎月全従業員の10分の1にアンケートに

参加してもらうことの方が、良い方法だと思います。この方法だと、全従業員は、従来のように年に1回だけ調査協力をしますが、データポイントが1つではなく10個になります。この方法は、従業員の離職傾向の把握を可能にし、離職を最小限に抑える適時修正をすることができます。

企業文化分析

　文化は正確に特定するのが難しく、変えることはさらに困難です。文化はバリューステートメントのように壁に掛けることができるものではありません。組織の人々の集合的な行動として現れます。企業文化分析は、企業文化について検証するものですが、組織全体に存在するさまざまな文化を次のような観点から理解することに役立ちます。

・つくりたい文化の変化を追跡する。
・文化がどのように変化しているかを理解する。
・好ましくない文化発生の早期兆候を捉えるシステムを構築する。
・企業文化に合わない人材を採用していないことを確認する。

企業文化分析をなぜ使うのか

　基本的に、企業文化分析は、良い部分の増強や不適切な部分の改革のために、会社文化を明らかにするものです。文化を変えるのが困難な理由の1つは、会社の人々が「文化とは何なのか」を十分に理解していないことにあります。この種の分析は、文化の覆いを外すことになり、戦略に影響を与える可能性があります。

　企業文化は、通常時、どちらかと言えば安定的です。よって、一度検証すれば、その結果を使って、継続的に文化状態をトラックする（たどる）ための重要要素をシステムに組み込むことができます。その後のデータ収集の継続によって、期待される企業文化と実際との間に示される不一致情報から、早期に対応しなければならない兆候を把握することができます。

企業文化分析の使い方

　企業文化分析の最も一般的なツールは、アンケート調査、フォーカスグループ調査、そして従業員へのインタビューでしょう。しかし、これらのアプローチの難しさは、組織内の人々が、会社側（人事）が聞きたいと思っているであろうということを話す傾向にあるということです。さらに、これらの方法は、（手間がかかるため）高価になる可能性があります。こんにちでは、より正確な洞察を得ることができる企業文化分析ツールが、沢山あります。

　たとえば、社内のイントラネットサイト、ソーシャルメディア、社内ドキュメントやコミュニケーションデータを収集し、テキスト分析や感情分析を使用することによって、組織文化を分析することも可能です。カスタマーサービスの会話も、企業文化を検証するための豊富なデータを提供します。顧客との会話や従業員間のやり取りの記録データは、企業文化に関する大変有用な知見を提供できます。データの分析には、音声分析、テキスト分析、感情分析ツールを使うことができるでしょう。

　たとえば、あなたが、自社の企業文化は効率的でありながら楽しいことだと思っているとしましょう。会社は、家族的経営であり、優れた顧客サービスを提供することに重点を置いており、それが従業員にアピールしている価値観です。新入社員オリエンテーションでは、これらの価値観と、あなたが信じる企業文化を伝えるでしょう。さて、6ヵ月後、それらの従業員はこれらの価値観を体現しているのでしょうか？　それとも何らかの不調があるでしょうか？　年1回のアンケート調査実施を待つこともできますが、その時点での真実を把握する最も簡単な方法は、活動データや会話データを介して、従業員の日常生活の一部としての言動を検証することです。それこそがあなたの会社の企業文化を表しています。高品質カスタマーサービスが提供されていると信じていたところが、午後4時45分以降の電話には誰も答えないというような現状が確認された場合、期待されている「顧客重視」という企業文化が実現されてないということが言えるでしょう。

採用チャネル分析

　人事プロフェッショナルは、企業にとって従業員こそ最大のコストでもあり、かつ最大の機会であることを認識されていると思います。そういった意味でも、誤った採用は企業にとっては問題となり得ます。会社の従業員として適切ではない人材は、他者の困惑を招いたり、その人材のパフォーマンスを他の従業員がカバーする必要を生じさせたりといった、チームへの混乱を引き起こす可能性もあります。これはまた、他の従業員の離職を増やす可能性にもつながります。そして、残念なことに、多くの場合そういった影響は、離職して欲しくないと思う人材に対して及びます。

　採用チャネル分析は、優秀な従業員をどこから採用したのか、どのような採用チャネルが最も効果的であるのかを見極めるプロセスです。確実な適切人材の採用支援を可能にすることが目的です。

採用チャネル分析をなぜ使うのか？

　印刷物の広告媒体、専門誌や雑誌の広告、オンライン求人Webサイト、人材紹介コンサルタントなど、従業員を募集するチャネルは多数あります。それらの費用は大きく異なり、チャネルを通じた募集に要する時間もまたかなり変わります。どのチャネルがどのように機能しており、どのチャネルが最も費用対効果が高いかを知ることは、継続的に適切な採用を目指すために重要です。

　採用チャネル分析の目的は、できる限り価値の高い候補者を提供するチャネルだけを使用できるようにすることです。採用の成否の測定は、伝統的には単純に、配受された応募申請の数や、応募されたポジション数によって測られてきました。しかし、現代の採用にはデータが沢山あります。リーチ数、エンゲージメント数、適切な候補者1人当たりのコストなどをトラックすることができます。もちろん、最終的な尺度は、実際に組織にとどまった人材が何人採用されたかということですが…。

採用分析の使用方法

　採用分析では、従業員一人当たり利益率（RPE）など昔から使われている標準的なKPIによっても、従業員価値を評価します。これらのKPIは、生産的で企業価値に貢献する生産的な従業員を特定するのに役立ちます。アンケート調査、エントリーインタビュー、Glassdoor（グラスドア）などの総合求人情報サイト、ソーシャルメディアのサイトも、多くのデータを収集するために使用されます。これらのデータから、パターンを識別し、高価値採用と採用チャネル間の関係を見いだします。

　最良の結果は、紹介率、候補者の質、採用の質、候補者と部門マネジャーの満足度を採用コストや採用時間などの指標と組み合わせから、定性および定量的洞察によって得られる傾向があります。たとえば、上級職ポジションを採用するために人材紹介コンサルタントを使うとしましょう。コンサルタントは、適切な候補者を見つけ、候補者の事前選別をするなど、あなたの貴重な時間の節約をしますが、コストは嵩みます。

　採用チャネル分析を使うことで、オンライン採用のほうがより効果的であることを特定できるかもしれません。たとえば、有望な候補者は、前職でも3年以上職についていたことが分析によって分かったとしましょう。その知見を評価プロセスに組み込み、その基準を満たさない候補者を予め除くことも可能でしょう。

リーダーシップ分析

　組織全体であろうと特定の部門であろうと、リーダーシップ不足は金銭的なコストとなり、会社の潜在能力の発展を妨げます。リーダーが従業員のエンパワーメントやエンゲージメントに長けていない場合、結果として、生産性や利益に影響を与えることが分かっているからです。

リーダーシップ分析をなぜ使うのか

　リーダーシップ分析は、会社におけるリーダーシップがどれほど優れているかを明らかにすることを目的としています。リーダーシップの大

部分は主観的なものです。優れたリーダーというのは、生まれ持ったものであり、作られたのではないとも言われてきましたが、本当でしょうか？

　リーダーシップ分析は、データを使って、善、悪、醜も含め多角的次元に分解して、リーダーシップパフォーマンスを明らかにするものです。継続的に評価することが最善ですが、それが不可能な場合は、６ヵ月ごとなど定期的に検証しましょう。新しくリーダーの役割についた人材のリーダーシップに関しては、より頻繁に分析を実行して初期の進捗状況をモニターすることをお勧めします。それは、その人材がリーダーシップにおいて何らかの障壁にぶつかっていることなどの早期発見を可能にし、本来軌道に戻すための支援を可能にします。

リーダーシップ分析をどのように使うか

　リーダーシップ・パフォーマンスに関するデータは、アンケート調査、フォーカスグループ、従業員へのインタビュー、そして場合によっては従業員の会話データを使います。一般に、従業員に直接インプットを求める場合、従業員がオープンに意見を示すことができるよう、匿名でデータを収集します。調査対象となっているマネジャーやリーダーが個別コメントにアクセスする可能性があるとすれば、誰も安心して正直なコメントを話すことはできません。リーダーの行動プロファイリングを行うことも可能です。本当に優秀なリーダーは、特定の人格特性や特徴を示す傾向があります。これらは一般的な属性である場合もあれば、自社の既存リーダー層の分析から、優れているリーダーシップとそれほどの成功をしていないリーダーシップとの違いからその特徴を特定することもできます。そこから得られた知見は、トレーニングやサポートプログラム、採用プロセスに使うことができます。

　テキスト分析は、優秀なリーダーと平均的なリーダー両方において鍵となるリーダーシップ特性を抽出する強力な方法です。また、リーダーシップを検証するために、財務指標（たとえば、離職率と収益は、あるリーダーの経営下における財務パフォーマンスを示す指標となります）

や、従業員満足度と離職率などのデータも使用できます。

第2章では、データとアナリティクスを使ったGoogleにおけるマネジャーバリューの検証とその改善方法について簡単に説明しました。ここでは、その実践例を見ながら、メカニズムを詳しく再検討します。リーダーシップ・パフォーマンスを上げるために、Googleは以下の2つの質問への回答にチャレンジしました[*9]。

　1）何が優秀なマネジャーを作るのか？
　2）マネジャーを奮闘させる行動は何か？

マネジャーへのインタビュー、従業員による360度のフィードバックサーベイ、職務遂行能力や従業員満足度などの回帰分析を含む、広範なリーダーシップパフォーマンス分析に基づいて、彼らは、優れたマネジャーを構成する8つの行動を特定できました。

　1．良いコーチである。
　2．チームをエンパワーし、マイクロ・マネジメントをしない。
　3．チームメンバーの成功と個人的な幸福に対する関心／懸念を表明している。
　4．生産的かつ結果指向である。
　5．良いコミュニケータであり、情報を開示し、共有している。
　6．キャリア開発をサポートしている。
　7．チームに対する明確なビジョン／戦略を持っている。
　8．チームにアドバイスできる重要な技術的スキルを持っている。

さらに、この調査から、マネジャーの奮闘を要する3大理由を次のように特定しました。

　1．厳しい移行期を経験した（たとえば、ごく僅かなトレーニングの

みで突然昇進した、外部から雇われた)。

2．パフォーマンスマネジメントとキャリア開発への一貫した哲学／
アプローチが欠如している。

3．マネジメントとコミュニケーションに費やす時間が少なすぎる。

　Googleは、これらの貴重な洞察に基づいてマネジャーのための360度
のフィードバック調査を策定し、現在、年に２回実施しています。さら
に、優秀なリーダーと奮闘しているリーダーを早期に発見し、対応でき
るような警告システムを作りました。Googleは、この発見に照らしてマ
ネジメントトレーニングと採用を改訂しました。

　企業で使用できる一般的なリーダーシップ・アセスメントモデルもあ
りますが、自社の企業文化が重視するリーダーシップの特徴に基づいた
独自モデルを作成することをお勧めします。次に説明する従業員のパフ
ォーマンス分析や企業文化分析など、他の分析ツールから得たデータと
洞察を活用することによって、自社にとっての優秀なリーダー要件を確
立することができます。これが、Googleがリーダーシップの卓越性を見
いだすことに成功した理由でした。それでも当初は、そのユニークな企
業文化の中でリーダーシップの卓越性が何であるかを理解するのに時間
がかかっていました。

従業員パフォーマンス分析

　会社の繁栄や存続には、有能で優れたパフォーマンスを発揮する従業
員が必要です。優れたパフォーマンスは、測定しない限り、日常業務に
忙殺されて、簡単に見失なわれてしまいます。生産的で優秀な従業員の
パフォーマンスによって乏しいパフォーマンスの従業員の生産性がカバ
ーされ、ぶら下がり社員を発生させる可能性があります。結果として、
生産的な従業員をいらだたせることになるでしょう。ここでの人事の仕
事は、誰が何をしているのか、誰がサポートを必要としているのかを把
握し、必要な支援を提供して、会社のパフォーマンスを底上げすること

です。そのためのパフォーマンス分析です。

従業員パフォーマンス分析をなぜ使うのか

　従業員パフォーマンス分析は、各従業員のパフォーマンスの検証を目的とします。分析から得られた洞察によって、良いパフォーマーの特定や、パフォーマンス向上支援を必要としている従業員を特定できます。パフォーマンスの理解は、適切な従業員の採用やコストとなる採用ミスを回避することができます。ほとんどの企業では、年1回の従業員パフォーマンス評価を行っていますが、このビッグデータの世界では、年に1回だけでは不十分です。効果的であるためには、公式的な業績評価のみでなく、習慣的に検証すべきでしょう。こんにちでは、パフォーマンス・アセスメントを補佐するさまざまな情報源からデータを収集することが可能です。

従業員パフォーマンス分析の使い方

　こんにちでは、クラウドソースによるパフォーマンス評価から、第4章で見たSociometric Solutions（ソシオメトリックス　ソリューションズ）のバッジのようなセンサーに至るまで、パフォーマンス分析を可能にする革新的なデータ収集方法が数多くあります。たとえば、テキスト分析、感情分析、音声分析です。これらの分析は、私たちが意識していなかったパターンを識別し、進行中のパフォーマンスの改善に使うことができます。

　一例として、Sociometric Solutionsの顧客の1つである大手銀行は、コールセンターの優秀な従業員が、一緒に休憩を取る人たちであることに気づきました。この洞察に基づいて、同銀行はグループ休憩方針を制定し、業績は23％改善されました[*10]。

　従業員パフォーマンス分析は、コールセンターのような伝統的に従業員の離職率が高い業種などで特に役立ちます。コールセンターでは、各オペレータの通話時間差、時間当たりの受付通話数、問題にエスカレートした通話数、顧客からの問い合わせを解決につなげた通話数や満足し

た顧客数の把握は重要です。これらのデータおよび無数にある他のデータポイントからパターンを検出し、スターオペレータの行動パターンを特定します。そして、その行動が他の人にも再現されるようにします。

これらの洞察結果は、顧客サービスプロセス、採用やトレーニング、人材開発などとの調整にも使えるため、優秀な従業員を増やし、そうではない従業員を減らすことにつながります。これにより、パフォーマンス結果が改善されるだけでなく、スタッフの離職率と採用コストも大幅に削減できるのです。

効果的なパフォーマンス分析は、雇用全体やキャリア開発へのポジティブな貢献を提供し、現場のマネジャーとスタッフの関係強化に役立ちます。ただし、従業員パフォーマンスをモニターするときは常に、モニタリングしていること自体がパフォーマンスに影響を与えることにも注意してください。通常、人は、ある特定部分の業務がモニターされていることを知っている場合、その業務をうまく遂行しようとすると言われています。

業務に従事する人の注意が、良い仕事をすることよりも、モニターされていることにフォーカスが当たってしまうのです。こういった状況を避ける方法として、ビデオやセンサーデータのような現代のデータキャプチャ技術はとても役に立ちます。これらの技法を使用することによって、ある特定部分の業務に焦点を絞った従業員行動の歪みがでることを防ぎ、より総合的にパフォーマンスを分析することができます。

5-3 | 最善の結果を得るための分析の組み合わせ

データ・ドリブン人事戦略を最大限に活用するためには、多くの場合、1つの分析ツールだけに頼ることはできません。第4章で見たように、より豊かな全体像を得るためには、通常、異なるデータセットを組み合わせますが、HR分析の本当の価値は、その組み合わせから得られる洞察にあります。

たとえば、企業文化分析が、自社の文化が本来優先したい価値から離れていることを示すかもしれません。しかし、その理由や背景を知るためには、テキスト分析や感情分析が必要な場合があるでしょう。分析を組み合わせることの背後には、重要な組織の意思決定や人事業務の基盤をたった1つの分析からわかったことだけに頼らないため、ということがあります。複数ソースからの情報を組み合わせ、さまざまな分析手法を使用することで、多角的な視点からの洞察検証を可能にします。

　この章で概説したすべてのアプローチは、こんにちの人事チームが利用できる分析のほんの一部にすぎません。ほんの数年前まで、これらの多くは不可能でした。たとえば、テキストを使った感情分析はできませんでした。分析は、特に飛躍的な進歩を遂げており、10年あるいは5年後には何が可能になるのか、誰もわかりません。したがって、データ・ドリブンまたはインテリジェントHRにとって重要なことは、データと分析がもたらす可能性のある新しい機会にオープンでいることです。

5-4 ｜ データと分析を洞察に

　データの真価は、それを洞察と実用的な知識に変えることができた場合にのみ発揮されます。この章で概説されている分析方法のいくつかを使って自社の人材に関連するデータを分析することにより、さまざまな洞察に到達できるはずです。

　洞察を必要としている人々に役立つ方法で提示することは、洞察を実用的な知識に変えるための重要なステップです。結局は、適切な情報を適切なタイミングで適切な人々に配信できることが、企業の競争優位性を得ることにつながるからです。

見いだされた洞察にアクセスする必要があるのは誰か？

　戦略計画で概説されている各目標やその目標に関連する各データセッ

トについて、次の問いを問いかけてみる必要があります。

　それらのデータから得られた洞察へのアクセスを必要とする意思決定者は誰ですか?

　場合によっては、人事部内の従業員だけのこともあれば、経営層または事業部全体のマネジャーになることもあるでしょう。会社目標と戦略的な質問に関連するすべての主要プレーヤーを巻き込むことが重要です。

　それらを必要とする人々への洞察を広めるための最善の方法は何でしょうか?

　それは、人事であるあなたが何を測定しているのか、誰がそれを知る必要があるのか、通常どのようにして全社的にコミュニケーションを取っているのかによっても異なってきます。
　たとえば、その情報を必要とする人々に配布されている月次報告にインディケータ(従業員パフォーマンスなど)として含めることもできるでしょう。あるいは、より洗練されたリアルタイムのダッシュボード形式で、意思決定者がいつでもどこでも必要なときに情報にアクセスできるようにすることが必要な場合もあるでしょう。データに対するこのような民主的なアプローチはますます一般的になっています。英国と米国の2,000人の従業員を対象とした調査[11]によると、回答者の半数以上が、会社の業績のリアルタイムデータを知ることが自分の好業績に大きく貢献していると述べました。言い換えれば、従業員は、全体的な業績に関する議論に参加したいということです。つまり、理想的には、キーとなるデータが会社のあらゆる層にわたってコミュニケーションされることです。

　しかし、データや得られた洞察へのアクセスが広範囲にわたっている場合でも、必ずしもそれらのデータが同じように解釈されるわけではないので、重要なメッセージを抽出するためには手助けが必要かもしれません。会社全体データへのアクセスも、アクセスと権限アクセスを組み合わせる混合アプローチが最適かもしれません。

　将来ビジネスの意思決定の基礎として、人々がデータを使用することを促進すると同時に、最も重要なメッセージがすべての人に理解されていることを確認するためには、重要な洞察とトレンドを説明する強力で包括的なナラティブ（談話）を活用することをお勧めします。

　いずれしても、情報発信を決めた時、その情報が役立ちそうかどうかを伝えることに、提示形式が大きな役割を果たすことを肝に銘じておきましょう。提供された情報が少ない、あるいはそれを理解するために一生懸命考えなければならない状況では、人は、行動しない可能性が高いのです。

　したがって、洞察を明確で簡潔な、興味深い方法で提示することが不可欠なのです。

5-5 ｜ データからの洞察をコミュニケートし、視覚化する

　データ・ドリブン人事戦略とは、人に関連するデータを、ビジネスに付加価値をもたらす洞察と行動に変えることです。

　これを成功させるためには、意思決定者が誰であれ、データからの洞察を得ることが彼らにとって容易であることを確証する必要があります。人事チームであるか否かを問わず、人々にとって、データの理解と重要な洞察を引き出すことが容易であるほど、データに基づいた意思決定や行動をとることも容易になります。これが、データコミュニケーション、特にデータの視覚化が近年大きな話題になっている理由です。

単純なグラフィックや書面によるレポートから、データを魅力的でわかりやすくするための商用のデータ視覚化プラットフォームや、必要に応じて必要なときに必要な情報を人々に提供する管理ダッシュボードまで、データをやり取りするためのさまざまなオプションがあります。データの種類やその使用方法の観点からも、オーディエンスが多様であれば、多様なニーズがあります。データの普及とそのコミュニケーションを考えるときは、誰がそれらのデータにアクセスするのか（またはそれらのデータからの洞察に）、彼らのニーズは何かを定義することが重要です。データ消費者に最適なフォーマットはどれでしょうか、彼らはどのように情報（ウェブインターフェース、レポート、ダッシュボードなど）にアクセスするのでしょうか、と言ったような質問に対する答えを知っていることが、ニーズに合った適切な視覚化／コミュニケーションツールの決定に役立ちます。

　データ視覚化ツールは、最も重要なデータや結果を明確に強調し、データの傾向を識別するのに役立ちます。Tableau（タブロー）、Qlik（クリック）、またはGoogle（グーグル）のAnalytics 360（アナリティクス360）スイートなど、優れた安価なデータ視覚化ツールが数多くあります。さらに、多くの商用分析プラットフォームには、独自の視覚化ツールが組み込まれています。

　ビジュアルは情報を伝達するのに適しています。ビジュアルは迅速で直接的であり、テキストページよりも見るのがはるかに面白いからです。しかし、メッセージのデコード方法がわからない限り、写真も読むことが難しい場合があります。一方、単語は通常、大変直接的な意味を持ち、理解するのが簡単です。短い説明で、全員が同じようにデータを理解できるようにすることができます。ビジュアルとテキスト・説明を一緒に使用する方がどちらか一方を使用するよりもはるかに強力なのはこのためです。

　たとえば、グラフは従業員の離職傾向を時間の経過とともに示すのには良い方法かもしれませんが、それと並行して簡単な説明文で重要なメッセージを引用すれば、その情報に文脈を入れることができます。一例

を挙げれば、2016年後半になぜ離職率が上がったのかを説明することができるのです。

重要なポイント

この章は、分厚い章であり、処理すべき新しい情報がたくさんありました。以下は、データ分析に関する重要なポイントの概要です。

● 主な分析手法は、大きく次のように分類できます。
　―テキスト分析
　―感情分析
　―画像分析
　―ビデオ分析
　―音声やスピーチ分析
　―予測分析

● 私の経験では、最も有用で価値のあるHR固有の分析は次のとおりです。
　―能力分析
　―コンピテンシー獲得分析
　―キャパシティ分析
　―従業員の離職率分析
　―企業文化分析
　―採用チャネル分析
　―リーダーシップ分析
　―従業員パフォーマンス分析

● データ・ドリブン人事戦略を最大限に活用するには、1つの分析ツールだけに頼ることはできません。多くの場合、人事分析の価値は、さまざまな種類の分析を組み合わせることで得られる洞察にあります。

- データは、それらを洞察や行動に移せる知識に変えることができる場合にのみ本当の価値があります。適切な情報が適切なタイミングで適切な人々に配信されることによって、企業は競争上の優位性を得ることができます。

- データを理解し、重要な洞察を引き出すことが容易であるほど、人事チーム内外の人々が意思決定を行い、データに基づいて行動することが容易になります。

- データ視覚化ツールは、最も重要なデータや結果を非常に明確に強調表示し、データの傾向を特定することに役立ちます。

確かに、人事機能が使うことができるデータとアナリティクスには、多くの新しいエキサイティングな方法があります。しかし、これらの新しくエキサイティングな方法によってリスクも高まります。データをインテリジェントに使用するためには、データが適切に保護され、従業員のプライバシーが侵害されないようにすることが重要です。透明性、データガバナンス、およびデータ保護は、すべての人事チームが考慮する必要がある重要な事項です。

次の章では、データ使用に関するさまざまな落とし穴とリスクを探り、それらの落とし穴を回避するためのグッド・プラクティスを説明します。

第5章脚注

1　US Department of Homeland Security（2014）［accessed 23 October 2017］Rapid Screening Tool: the Avatar［Online］https://www.dhs.gov/ sites/default/files/ publications/Rapid%20Screening%20Tool-NCBSIAVATAR-Jan2014.pdf
2　Shrestha, K（2015）［accessed 01 February 2018］Hard hat detection for construction safety visualization, Journal of Construction Engineering,［Online］http://dx.doi. org/10.1155/2015/721380
3　Van Vulpen, E［accessed 23 October 2017］Predictive Analytics in Human Resources ［Online］https://www.analyticsinhr.com/blog/predictive-analytics-human-resources
4　Adams, M（2015）［accessed 23 October 2017］The Man behind Moneyball: the Billy

Beane Story [Online] https://www.domo.com/blog/the-man-behind-moneyball-the-billy-beane-story

5   Lewis, M（2004）[accessed 23 October 2017] Moneyball [Online]
    http://michaellewiswrites.com/index.html#moneyball

6   Clancy, H（2015）[accessed 23 October 2017] What Can Big Data
    Reveal about Corporate Culture? Get Ready for 'People Analytics'
    [Online] http://fortune.com/2015/03/20/analytics-corporate-culture

7   Reynolds, P（2015）[accessed 23 October 2017] Exploring Call Center Turnover
    Numbers [Online] http://www.qatc.org/winter-2015-connection/exploring-call-center-turnover-numbers

8   Alexander, F（2015）[accessed 23 October 2017] Watson Analytics Use
    Case for HR: Retaining Valuable Employees [Online] https://www.ibm.com/communities/analytics/watson-analytics-blog/watson-analyticsuse-case-for-hr-retaining-valuable-employees

9   Blodget, H（2011）[accessed 23 October 2017] 8 Habits of Highly Effective Google
    Managers [Online] http://www.businessinsider.com/8-habits-of-highly-effective-google-managers-2011-3

10 Kuchler, H（2014）[accessed 23 October 2017] Data Pioneers Watching
    Us Work [Online] https://www.ft.com/content/d56004b0-9581-11e3-9fd6-00144feab7de?mhq5j=e6

11 Whittick, S（2015）[accessed 23 October 2017] Research Report: One in Four
    Employees Leave due to Mushroom Management [Online] https://www.geckoboard.com/blog/research-report-one-in-fouremployees-leave-due-to-mushroom-management/#.V2GV1sdcJ6A

第 6 章

潜在的な落とし穴：
データプライバシー、
透明性、および
セキュリティ

Potential pitfalls: looking at data privacy,
transparency and security

こんにちの人事部門は、膨大な量のデータを収集している、または収集する可能性があります。

これらのデータをインテリジェントに使用している場合、それは、大きなメリットとなります。しかし、データには、特有の課題もあります。インテリジェントHRアプローチを実行する前には、従業員関連データを取り巻く潜在的な落とし穴と法的問題、特に従業員個人データへの考慮が重要です。

この章では、データのプライバシー要件、倫理的問題と透明性の必要性、およびデータセキュリティの懸案事項について説明します。まとめるなら、これらすべての要因は「データガバナンス」の範疇となるため、良いデータガバナンス実行のための実用的なステップをいくつかご紹介します。優れたデータガバナンスを実践することは、HRデータを価値ある資産とし続け、負債とならないことを確実なものにするために、絶対不可欠です。

各要素の項目自体が大きなトピックであり、規制環境は変化することにも留意が必要です。したがって、法的専門家による助言が推奨されます。

6-1 | どのようなデータを 保持しているのかを理解する

今現在どのようなデータを持っているかを完全に理解していなければ、データを適切に保護したり、適切なデータガバナンスを実践することはできません。従業員に関連するデータは、人事部門だけではなく、あらゆる部門やシステムに格納されている可能性があるため、それ自体が人事チームにとっての課題となる可能性があります。たとえば、給与に関するデータを考えてみましょう。パフォーマンスデータや目標とインセンティブに関連するデータが必要です。

その際のデータガバナンスに重要となる最初のステップは、各データが存在する場所、正確にどのデータが含まれているか（厳密には、個人

を特定できる情報を含むか)、組織内におけるそのデータの所有者、誰にデータが開示されているか、データはどのように処理、分析されているのか、そして組織内でどのように使用されているかなどを認識することが必要です。第三者(たとえば給与計算会社)によって使用または処理される可能性のあるデータ、またはオフサイトのデータプロバイダやクラウドに保存されているデータも忘れずに確認する必要があります。

6-2 | データプライバシーに関する厄介な問題

　私は弁護士ではありませんし、執筆時点では、個人データに関する個人情報保護方針および個人のプライバシーに対するヨーロッパの法律は著しく変化しています。それに加えて、データプライバシーに関する法律は世界中で大きく異なります。たとえば、欧州連合(EU)は間違いなく世界でも最も厳しい規則を持っており、アメリカ合衆国では州により異なっています。

　したがって、機密性の高い個人データを収集するすべての人事チームは、その国の法律の範囲内で機能していることを確認することが重要です。比較的厳格なEU内でさえ、テクノロジーが進歩するスピードと膨大な量のデータを収集、保存、分析する能力に追いついていないと言っても過言ではありません。しかし、その状況は変わりつつあります。2018年5月に発効された新しいEU規制(GDPR、または一般データ保護規制)は、EUの市民のデータ保護と個人情報保護の権利強化を目的としています。個人的なデータとデータをどのように使うかに対して大きなコントロール力を与えます[1]。

　Brexit(英国のEUからの離脱)についてはどうですか？　という質問もあるでしょう。これを書いている時点では、GDPRは英国の法律にも適用されることが示唆されていますが、Brexitに関するものと同様に、これは変更される可能性のある複雑な問題です。しかし、現時点で、私はGDPRがEU市民のデータ規制を網羅していると強調したいと思いま

す。そのため、英国の法律に何が起こるかに関わらず、あなたの会社が
EU市民に関連するデータにも関係するのであれば、絶対にGDPRを遵
守しなければなりません。

GDPRの人事チームへの影響

　GDPRは、従業員データを含む、EU市民の個人データを取り扱うす
べての会社が満たさなければならない法的要件の全面的な見直しです。
EU市民の個人データに対して、企業ができることをより強力にコント
ロールできるように設計されています。法律によると、企業は個人デー
タを明確な目的を提示したときのみ使用できると定められています。し
たがって、同意はGDPRの重要な柱です。顧客や従業員は、自分の個
人データを企業が使用するというオプションを明確に許可し、それらの
データがどのように使用されるのかを十分に認識する必要があります。
企業は、個人に対して、GDPR下の新しい権利を確実に認識してもらう
ために、プライバシーポリシーも更新する必要があります。

データに同意することの必要性

　変更に照らして、重要なことは、人に関わるデータを収集する意図と、
意図した方法でのみ使用することに対する理解と許可がきちんとおりて
いることの確認です。過去には、ユーザーがサービスや製品にサインア
ップしたこととは無関係のさまざまなデータを収集するという、侵略的
なデータ収集戦略によって複数の企業がつまずきました。Spotify（ス
ポティファイ）はその一例です。2015年に、同社は音楽サービスとい
うよりも嫉妬深いパートナーの要求とも見紛えるような新しいプライバ
シーポリシーをリリースしました。新しい条項の中で、Spotifyはあな
たの携帯電話を通して写真、メディアファイル、位置情報、センサーデ
ータ（あなたが歩いている速さのような）、そして登録してあるあなた
の連絡先にアクセスする権利を主張しました。また、これらのデータを
広告主、音楽著作権者、モバイルネットワーク、その他の「ビジネスパ

ートナー」と共有することも発表しました[*2]。もちろん、無料版のサービスは広告収入で支えられていますが、これらの条項はプラットフォームの何百万という有料ユーザーにも適用されます。ユーザーからの反応は迅速かつ否定的でした。

　Twitterやその他のソーシャルネットワーキングサイトで大規模な抗議が発生し、ユーザーは新しい規約に同意するのではなくサービスから離れると述べました。問題の一部は、新しいプライバシーポリシーが、どのデータがいつ、なぜ、誰と共有されるかということについてひどく曖昧にしているという事実から生じました。この透明性の欠如に対する大きな反発は、会社のCEOであるDaniel Ek（ダニエル・イク）に謝罪発表させ、会社の立場と意図を明確にすることを促しました[*3]。これには次の条項が含まれています。データにアクセスする前にあなたの許可を得ます——私たちはあなたのSpotifyエクスペリエンスをカスタマイズすることを可能にする特定の目的のためにのみそれを使用します[*3]。

　したがって、人々のデータを使用する際には、完全な透明性が重要になります。これについては、この章の後半で詳しく説明します。ただし、同意とGDPRの観点からすると、これがHRに意味することは、どのデータが収集され、どのような目的で使用されるのか、そしてそれらのデータが実際にどのように使用されるのかということを従業員に前もって言っておく必要があるということです。シンプルな方法として、データプライバシーに関する声明文を従業員に配布するといったことによって、プライバシーポリシーを明確にすることもあるでしょう。

　前述のとおり、問題となるデータを収集し、使用するには、従業員の明示的許可が必要です。以前は同意が雇用の一部であると想定されていましたが、もはやそれは当てはまりません。GDPRの下では、人事チームは、個人データを処理するための従業員の具体的な同意（署名済みの同意書など）を取得する必要があります。重要なことは、あなたは、従業員が合意・許可した目的のためだけにデータを使うことができるということです。別の目的にデータを使用したい場合は、新しい許可が必要になります。この規制に違反し、個人情報を悪用していることが判明し

た企業は、最大２千万ユーロまたは年間全世界売上高の４％のどちらか大きい方の罰金に直面します。

他のGDPR懸案事項

GDPRの下では、従業員は個人データをすべて忘却される権利（'right to forgotten'）、同意を撤回する権利もあるため、これがシステム的には何を意味するのかを考える必要があります。たとえば、「従業員データを削除するための手順はありますか？」「影響を受けるシステムはいくつありますか？」「すべての痕跡を取り除いていると確信できますか？」「チームが、この規制を遵守することの重要性を理解していますか？」こういったことを、データ・ドリブン人事戦略の一環として考慮する必要があります。

従業員データの収集、保存、および使用に関する同意の記録を保持し、データを使用するための明確な事例を示すことができることも非常に重要です。コンプライアンスのもう１つの重要なポイントとして、企業は、熟練した（または訓練を受けた）GDPRに関する組織的責任を持つ「エキスパート」レベルのデータ保護責任者（DPO：Data Protection Officer）を任命する必要があります。そのため、データ・ドリブン人事戦略の計画についてのディスカッションにDPOを関与させる必要があります。それによって、コンプライアンスおよび同意の問題について、アドバイスを受けることができます。

GDPRはまた、個人データの盗難または紛失を報告する厳格な義務を定めています。ほとんどの企業にとって、これは顧客データに関してより重要な問題となりますが、従業員関連のデータも依然として非常に個人的なものであることに注意してください。したがって、従業員のデータに影響を与える違反が発生した場合は、最長72時間以内に監督当局（英国では情報担当官室）に通知する必要があります。データに影響を受ける個人にも通知する必要があります。

この章の後半で、データセキュリティと違反について詳細に述べます。

EU圏外の状況はどのようなものか

　米国では、個人データの使用に関する規制はそれほど厳しくないかも
しれませんが、それでも会社を戸惑わせる要素はたくさんあります。
ベンジャミンＮカルドゾ法科大学院法学部教授のFelix Wu（フェリック
ス・ウー）は、次のように述べています。

　「ヨーロッパとは異なり、米国は包括的なプライバシー規制を持って
いませんが、実際には企業にとってさまざまな州および連邦法に遵守す
るという意味において複雑になる可能性があります」[*4]

　あなたのビジネスがEU市民に関連するデータをアメリカ合衆国に移
転する場合に考慮すべき特定の事柄もあります。

　あなたの会社に米国オフィスがある場合、またはデータ分析プロバイ
ダが米国に拠点を置く場合、あるいはデータが分散ストレージシステム
の一部としてアメリカ合衆国を通過する場合、これらのデータ転送規則
の影響を受けます。米国とEU間の個人データの転送はセーフハーバー
フレームワーク（セーフハーバー協定）と呼ばれるもので成立します。
これにより、米国とEUの企業間でデータを転送するための一連の原則
が提供され、ビジネスの中断を最小限に抑えることによってビジネスの
やり取りの合理化が図られました。

　残念なことに、その協定は、プライバシーに対する態度を緩和するこ
とになるため、2015年、欧州連合裁判所はセーフハーバー協定はもはや
有効ではないと判断しました[*5]。提案された解決策はプライバシーシー
ルドと呼ばれ、米国を本拠地とする企業が、EU市民にGDPRに沿った
適切な保護を与えられることを証明するフレームワークを提供すること
でした[*6]。人事チームにとって、米国内を流れる個人データは、プライ
バシーシールドやGDPR政策に準拠している企業によって確実に処理さ
れるよう確証することが要点となります[*7]。

実際のプライバシーへの影響

　従業員データの具体例と人事チームのプライバシーへの影響を見てみ

ましょう。

　会社が電子メールデータを分析する能力を持っていれば、誰が就業時間中に土曜日の夜の外出を計画しているのかといったようなことだけでなく、仕事に満足し、会社にエンゲージしているかといった、もっと貴重な情報も得ることができます。また、eメールに感情分析を導入することによって、企業にとっては年1回の従業員調査よりもはるかに正確な情報を収集できますが、それはつまり、eメールモニターによる頻繁なアナリティクスが実施されるということです。米国では、そのような従業員のeメールデータの使用は州固有の法律の対象となる可能性がありますが、主として米国の従業員は、職場でのプライバシーに対する一般的な権利を持ちません。EUではもう少し厳しい状況です。そしてGDPRが施行される2018年からは、さらに強化されます。

　この章ですでに見たように、GDPRの下では、EU市民である従業員はプライバシーの権利を持っています。EUの従業員データの取得と使用に際しては、事前に彼らの同意を得なければなりません。これらの規則を無視する企業は大きな罰金を課せられます（潜在的な反発と企業の評判へのダメージは言うまでもなく）。しかしEUでも、正当な理由があれば、雇用主は従業員のeメール、その他の電子メッセージ、および勤務時間中に訪れたWebサイトの監視が可能です。2016年、勤務時間中にヤフーメッセンジャーでプライベートメッセージを送ったことを理由に解雇されたルーマニアの従業員が、雇用主を起訴し、欧州人権裁判所に異議を申し立てました[*7]。裁判所は雇用主の側に立ち、会社が就業中の従業員のコミュニケーションを監視することは不当ではなく、そのような監視の実施は、雇用主の正当な関心事であり、個人のプライバシーの権利を上回る、と判決を下しました[*7]。しかし、この決定によって、企業がモニターしたいという理由だけで、または従業員に告げることなしにコミュニケーションをモニターする自由裁量が認められたわけではありません。ここで重要なのは、裁判所が、雇用主の行動の「範囲と比率が限定されている」と判断したことです[*7]。言い換えれば、雇用主が従業員のコミュニケーションと活動をモニターすることができる正当性

は、会社のリソースに限定され、個人的なコミュニケーションに関する会社の方針に相応したものである場合のみということです。

業務上の目的であれば、電話もモニタリングできます。会社がカスタマーサービスやヘルプデスクのコールセンターを運営しているとすれば、これらの電話から収集したデータを使用してパフォーマンスを評価し、改善することができます。この場合、明らかに、顧客とコールセンターの従業員の両方から、電話モニターへの同意を得る必要があります。

これが人事チームにとって意味することは、スタッフのコミュニケーションをモニターするためには、プライバシーポリシーを明確にし、従業員に対して説明しなければならないということです。従業員ハンドブックによる明示、または契約を締結し、モニターすることについての従業員の同意を得なければなりません。eメール、インスタントメッセージ、Webサイトの使用状況などに関して収集しているデータと、モニターを実施する理由を明確にする必要があります。明確なビジネス上の理由がない場合、データ収集を行うべきではありません。また、明らかに非常に個人的で、業務とは関係がないと思われるメッセージについては十分に注意を払いましょう。基本的に、人事は会社の従業員のプライバシーとビジネスのニーズとの間のバランスをとるように努めるべきであり、常に行っていることの透明性を保つべきです。

6-3 ┃ 倫理的問題と透明性の必要性

法律を遵守するだけでなく、人事部門としても、そのデータ使用量を会社によって設定された倫理的範疇に収まるようにする必要があります。最近多くの企業が開放性と誠実さをその文化として強調していますが、データ・ドリブン人事戦略の活動がその文化に対抗してしまってはいけません。融通の利かない実装やコミュニケーションが不十分なデータプロジェクトは、良い影響よりはるかに多くの損害を与える可能性があり、潜在的に従業員の信頼と士気に重大な問題をもたらします。そのため、

データ・ドリブン人事戦略が、この側面についてごまかさないことが重要です。

　概して、私たちはすでに皆、収集され生成されている豊富なデータに慣れ親しんでいます。無料のオンラインeメールサービスに申し込むとき、私たちはそれらのeメールを読むeメールプロバイダーの権利を認めています。アプリを使用するときも、私たちの位置データを使用するプロバイダの権利を認めています。あるいは、私が着けているUpBandのように、活動量計を身に着けるとき、そのバンドが私たちの活動に関するあらゆる種類のデータを収集することに同意しています。意識しているかどうかは別にして、モノのインターネット（IoT）──すでに製品に組み込まれているセンサー──によって、私たちは、毎日の活動が追跡されることに慣れてきています。

なぜビッグデータ時代にこの透明性が依然として重要か

　長い間、私は、大規模なデータ収集活動に対しては、広範囲で反発が起こるだろうと期待とも言える思いを持ってきました。ときに、故意にプライバシーポリシーが曖昧であったり、倫理的に問題のある企業によるデータの悪用であったり、疑わしいデータの使用があったりといったことに対して苦情や抗議が行われてきました。しかし、カメラ、センサー、スマートデバイス、その他のデータ収集手段に慣れてくると、懸念が緩和され、人（従業員を含む）は、データを収集し、使用する社会に慣れてしまいます。しかしながら、これは、人々に関連するデータの生成または収集がタダになることを意味するのではありません。この章で強調したように、人事は、会社の従業員に関するデータを収集するための明確なビジネス上の理由を持たなければなりませんし、適切に伝えられなければなりません。私は、コンサルティングしたすべての会社に対して、「透明性を保つこと」を重要なこととしてアドバイスしてきました。どのデータが収集されているのか、その理由と使用目的を明確に従業員に知らせる必要があるということです。しかも、できる限りデータ

の利点を強調する前向きなトーンで…。

　上級役員層から現場の従業員まで、データを使用することに対する広範な人々の賛同を得ることが求められます。データの利用が会社と従業員にどのような利益をもたらすかを人々が理解して、初めて、データを使って共に働く環境が整います。Googleがメールをスキャンすることと引き換えに何億人もの人々が無料 e メールサービスを使うことに満足しているように、会社のデータ使用が職場環境の改善が目的であれば、従業員も満足する可能性が高いでしょう。

データ使用への賛同

　データ使用への賛同獲得における成功の可否は、もちろん、その利点をいかに伝えるかだけでなく、データ収集の理由と方法、どの程度データを使用するかということにも左右されます。

　データ使用が、従業員をより懸命に働くように仕向けるためや懲戒のために使われると受けとめられるならば、それは困難な戦いに直面することになります。そのような事態は、インテリジェントでデータ・ドリブンなHRではありません。インテリジェントHRとは、強権的文化を作り出し、従業員のトイレ休憩などを厳しくコントロールすることではありません。データ・ドリブン人事戦略は、会社を前進させ、会社の戦略的目標達成を支援することが目的であり、社内全員に利益をもたらすものでなければなりません。たとえば、センサーバッジの使用が、業務推進方法の改善や同僚同士のコミュニケーションの促進、顧客とのやり取りの向上などにつながり、従業員にとっても働きやすく、生産的で、かつ幸せな業務環境を作り出すことであるといったポジティブなメッセージであれば、従業員の賛同も得られるでしょう。

　第 5 章で紹介した銀行の例を覚えているでしょうか。Sociometric Solutionsはバッジを使用して、休憩が単独であるよりも、人と一緒であったコールセンタースタッフの方がよりよいパフォーマンスを発揮していることを発見し、この洞察に基づいてグループ休憩を設定し、チー

ム全体が恩恵を受けた例です。関係する従業員と会社全体に付加価値を
もたらしました。これこそが、データ使用に関する重要ポイントです。
透明性は不可欠ですが、従業員にとっての付加価値が大切です。より良
い労働環境、より効果的なマネジメント、より安全な環境など、彼らの
データが使われることに対する対価として、彼らにとって価値のあるも
のが得られると感じられることが、従業員にとっても喜ばしいことにな
るでしょう。

　同じように、私は、活動量計Up fitness band（アップフィットネス
バンド）の製造元であるJawbone（ジョーボーン）が、私の睡眠パター
ンを分析しても構いません。なぜなら、それによって、私は、私の健康
状態をリアルタイムにモニターできるからです。私は、そのデータを
時差から早く回復するためにも使っています。出張の際に役立っていま
す。私は、Jawboneが私のデータを収集していることを気にしませんが、
Jawboneがそれらのデータを使って何をしているかを知りたいとも思い
ます。そのデータが必ずしも個人を特定するために使われるのではなく、
他の人々からも同じように収集されたデータの集約からさらなる事実を
理解するのに役立つのであれば問題はないと考えています。たとえば、
Jawboneが収集した睡眠データから、睡眠がさまざまな要因によってど
のような影響を受けるのかを明らかにし、私たちの睡眠の総合的な理解
を深め、不眠症の改善などにつながるのであれば多くの人を助けること
につながります[* 8-10]。

　したがって、データ・ドリブン人事戦略で成功するための鍵は、収集
したデータをどのように使用するかをオープンにし、倫理的に機能し、
データ使用の対価として従業員にとって真に価値あることを提供するこ
とです。価値を提供することができ、事例（ビジネスケース）をつくる
ことができ、データが匿名化されていて、個人と情報を関連付ける個人
的なマーカーがない場合、ほとんどの人が満足するでしょう。

　（詳細はこの章の後半で触れます。）

データの民主化と透明性の促進

データの透明性のもう1つの側面は、可能な限り組織内の人々とデータを共有する、データの民主化です。これはいくつかのレベルで機能します。

まず、特定のパフォーマンス関連データが会社全体にわたって、その意思決定の改善に役立つのであれば、それらのデータを必要とする人々がそれにアクセスできることは理に叶っていると言えるでしょう。

第2に、データを共有することは、よりオープンな文化を促進し、ひいてはより大きな賛同の獲得を促進します。適切なデータガバナンスポリシーを設定し、データから恩恵を受けられる事業分野があるのであれば、関連するデータを共有することは、双方にとって有益なこととなるでしょう。共有は、視覚化レポート形式とその洞察を共有するのと同じくらいの容易さで可能です（たとえば、採用分析やコンピテンシー獲得分析からの洞察を雇用側のマネジャーと共有する）。これはつまり、会社全体の人々が自分の仕事に関連するデータにアクセスし、調査し、操作することを可能にするダッシュボードやデータレポート作成ツールに、投資することを意味します（たとえば、ラインマネージャーが従業員満足度の年次調査結果を待つのではなく、部下の満足度の現状についてのパルスサーベイ結果へのアクセスができるようにすること）。

6-4 | セキュリティとデータ保護

データ・ドリブンまたはインテリジェントHRで重要なのは、データが安全でさまざまな脅威から適切に保護されていることです。

データ侵害の壊滅的な影響

データ侵害は、訴訟費用および金銭的補償、ならびに会社の評判に与

える損害という点で、多大な企業の損失につながります。最近では、大
規模な個人データの紛失や盗難が一週間も報告されないというようなこ
とはほとんどありません。ニュースの見出しに大きく報道されるのは、
従業員データというよりも、顧客データやユーザーデータに焦点が当た
る傾向があります。その一例が、2015年のAshley Madison（アシュレ
イ　マジソン）のハッキングです。このウェブサイトは、既婚者のデー
トサイトです（独自のキャッチフレーズは「人生は短い。出会いを求め
ましょう」）。2015年、ハッキングによる3200万人のサイトのメンバーの
個人情報（名前とeメールアドレスを含む）の流出を発表しました[*11]。

　この例が興味深いのは、おそらく一般大衆が貧弱なデータセキュリテ
ィの社会的影響（経済的または政治的影響とは対照的に）の可能性を初
めて知ったことです。しかし、このきわどい例でさえ、将来起こる可能
性のある違反と比較すると、無意味なものに見えます。

　たとえば、Googleは、人々が彼らのサービスに入力した情報から、ど
のように人々のプロフィールを構築するかを学ぶことに専念してきまし
た。 実際には、できるだけ多くのデータを取得できるよう、私たちに
できるだけ入力させるようにサービスを調整してきました。電話は常に
私たちの位置情報を報告します。音声認識システムは、私たちの声によ
るコマンドを録音、蓄積し、私たちの感情状態とストレスレベルへの洞
察を分析します。結果として、私たちは、Googleに対して彼らが何をす
べきかを教え、それによって、彼らの主目的が満たされるのです。私た
ちの多くにとって、このようなデータセットが存在すること自体、十分
に怖いことに思えますが、それが間違った手に渡った場合の結果は壊滅
的なものになる可能性があります。この規模でのデータ漏えいの影響を
考えるだけでも、あらゆる企業がデータセキュリティを非常に真剣に受
け止めなければならないことを示唆してくれます。

　顧客のクレジットカード情報とは違って、従業員関連データを盗むこ
とには、誰も興味がないだろうと思っている場合は、もう一度考えてく
ださい。いかなる情報でも、個人を特定できる情報が含まれている場合、
あらゆる種類のデータに価値がある可能性があるのです。平均的な人事

チームがアクセスできるデータの種類について考えてみましょう。名前、住所、パスポートまたはID番号、銀行口座の詳細、雇用履歴、健康情報など。もし悪人の手に入れば、会社の従業員にとって破壊的で不便になるというだけでなく、雇用主としてのブランドもひどく傷つけます。

IoTの脅威を頭の片隅に入れておく

IoTと拡大を続ける接続デバイスのネットワークは、セキュリティに関する新たな問題を提起しています。コンピュータを安全に保つ必要があるという考えは、現在ではごく一般的になっていますが、スマートデバイスやその他のIoT対応製品ではあまり一般的ではありません。活動量計（フィットネスバンド）、機械のセンサーなどのようなIoTデバイスの爆発的な増加に伴い、企業はハッキングに対してより脆弱になりつつあります。コンピュータに適用される予防措置と同じレベルの予防措置がスマートデバイスにも適用されるべきであると多くの人が現在主張しています。

理論は単純です。データが欲しい侵入者にとって、より多くのデバイスがあればより多くの攻撃方法があることを意味します。その方法と理由はもう少し複雑です。たとえば、攻撃者がスマートサーモスタットを操作することによってどのような利益が得られるでしょうか？

さて、いたずら（それは確かに多くのIoTハッキング活動の主な動機ですが）を引き起こすことは別として、ハッカーは、ネットワークの脆弱性を利用し、それを悪用して、一攫千金を狙っています。重要な情報や貴重な情報を保持する可能性がはるかに高いパーソナルコンピュータまたは電話などの他のデバイスにアクセスするためのものです。

もう1つの攻撃の対象は、障害の偽装です。ハッカーによって設計されたサービスコールへのアクセスやソフトウェアパッチをダウンロードするように促します。これらのソフトウェアパッチは、故障を装わせた器具を介してネットワーク上の他のデバイスにアクセスするように設計されたマルウェアです。

さらにもう１つの潜在的な危険は、ランサムウェアです。これらのウイルスをコンピュータに感染させ、身代金が支払われない限り、貴重なデータを使用できないようにします。

　シマンテックの研究者たちは、この種のウイルスは、あるデバイスから別のデバイスに広がるようにプログラムされており、ユーザーを自分の携帯電話からロックアウトして、腕時計へ侵入します。その手口は、将来は車、冷蔵庫、または家全体に侵入する可能性があることを示しました。また、製造者がパッチを適用するのと同等の速度で毎日新しい脆弱性が発見されているため、IoT関連のデバイスを使用してデータを収集する人事チームは、セキュリティを非常に重視する必要があります。

HRデータにとって何を意味するのか

　もちろん、人事部門は、会社によって設定されたデータガバナンスとデータセキュリティのガイドライン、および法律の範囲内で活動する必要があります。 GDPRは、データ保護と違反が発生した場合の対処法について厳格な規則を設定しているため、この問題への対処、組織内のGDPRの専門家に相談することが重要です。多くのデータを生成することのマイナス面は、何者かによって盗まれる可能性のある多くのデータの存在そのものが、組織に新たな脆弱性を生むことです。スポーツの世界は、人事チームに、データとともに歩む将来の道を明確に示しています。データは現在ほとんどの主要スポーツに完全に埋め込まれており、アスリートのパフォーマンス、健康、食事などのあらゆる側面を詳細に追跡することが一般的になっています。これまでになく大きな知見を得られるスポーツやチームへの恩恵には素晴らしいものがありますが、暗い側面もあります。それは、データが悪意のある人に渡ってしまうことです。

　たとえばＦ１は、データを非常に重視しており、スポーツプロフェッショナルと同様に、チームは事実上テクノロジーチームです。 Ｆ１の脅威レベルは非常に高く、チームはデータの盗難やマルウェアへの感染

による損失を被ってきました。ラグビーやフットボールなどのローテックスポーツでも、アナリストはゲームのほとんどすべての側面を分析しています。プレーヤーはGPSトラッカーを身に付け、行っているすべての動きがモニターされ、トレーニング中に大量のデータが生成されます。この情報が悪用された場合、深刻な競争上の影響が生じます。そのため、チームはデータを保護するための対策を講じています[*12]。

　人事関連のデータはＦ１チームのデータほど価値がないかもしれませんが、重要です。つまるところ、これらはCEOから現場のスタッフまでを網羅する個人データであり、他の経営資産と同様に保護する必要があります。

6-5 | すべてをまとめた優れた データガバナンスへ

　これまで、データを扱う上での驚くような落とし穴を明らかにしてきました。しかし、これらの落とし穴は管理でき、かつ軽減できます。では、どうやって？

　その答えは、優れたデータガバナンスを実行することにあります。一言で言えば、データガバナンスとは、データの全体的な管理とケアのことです。セキュリティを含むデータのユーザビリティとの整合性（データ品質を保証することと同時に、必要に応じてデータを使用することへの個人の同意を確認すること）をカバーします。優れたデータガバナンスを実践するということは、データ関連活動のあらゆる側面に関する道徳的および法的要件を認識しており、法律に違反していないこと、オープンかつ倫理的で透明な方法で運営を確実にすることを意味します。データガバナンスにはまた、誰がデータにアクセスできるのかと、誰にデータの品質と正確性を維持する責任があるのかを正確に判断するためのポリシーの確立も含まれます。

　常にデータを大切にし、それらを価値ある資産として扱うことに重点を置くべきでしょう。

第
6
章

潜在的な落とし穴：データプライバシー、透明性、およびセキュリティ

163

データガバナンスプログラムの策定

　肝要なことは、データガバナンスを進める上で、データをビジネス資産の１つとして管理するということです。

　従業員のマネジメントを容易にするためのプロセスや仕組みや制度が整っているように、データにも同じことが当てはまります。すでに組織にはデータガバナンスポリシーが設定されている（そして実際に設定されているべきですが）と仮定すると、インテリジェントなHRアクティビティは、そのポリシーの範囲内で機能する必要があります。また、人事部固有のさまざまなデータガバナンスポリシーを整備する必要もあるかもしれません。

　組織内にあるさまざまな人に関連するデータの所有者は誰か、データ管理の多様な側面について責任を負うのは誰かが正確に定義されなければなりません。誰がデータの正確性を負うのか、誰がデータへのアクセスを制御するのか、誰がデータ更新の責任を負うのかを検討します。また、データガバナンス、品質、プライバシーの問題に関して社内調整を実施するために、各部門からデータスチュワードやデータチャンピオンと言った執行担当者を任命してもらう必要もあるでしょう。

　優れたデータガバナンスプログラムは、データの使用方法についての明確な手順を示します。また、人々に関連するデータとそれらのデータに接触するすべてのスタッフが、こうしたデータに関するプライバシーと権限の問題を認識していることを確認する必要があります。もともと同意を得たこと以外の目的に個人データを使用することはできないことを確認しておきましょう。社内および人事チームの人々がこのことを知り、完全に理解していることは極めて重要です。

　この章で見たように、個人データの悪用に関して、法律がきつく取り締まっており、罰金は莫大になる可能性があります。

同意の獲得を確実にする

　適切な同意を得ることは、優れたデータガバナンスの重要な部分であり、GDPRの実装では、厳格な法的要件です。したがって、従業員の個人データを取得し、保存し、分析しようとするときはいつでも、最初に許可を求めなければなりません。そして、個人に同意を求めるときは常に、あなたがどのデータを必要とし、何をするつもりであるかを説明し、その使用についての明白な同意を得ることが不可欠です。その後、他の目的にデータを使用したい場合は、追加の同意が必要になります。

データ最小化の実践

　私はかねてから、多くの企業が、簡単に収集できるデータの分析に時間をかけ過ぎているのではないかと懸念しています。たとえば、椅子に座ったときに彼らがしたことや他人とのやり取りの質といった有意義な定性的測定ではなく、どれだけ椅子にすわっていたかとか何人の人とやり取りしたかといった単純なデータの分析です。このような状況を踏まえ、人事チームがデータ最小化の慣行に従うことは重要です。基本的に、非常に重要なデータ、つまり会社にとって有意義な改善に寄与し、価値を付加するのに役立つデータのみを収集することです。

　私は、一部の企業で採用されている「あらゆるデータを集め、後で分析する」というアプローチは、過去のものにすべきだと確信しています。リスクがありすぎます。特にGDPR法に照らし、潜在的な盗難や漏洩の可能性がある個人データは、会社や従業員にとってのセキュリティ上のリスクと考えるべきです。だからこそ、私は、「ビッグデータ」についての話でも、必要な洞察を得られるのであれば、「より少ないデータで可能なことのほうがより良い」というアプローチに大いに賛同するのです。規制が厳しさを増す中で、役に立つことが判明するいつかに備えて、大企業ができる限りのデータを収集する日々、またはAmazonのCEO、Jeff Bezos（ジェフ・ベゾス）的な「データを捨てることは絶対にあり

ません」 [*13] という考えは遠い昔です。これは費用のかかるアプローチであるだけでなく、収集するデータが多いほど、データの保存と分析に投資する必要があるため、法的な問題が発生する可能性すらあります。

　GDPRは、収集した個人データについて「それらのデータは、目的に適切で、関連性があり、必要なものに限定して処理されなければならない」と主張しています [*14]。つまり、目的を果たすためだけの最小限の個人情報の収集と保管を意味します。これこそまさに「データ最小化」という言葉が意味することであり、個人情報の収集は、特定の目的達成に直接関連し、必要なものだけに限定することが重要です。特にIoTが成長し続けるにつれて、組織は増え続ける個人的かつ個人を特定できる多くの種類のデータ収集方法があることに直面しています。

　「すべてを保存する」アプローチではなく、優れたデータ・ドリブン人事戦略アプローチをもって、データ最小化ポリシーを採用し、必要なものだけを収集して保存する必要があります。最終的に、データの収集と保管にはお金がかかりますが、世界的に、人事チームには、かなり限定的な予算しかありません。加えて、多すぎるデータ（特に個人を特定できるデータ）は大きなリスクをもたらします。機密性の高い個人情報の大規模な漏洩は、企業の評判を容易に破壊し、裁判沙汰になることさえあります。しかも、あなたが失ったデータがそもそも必要の無かったデータであったとしたならば、それがどれほど痛ましい結果であるかは容易に想像することができます。

匿名化データ

　絶対に特定のデータを収集する必要がないと判断した場合、リスクを最小限に抑えるための1つの優れた方法は、可能な限りデータを匿名化することです。これは、データを保存して分析する前に、当面の作業に不必要な個人識別マーカーを削除することを意味します。たとえば、活動量計（フィットネスバンド）を着用している間にJawboneが収集する各個人のデータは集約されますが、データを分析する際、個人とデータ

をリンクするマーカーは削除されます。

　たとえば、あなたが将来の採用決定のために、営業担当者のパフォーマンスを分析して優秀な営業担当者の主な特徴を特定しているとします。この場合、あなたが本当に目指しているのは、セールスチームのための最高の人材（タレント）を雇うことであり、採用プロセスから推測や思い込みを取り除くことです。それが目標である場合、収集したデータに個々の営業部員を識別することは、本当に必要でしょうか？　そうではありません。明らかに、データを匿名化することが望ましいケースです。また、データが個人にリンクされる必要がある時もあるでしょう。このような場合は、暗号化やその他のデータ保護対策など、その情報を保護するために必要な対策を講じることが重要です。

データ保護と安全

　この章で概説されているように、データ侵害の影響を考えると、データ・ドリブン人事戦略では、データセキュリティ、つまりデータの損失や侵害防止策を考慮に入れることが不可欠です。

　個人データを扱うとき（個人を識別することができるデータはもちろんのこと）、私たちはそれらを保護する責任があり、それらのデータが確実に安全であるための対策を講じる必要があります。データを保護し、データの侵害を防ぐために、あらゆる企業が実行できる明白な保護手段があります。そのような対策には、データの暗号化、違反が発生している間に違反を検出して阻止するためのシステムを整備すること、および決して情報漏洩を許す事がないようにスタッフをトレーニングすることです。データセキュリティは専門分野であり、組織の内外を問わず、データセキュリティの専門家に相談することをお勧めします。

重要なポイント

　この章では多くの情報を取り上げました。データプライバシー、セキ

ュリティ、およびガバナンスは、ビッグデータのドライで、あまり面白くない側面の1つであることを重々承知の上で、以下にこの章で取り上げたことのポイントをまとめてあります。

- 2018年5月発効の新しいEU規制——GDPR、または一般データ保護規制——はEU市民のデータ保護とプライバシーの権利を強化しています。

- 法的な考慮事項と同様に、人事チームはデータの使用を会社の倫理的な境界内に収める必要があります。これは、一般に、収集するデータとその理由について従業員にオープンであることを意味します。

- データ侵害は、訴訟費用および金銭的補償、ならびに企業の評判に与える損害の点から見て、事業に多大な損失をもたらす可能性があります。

- データガバナンスとは、データのユーザビリティー（有用性）と整合性（つまり、データが高品質であり、必要に応じてデータを使用することに同意していること）およびセキュリティを含む、データの全体的な管理並びに安全を指します。

- 優れたデータガバナンスの実施において、適切な同意を得ることは、極めて重要な事項であり、GDPRの実装は、厳格な法的要件です。

- 人事チームはデータの最小化を実践する必要があります。これは基本的に、非常に重要なデータ、つまり会社にとって意味があり、組織価値の向上に役立つデータのみを収集することを意味します。データも可能な限り匿名化すべきです。

- データを保護し、侵害を防止するための対策には、データの暗号化、

侵害が発生している間に侵害を検出しさらなる侵害を阻止するシステムの整備、および不正行為を防止するためのスタッフのトレーニングを含みます。

　透明なプライバシーポリシーと優れたデータガバナンスプロセスを整え、最新の規制をキャッチアップすることで、人事チームがデータを最大限に活用できるようにしましょう。次の章では、人事チームがそのさまざまな人事機能において、どのようにデータを活用することができるかの実際について説明します。最初に、データ・ドリブン型の採用について見てまいりましょう。

第6章脚注

1　EUGDPR [accessed 23 October 2017] GDPR Portal: Site Overview [Online] http://www.eugdpr.org

2　Mason, P (2015) [accessed 23 October 2017] The Spotify Privacy Backlash: What Is My Personal Data Really Worth? [Online] https://www.theguardian.com/commentisfree/2015/aug/23/the-spotify-privacybacklash-what-is-my-personal-data-really-worth

3　Ek, D (2015) [accessed 23 October 2017] Sorry [Online] https://news.spotify.com/us/2015/08/21/sorry-2

4　Marr, B (2016) [accessed 23 October 2017] Big Data: How a Big Business Asset Turns into a Huge Liability [Online] https://www.forbes.com/sites/bernardmarr/2016/03/09/big-data-how-a-big-business-assetturns-into-a-huge-liability/#5a5aa8917761

5　Sayer, P (2015) [accessed 23 October 2017] EU-US Safe Harbor Agreement Is Invalid, Court Rules [Online] http://www.cio.com/article/2989732/eu-us-safe-harbor-agreement-is-invalid-court-rules.html

6　PrivacyTrust [accessed 23 October 2017] Privacy Shield Certification [Online] https://www.privacytrust.com/privacyshield

7　Collins, E C, Ornstein, D and Tarasewicz, Y (2016) [accessed 23 October 2017] European Court of Human Rights Rules Employers Can Read Employees' Emails [Online] http://www.internationallaborlaw.com/2016/02/09/european-court-of-human-rights-rules-employers-canread-employees-emails

8　Wilt, B (2014) [accessed 23 October 2017] In the City That We Love [Online] https://jawbone.com/blog/jawbone-up-data-by-city

9　Goode, L (2013) [accessed 23 October 2017] Men Sleep Naked and Other Useful Stuff Jawbone Up Can Tell Us [Online] http://allthingsd.com/20131023/men-sleep-naked-and-other-useful-stuff-jawbone-upcan-tell-us

10　Mandel, E (2014) [accessed 23 October 2017] How the Napa Earthquake Affected Bay Area Sleepers [Online] https://jawbone.com/blog/napa-earthquake-effect-on-sleep

11 Hackett, R（2015）[accessed 23 October 2017] What to Know about the Ashley Madison Hack [Online] http://fortune.com/2015/08/26/ ashley-madison-hack

12 Marr, B（2017）[accessed 23 October 2017] The Big Risks of Big Data in Sports [Online] https://www.forbes.com/sites/bernardmarr/2017/04/28/the-big-risks-of-big-data-in-sports/2/#4ea1879a6809

13 Davenport, T H（2014）[accessed 23 October 2017] What It Takes to Succeed with Big Data [Online] http://data-informed.com/takessucceed-big-data

14 Gabel, D and Hickman, T（2016）[accessed 23 October 2017] Chapter 6: Data Protection Principles – Unlocking the EU General Data Protection Regulation [Online] https://www.whitecase.com/ publications/article/chapter-6-data-protection-principles-unlockingeu-general-data-protection

＊T1（翻訳者注釈）：日本の場合個人情報保護委員会に法令やガイドラインが掲載されています。https://www.ppc.go.jp/personalinfo/legal/

データ・ドリブン
採用

Data-driven recruitment

採用は、特にデータが豊富な人事分野の１つです。また、多くの変化を遂げた分野でもあります。特にLinkedIn（リンクドイン）やGlassdoor（グラスドア）のようなプラットフォームのおかげで、今ではあらゆる雇用企業が、企業規模に関係なく、貴重なビッグデータにアクセスできます。ビッグデータを理解し活用する人事は、今後数年間で最も採用に成功し、採用活動において最大のROIを獲得し得るでしょう。

　この章全体を通して見ていきますが、候補者の評価・選定の自動化とともに、職場におけるデータと自動化をマネージできる適切なスキルを持った人材を採用する必要性など、自動化はインテリジェントな採用をする上でより大きな懸案事項になってきています。インテリジェントなデータ・ドリブン採用には３つの重要な要素があると考えます（**図7.1**参照）：

- 企業ブランド力を高める。
- 最良の採用チャネルを特定する。
- 自社に最も適した人物像を定め、評価する。

　これらのトピックだけで本を１冊書くことができてしまうくらい物事は急速に発展しています。しかしこの章では、これら３つの要素を順に見ていき、データが採用活動を促進するために役立つ主な方法のいくつかを見定めていきます。データがどのように人事チームの業務を変革させてきたかについては、革新的な実例を章全体に（そして実際にはこの本全体に）示しています。

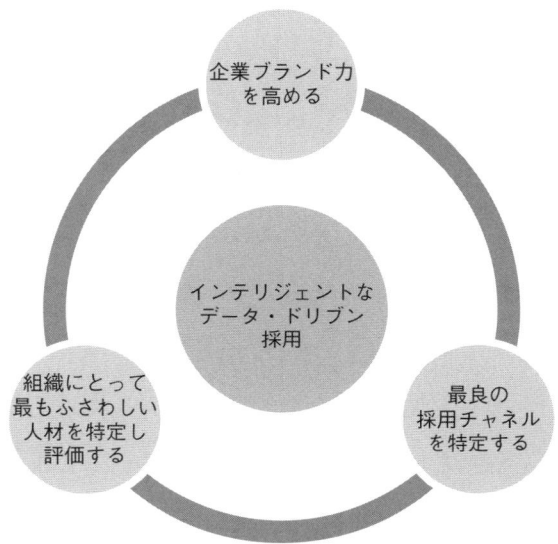

図7.1　インテリジェントなデータ・ドリブン採用

7-1 | 企業ブランド力を高める

　企業ブランドとは、人々（現在、過去、そして潜在的な将来の従業員）があなたの会社を雇用主としてどのように見なしているかを表すものです。マーケティング部門の同僚が口をそろえて言うように、顧客（この場合は従業員）を引き付けて維持するためには、ブランドは不可欠です。実際、企業ブランドは、会社全体、サービスまたは製品ブランドと完全に結びついています。

　たとえば、会社としては倫理重視の製造企業としてのメッセージを発している一方、従業員が倫理問題に疑問を呈しているなど、両者が異なるメッセージを発信している場合は、優秀なタレントを引き付けるのに苦労するかもしれません。

　最近Risesmart（ライズスマート）社が出した論文によると、失業者

の70％近くが疑わしい評判のある企業には就職したくないと述べています[*1]。また、同報告書には、84％の既就業者が、現在の仕事を辞め評判の高い企業への転職を検討しているとも書かれています。給与増加率が10％未満であってもです。企業ブランドは、自社がどのような会社であるのか、何を支持しているのか、自社の一員であることがどのようなものか、そして他企業との違いは何かといったことを従業員に伝えるものです。採用という点で企業ブランドを作るときの考慮点は、どんなタレントを引き付けたいかでしょう。あるいは、どのような人が自社の文化や目指していることに最も適しているのかと言い換えることもできます。

企業ブランドを評価する

　企業ブランドを特定したのち、ブランドイメージと実体が一致しているかを確認する必要があります。データが必要となるのはこのときです。雇用としての企業ブランドは定期的に検証するべきです。インタビューやアンケート調査、ソーシャルメディアへの投稿に対して感情分析を実施することによって、企業ブランドがどれほど成功しているかを確かめることができます。そして自社がリストラなどの大規模な組織変革を経験したあとには、その変化がブランドに与えた影響を評価することが必要です。変化前、変化中、変化後の感情を調査することによって、重要な本質を見いだせます。それは変革期のマネジメントを支援し、ポジティブな企業ブランドを維持する助けとなる情報を提供するでしょう。

従業員が何を考えているのかを知る（現在とそれ以外）

　ネット・プロモーター・スコアという言葉を聞いたことがあるかもしれません。これは、営業部門やマーケティング部門で一般的に使用される主要パフォーマンス指標（KPI）であり、顧客がその企業のサービスや商品をどの程度喜んで他人へ推奨するかを評価する指標です。データを使用して、同様の考え方は雇用者としての企業ブランドについても適用することができます。確かに、「どの程度自社を勧めますか？」とい

う質問は従業員調査によくある項目です。今では、多くの企業が、年に一度の従業員の「温度差」の測定よりも、「パルスサーベイ」を使用しています。これは、ある簡単な質問を毎週、毎月または四半期ごとに実施するものです。

　この種の調査が本当に有用であるためには、回答は匿名でなければなりません。否定的な回答をすることによって、自分に悪影響が及ぶと感じてしまったら、従業員は正直な回答ができません。

　確かな企業ブランドを作り、維持することは、単に現在雇用している従業員を幸せにしつづけることだけではありません。外部の人にとってどれほど魅力的な企業として映っているかについても同様なことが言えます。

　Glassdoor[T1]のようなソーシャルメディアを基盤とした雇用企業に対するレビューサイトは、元従業員からの企業ブランド評価情報を得るのにも役立ちます。ある退職と転職に関する調査によると、従業員解雇後にソーシャルメディアやレビューサイトを利用することは、3年前よりも多くなっていることが示されています[2]。大規模な組織再編のために、多くの従業員が段階的に過剰人員とみなされる職場におけるリストラの進展をモニタリングするには良いかもしれませんが、本来、これは解雇した従業員だけをターゲットにするものではありません。自発的な転職に伴って会社を辞めた人からのフィードバックこそ、企業ブランドに対する人々の認識に重要な洞察を与えるでしょう。

企業ブランドを魅力的にするものは何か

　働く人、就職を考えている人にとっての会社の魅力は何でしょうか。または既存の従業員が自社を推薦する要素には、どのようなものが考えられるでしょうか。給料？　柔軟な働き方？　データによると、答えは「いいえ」です。

　Human Resources Today（ヒューマンリソーストゥデイ）が、6,000社、220万人以上の従業員からのGlassdoorデータを分析したところ、企業ブランドに関する興味深い結果を得ました[3]。従業員が自分の会社を

職場として推薦するかどうかに影響する最大の要因は、「文化と価値」です。実際、「文化と価値」に対する従業員の評価は、「給与と福利厚生」より約5倍も企業の推奨要因に寄与していることが分かりました。35歳未満の人々の中で、「キャリアの機会」は、企業ブランドのトップ・ドライバーでした。これは、企業が給与や福利厚生と同程度、あるいはそれ以上に、企業文化や従業員の育成を考慮しなければならないことを示しています。給与や福利厚生が企業のブランドに影響を及ぼさないと言っているのではありません。人々が会社において、家にいるように安心して働きたいと思っていることは明らかです。そして、企業の文化を楽しみたい、自分の勤め先を誇りに思いたい、良い成長の機会を通して自身の働く人材としての能力を評価してもらいたい、と望んでいるということです。これらはすべて、企業ブランドを高める要素であり、そのブランドが組織外の人々からの認知を得る際に注目される要素です。

企業ブランドのプロモーション

ブランディングのもう1つの重要な要素は、潜在的な従業員（就職希望者）間における企業ブランドの注目度を高めることです。これは特に、テクノロジー企業のように競争の激しい業界にある企業や有能な人材を引き付けるのに苦労しているような場合などは、やってみる価値があります。強力な企業ブランドは、就職希望者に対して、自社で働くことの明確なイメージを与えることができます。

既に見てきたように、企業ブランドは、就職を考える人材にとって給料や福利厚生よりも重要であることが多く、給与で競うことができない企業にとっては素晴らしい方法かもしれません。革新的な組織によっては、バーチャルリアリティ（VR）のようなデータ関連技術を活用し、自社で働くイメージを持ってもらえるよう、360度のビデオを提供したりしています。これにより、企業文化や日常におけるオフィス生活を感じてもらい、候補者を魅了しようというものです。

私の最近のお気に入りの一例は、米国の大学フットボールチームとい

うありそうもない世界から来ています。ミネソタ大学（UM）のゴール
デン・ゴーファーは、滑らかな映像のVR経験を使用して、欲しいと思
う選手との契約にこぎつけています[*4]。チームのVR上の競技場は、
Google cardboard（グーグルカードボード）他のVRゴーグルを使用し
て見ることができます。さらに、練習や試合、トレーニングの風景、重
要なUMキャンパスの経験、街での生活、さらにはミネソタ州の天候も
見られます。「ゴールデン・ゴーファーのある一日」として説明されて
おり、VR中のUM生活に候補者を没頭させ、チームの一員になること
がどういったものかについて説得力のある説明になっていると言われて
います。

　大学フットボールという競争の激しい世界では、小さなチームと契約
を結ぶことの利点を際立たせて伝えることは困難です。VRはこの困難
を克服するための方法と言えるのではないでしょうか。だからこそ、
VRが急速に大学の採用担当者の間で人気のツールになってきているの
です。そしてこの傾向は、企業にも徐々に浸透する可能性が高いのでは
ないか、と私は考えています。

7-2 | 最も効果的な採用チャネルを特定する

　多くの企業は、新聞、ヘッドハンター、ソーシャルメディアキャンペ
ーン、LinkedIn（リンクドイン）の検索など、さまざまな求人チャネ
ルを組み合わせて使用しています。異なるチャネルの活用は、業態の違
いや同じ企業内でも異なるポジションなどの採用を考える際に効果的に
作用します。しかし、採用チャネルの多様性を考える際には、どのチャ
ネルが最大の投資収益率（ROI）をもたらすかを知ることが重要です。
コンサルティングの経験から、私は、クライアント企業の採用費用の約
50％が無駄になっていると見積もっています。採用を促進していないチ
ャネルはないかを検証し、最も価値があると思われるチャネルに集中す
べきではないでしょうか。

求人費に見合う最大の価値を得る

　データを使うことの長所は、採用チャネルをテストし、それらの成功率を測定できるところです。最近では、多くのことを詳細に測定することが可能です。ですから、異なるチャネルからのコンバージョン率がどれほど上がったか（質ではなく量を表すだけ）といったありのままの指標に焦点を当てるのではなく、特定のチャネルからの候補者に対してどれだけのオファーが行われたかといった、より価値のある指標も検討できます。これを応用すれば、特定の役割において最も成功している従業員を検証し、彼らがどのチャネルからの採用であったかを正確にたどることさえできます。ポイントは、適切な求人目標を立て、採用したいと思う人々に確実にリーチできるように貴重な資源を使うことです。

　その好例が、Marriott Hotels（マリオットホテル）にあります。ご存知のように、世界中で何十万もの人々を、清掃や管理といった多様な職種で雇用しているホテルチェーンです。Marriott（マリオット）は、素晴らしいソーシャル・リクルーティング戦略を立てており、ソーシャルプラットフォームを利用した求人を、Facebook社自身よりも効果的に使っていると言われています[*5]。Marriott Hotelsは、Facebook上で最大の求人ページを持っています。この原稿を書いている現時点で、1,100万人の「いいね」がついており、毎週5万人がこのページにアクセスしています。このページには求人中の仕事がリストされていますが、ホテルの舞台裏を映した写真やビデオを通して、Marriott Hotelsで働くことがどのようなものかが素晴らしい形で示されています。Facebookページではまた、チームや従業員の業績達成を祝ったりもしています。おそらく、もっと重要なことは、「いいね」やコメントを通じて、従業員が絶えず関わり合うことを積極的に奨励していることです。これは双方向で、Marriottはコメントに返答しています。すべての取り組みは、ユーザーをMarriottの企業ブランドに引き付け、Marriottが憧れの職場として注目を集まるように設計されています。Marriottは交流を通して構築される憧れの上に成り立っており、そして、その憧れがユーザーの

求人探しや応募を促しているのです。

　Marriottのようなホスピタリティビジネスが、古典的な「人との交流が好きな人（People Person）」を、Facebookを通じて引き付けたいと望むのは理にかなっており、FacebookがMarriottにとって最適なソーシャル・リクルーティング・チャネルである理由です。これが、マーケティング担当者や弁護士といった専門職の関心を引きたいという場合は、おそらく適しているのは、LinkedIn（リンクドイン）でしょう。これは、求人チャネルを最大化しようとしているすべて会社にとって「採用したい人々のタイプに最も使われるチャネルを選択しよう」という教訓ではないでしょうか。Facebookでの成功をもとに、Marriottは従業員候補となりうる人材（潜在的な従業員）がホテルの運営方法を学べるオンラインのFacebookゲーム（Farmville：ファービルなど）も作成しました。

　My Marriott Hotel（マイマリオットホテル）と呼ばれるこのゲームでは、プレイヤーがホテルの運営に関わるすべてのことを体験できます。たとえば、ゲストを快適に保つ、キッチンを管理する、ルームサービスを提供するなどです。ゲストの満足度が高ければ高いほど、プレイヤーのスコアは高くなります。このゲームが生まれた背景には、中国やインドの市場で17〜24歳あたりの年齢層の若者をより採用しやすくしようという狙いがあります[*5]。この層は、多くの時間をソーシャルメディアでのゲームに費やしていると言われています。伝えられるところによれば、このゲームは非常に成功しているそうです。応募見込みのある人材を引き込み、オファーしている仕事の体験を提供する新しいアプローチを示していると言えます。

新規採用チャネルの特定

　優秀な人材を採用するための競争が非常に激しい分野では、求人という枠の外側まで少し考えを広げ、人材を採用するためのまったく新しいチャネルを探す必要もあるかもしれません。データ・サイエンティストは、あらゆる業界で非常に求められている職種の1つですが、ビッグデ

ータを処理するために必要なスキルを持った人は十分にはいません。

　Gartner（ガートナー）の研究者が最近行ったある調査では、アンケート調査を受けたビジネスリーダーの半数以上が、適切な人材がなかなか見つからないために自社の分析力が制限されていると回答しています[*6]。この問題を乗り越えるために、Walmart（ウォルマート）社は「創造的」になることを決意しました。伝統的なチャンネルで宣伝するのではなく、クラウドソーシングの分析コンペティション・プラットフォーム、Kaggle（カーグル）を使って必要なタレントを見つけることにしました[*7]。Kaggle[*8]では、「自称データ・サイエンティスト」の集団が、企業から提供された分析問題に自分のスキルを使って解決策を導き出します。最善の解決策の設計者には、時に財政的な恩恵——この場合は、Walmartでの仕事——が受けられます。候補者には、サンプル店舗からクリアランスセールや値下げといったセールイベントに関する一連の過去の売上データが提供されました。彼らには、これらのイベントが多くの部門にまたがる売上に、どのように影響するかを示すモデルを考え出すことが求められました。その結果、何人かの人々が分析チームに採用されました。翌年には再びコンペが開催され、候補者は天気がさまざまな製品の売り上げに与える影響を予測するよう求められました。

　Walmartテクノロジー部門のシニア・リクルーターであるMandar Thakur（マンダール・タクール）氏は、次のように述べています。「Kaggleのコンペによって、Walmartと当社のアナリティクス部門が話題になりました。ウォルマートが大量のデータを生成し、保持していることはよく知られていましたが、このコンペによって私たちがどのようにして戦略的にその大量のデータを使っているのかを多くの人に知ってもらえたことが一番良かったことです」[*7]。

　Thakur氏が言ったように、クラウドソーシングによるアプローチによって、従来の履歴書のみに基づいた面接では検討されなかったような人を採用するという面白いことが起きています。たとえば、物理学には非常に通じているけれども、正式なアナリティクスの経歴がなかった人について「彼は仕事に必要なスキルは一通りを持っていました。しかし、

Kaggleを使っていなかったら、彼を獲得できていなかったでしょう」[*7]。

Walmartはまた、Twitterのハッシュタグ#lovedataを使用してソーシャル・メディアで採用キャンペーンを実施しました。これにより、オンラインデータ・サイエンス・コミュニティの間で知名度を高め、雇用機会がシリコンバレーだけではなく、Walmartの巨大な本社があるアーカンソー州のベントンビルにもあることに注目させました。Walmartへ就職希望をする人たちのもう1つの貴重な情報源は紹介です。学術、産業、あるいはデータ・ファンは、他の技術者コミュニティー同様にオンライン・コミュニティやソーシャル・ネットワークで活動しています。すばらしい仕事を提供すれば、彼らは仲間たちにそのうわさを広めることでしょう。

モータースポーツの世界もまた、変わった経路を通じた採用の例を示しています。日産とソニーは、テレビゲームの世界から最高のレーサーを見つけようと、世界的な年次コンテストであるGTアカデミーを共同創設しました[*9]。そのアイデアは、人気のあるグラン・ツーリスモ・ゲームの最高のレーシングプレイヤーを見つけ、現実のレーシング・ドライバーに変えるというものです。コンテストでは、選手たちはトラックを走り回り、トップのタイムをたたき出した挑戦者はトライアウトへの挑戦権を得ます。見事トライアウトに合格した者は、日産のために現実世界でのレースに出ます。毎年何十万もの人々がコンテストに参加しています。過去数年間に選ばれたすべての勝者が、まだレースに出場しています。勝者のうちの3人は日産の選手としてル・マンに出場しました。これは、日産によるこの求人チャネルの成功と言って良いでしょう。

Walmartのようにデータ・サイエンティスト集団を採用したり、日産のように次世代のマイケル・シューマッハ氏を募集したりはしないかもしれませんが、これらの例は、通常とは異なる求人チャネルを検討すること、タレントが集まる場所を見つけること、そしてその知識を投資効果の最も高い求人チャネルに使うことの重要性を物語っています。

7-3 ビジネスに最適な人材の特定と評価

　企業は面接をはじめてから5分以内に候補者を雇うかどうかを決断すると言われていました。これが事実かどうかは言い難いですが、多くの人事担当者や採用担当マネジャーは、最終的には、おそらく勘に基づいて、その求職者が空きのある職種にふさわしいと感じるかどうかで決めてきたと認めるのではないでしょうか。他の多くのビジネス分野でもそうであるように、データとアナリティクスによって、採用活動における当て推量をなくすことができるでしょう。すばらしい「勘」に頼るのではなく、科学的なアプローチを採用したリクルーティングチームは、そのアプローチによって、より幸せに長く会社に勤め続けられる人材に出会えていると感じています。

　今や、多くの業界の雇用者が、データに目を向けています。Evolv（イボルブ）やTalentBin（タレントビン）などのツールを使用することで、これまでにないあらゆる方法でデータを整理し、ポジションごとに適した候補者を見つけようとしています。このようなツールを使うことによって、対象となる仕事に対して、スキル、興味、および行動に基づいて、最適な人物を見つけることが可能になります。その人物が積極的にそのポジションを探しているかどうかに関わらずです。

　LinkedInのようなベンダーもビッグデータや人工知能（AI）ツールを使って、多くの人材プールの候補者プロフィールから、あるポジションに最も適した人材を特定するといった機能を提供し始めています。採用担当マネジャーの52％が、採用で最も困難なのは、多数の応募申請者から適切な人材を特定することであると述べている現状に当てはまる、シフトであると言えるでしょう[10]。

　ゆくゆくは、採用活動における推測を排除するために、データとアルゴリズムを使用してタレントを特定していくことになるだろうと考えられます。

性格を予測する

新しい人材を採用するとき、性格が合うかどうかは間違いなくスキルと同じくらい重要です。これについては、データと予測分析の助けを借りなければ、判断するのが難しい時があるかもしれません。FacebookやGoogleのような企業は、プロフィールやオンライン活動に基づいて、私たちの知性、態度、そして性格属性について、恐ろしいほどたくさんの予測を可能にしています。

たとえば、Facebookの「いいね」が、あなたの性格特性や嗜好を大量に露呈していることを知っていたでしょうか？

ケンブリッジ大学とマイクロソフトリサーチラボの研究者による研究では、Facebookの「いいね」のパターンを使用して、非常に高精度の個人特性を幅広く自動的に予測する方法が示されています[11]。この調査では、5万8千人のボランティアから集めた「いいね」のデータを使って、これらの「いいね」がどう特性の予測に役立つのかを検証したのです。その結果、実際の属性はほとんど、またはまったく関係なく、正確な予測を生成するのに1つの「いいね」で十分だと分かったというのです。

たとえば、カーリーフライ（フライドポテト）、科学、モーツァルト、雷雨、またはザ・デイリー・ショーについた「いいね」は高い知性を予測し、ハーレーダビッドソン、レディ・アンテベラムや、"アイ　ラブ　ビイングマム　I love being a mom"についた「いいね」は低い知性を予測するとの研究結果が示されています。一方で、"そこそこハッピー　so so happy"、ガール　インターラプテッド、ドット・ドット・カーブ、17歳のカルテ、アダムス・ファミリー、カート・ドナルド・コバーンは情緒不安定または神経症的であると予測し、経営学、スカイダイビング、サッカー、マウンテンバイク、パルクールは情緒が安定または穏やかでリラックスしていると予測していました。これは、「いいね」が目につかないところで何をまき散らしているのかを考えずに「いいね」をクリックする人にとっては、かなりの恐怖です！

では、適切な従業員を見つけようとした際には、この予測機能をどのようにして自分たちの強みに変えることができるのでしょうか。当たり前のように聞こえますが、最初のステップはあなたが探している人物像を明確にすることです。理想的な従業員とはどのような人物なのでしょうか？　この本を通して、どの特性がどういった役割での成功に関連しているのかといった例を見てきました。こうした知見が皆さんの決断に役立つかもしれません。

　あなたの会社が探している人材のスキルや資格、経験について考えてください。文化やフィット感、そして性格特性についても考えたくなるでしょう。その「リスト」を分析ソフトウェアや検索エンジンに入力すれば、応募申請書、履歴書、またはプロフィールからデータポイントを確定し、潜在候補者を探し出してくれます。はるかに効率的で効果的な方法で最適な候補を見つけられます。だいたい数分しかかかりません。もちろん採用の最終決定は常に人にゆだねられますが、アルゴリズムのおかげで、おそらく数百人の候補から最適な10人または20人に絞り込むことができるので、かなり多くの時間を節約できます。

採用活動における機械学習とAI

　たとえば、仕事に関する一般的な質問をすることによって、候補者を絞り込み、アセスメントし、評価するために使用できるAI主導のツールは多数あります。しかし、こういった質問による一般的なアセスメントをはるかに超える、前述したMarriottのゲームに似た没頭できるゲーミフィケーション体験を生み出すものがあります。機械学習とAI技術によって、企業独自のデータ、ソーシャル・メディア・データ、従業員履歴などを含むあらゆる種類の情報源からのデータを使用して、候補者の勧誘、ソーシング、マッチング、スクリーニングおよび評価のプロセスが自動化されています。人事ソフトウェア会社Restless Bandit（レストレスバンディット）が提供するような機械学習とAIのアルゴリズムは、候補者の選定における「ノイズ」の大部分を除外しています。

　かつては人がすべての履歴書を読み、「採用」「不採用」、あるいは「保留」の山に分類するという時間がかかるプロセスでしたが、今やアルゴリズムが正確かつ適切な人材を素早く見つけるための採用パターンをモデル化しています。決定的なことは、人であれば必然的にもたらしてしまうこのプロセスにおけるバイアスを取り除けることです。つまり、応募者が、「不採用にならないように」と面接官のネクタイの好みに気を使ったり、お気に入りの学校の出身ではないことなどを気にする必要がなくなるのです。

　Connectifier（コネクティフィア）は、AI技術を通じた採用プロセスに革命をもたらし、企業が完璧な候補者を見つけるのに役立つ、3億以上のオンライン・プロフィールを構築することを目的とした会社です[*12]。元Googleの従業員によって設立された同社は、インターネット上からのデータを照合することで特定の仕事に理想的な人材を見つけることを支援しようというのです。その人材が現在仕事を探しているかどうかは考慮しません。Connectifierのプラットフォームは、データをソートして組み合わせ、潜在的な候補者の完全なプロフィールを作成します。企業からは、どんなスキルや専門知識を持った人を探しているのかを提示してもらい、その情報に基づいて完璧なマッチング提供するというものです。

　JetBlue Airlines（ジェットブルーエアライン）は、データ分析を採用プロセスの強化に使用している好例です[*13]。以前、同社は、客室乗務員にとって最も重要な特性として「礼儀正しさ」に焦点を当てていました。ウォルトン・ビジネス・スクールで顧客データ分析を行ったところ、顧客からすると、自分の助けになることの方が礼儀正しさよりも重要であり、それほど礼儀正しいとは思えない人材でも、それは補えることがわかったのです。その後、同社はこの情報を使用して候補者をより効果的に絞り込むことができました。このことは、タレントアナリティクスによって採用プロセスを強化しようとする企業が、必ずしもGoogleのようにデータパワフルな会社である必要はないということを示しています。

　もちろん、広告を打つことや選択プロセス自体など、人材の採用には

膨大な費用がかかります。採用した人材が必要なスキルを持っていない、または会社の文化に合っていないなどが判明した場合、信じられないほど高額な損失になる可能性もあります（時間の浪費は言うまでもありません）。機械学習システムの実装には明らかにコストがかかりますが、時間の経過とともにコスト、労力、リソースが節約される可能性があります。最終的には、人事担当者は、何百もの応募申請者をふるいにかけるような作業よりも貴重な活動に集中できるようになることが期待されます。

役員レベルの候補者の特定

　タレントアナリティクスの焦点の多くは、中堅層の欠員を埋めることに集中していますが（第4章で見たXeroxコールセンターの例のように）、実際にはデータとアナリティクスを使うことによって、あらゆるポジションに対して最善の候補者を特定できます。最高経営責任者も例外ではありません。

　たとえば、米国を拠点とするマットレス会社Purple（パープル）は、現在の最高経営責任者であるSam Bernards（サム・バーナーズ）を探し当てるのにタレントアナリティクスを使用しました[*14]。同社の最高経営責任者、最高財務責任者、最高マーケティング責任者およびその他の「経営幹部レベル」は、ビジネスの方向性を導くことになる人々です。彼らは多大な責任を負い、その見返りとしてビジネスの収益の相応の配分も得ます。このレベルの人材の任命を誤ると、大惨事となる可能性は大です。したがって、これらの空席はできる限り推測を最小限にする必要があるということも納得がいきます。

　コーポレート・ヘッドハンターのコーン・フェリー社は、Cレベルの採用がデータとアナリティクスにしっかりと基づいていていることを確認するための措置を講じました[*15]。同社は、およそ50年間、最高レベルの仕事とポジションの人材候補者を見つけることを専門としてきました。近年、最高の仕事に適した優秀な人材を見つけるために、取得してきた

豊富なデータにビッグデータ分析を適用し始めています。これにより、企業はトップレベルで成功するために必要な能力、特性、および経験の詳細なプロフィールを作成できました。南カリフォルニア大学のデータ・サイエンティストとのパートナーシップで、同社は分析ベースの人材配置プラットフォーム（これを「コーン・フェリー4デメンションリーダーシップ＆タレント」、または略して「KF4D」と呼びます）の構築を開始しました。コーン・フェリーのグローバル・タレント・アセスメントおよび分析担当の統括責任者であるダナランディス氏は、次のように述べています。「最大の発見は、本当に普遍性のあることが展開されているということです。予想以上に多くのことがそれに該当しています[*15]」。データは、Cレベルのポジションに必要な特性と資質の重要性に関するいくつかの強固なパターンを明らかにしました。それは、生涯学習者であること、より高いレベルのEQ（例：共感）・コミュニケーションスキル、およびリスク許容度を持っていることなどです。

特性と能力に加えて、経験は多くの役職の成功において明らかに中心的な必要条件です。これもアナリティクスでカバーすることができます。比較分析では、以前のポジションでどのようなスキルを習得したか、また、キャリアップに伴っていずれのスキルを保持しておく必要があるのかを示すことができます。

システムに設計されているもう1つの重要な要素は、候補者の組織文化に対する適合度のアセスメントです。コーン・フェリー社の最高マーケティング責任者兼リサーチ＆アナリティクス部門の代表であるマイク・ディステファノ氏は次のように述べています。「私がいつも言うことの1つは、『人々は何を知っているかによって雇われ、誰であるかによって解雇される』ということです。ですから、その人が文化的に適していることを確認することに、多くの時間を費やしてきました[*15]」。ポジションを埋めようとしているクライアント企業が現状の組織文化に満足している場合はその文化に合う可能性の高い人を、あるいは文化を変えたいと考えている場合は、チェンジエージェントとして変革の主体となる可能性が高い候補者をシステムが見いだし、提案されます。

しかしながら、リーダーシップにとって不可欠なものとして、他の何よりも際立っている性質——あるいは特性——はあるのでしょうか？ディステファノ氏によれば、その答えは、「はい」です。「もし私が成功に必要な指標を一つだけ選ばなければならないとしたら、敏捷性『アジリティー』を挙げるでしょう。データ分析によると、アジリティーが高いと評価された人材は、収益性の向上を達成することで成果を上げる傾向があります」。よって、彼のアドバイスは、「アジリティーが高く、文化にフィットする人物を雇え」ということになります[*15]。

　新しいCEOを任命することは、ビジネスが直面する最大の難問の1つであることに間違いありません。多くの企業は、確かなデータ分析なしにどの製品やサービスを提供するか決定を下すことはありません。同様に考えると、トップレベルのポジションの人材採用に、詳細な分析的アプローチをとることは理にかなっていると言えます。企業は、定量化可能なデータで優秀な人材を評価する方法に移行することによって、比較分析に裏付けされ、ビジネス——およびその関係者全員——を先に進め、より大きく、より良いものにできそうな人材にリーダーシップポジションを与えることに、確信が持てるようになるのではないでしょうか。

バーチャル・ワーカーの調達

　豊富なデータとコネクティビティの世界では、事実上人を採用せずにタレントを引き出すことが企業においても、一般的になりつつあります。多くのビジネスやアプリケーションがクラウドに向かうにつれて、必要に応じてリモートワーカーを雇うことが、企業にとっても容易になってきているのです。実際、リモートワーカーの仕組みは、会社の諸経費を大幅に削減しています。英国では、CrowdFlower（クラウドフラワー）やUpwork（アップワーク）などのデジタルプラットフォームを介して、約500万人の「クラウドワーカー」——「ギグエコノミー」の中で働く人々——が存在します[*16]。働く人々にとっての明確な利点は、いつでもどこでも好きなときに働けることです。雇用者にとっては、フルタイム

で働く人を雇う費用をかけずにタレントを活用できます。これは挑戦的な新しい世界です。

　企業がフルタイム人材を採用する場合でも、多くの企業が従業員のリモートワークを取り入れています。クラウドに保存される情報の種類が増えるにつれて、リモートで作業できる仕事が増えているからです。データ入力、プログラミング、ライティング、デザイン、翻訳、そしてカスタマーサービスなど、この類の仕事はすでにリモートワーク化されています。しかし、まもなく教師、看護師、研究者、心理学者など、私たちの周りのより多くの仕事がクラウドに向かうでしょう。オンライン教育のプロバイダーは採点業務に仮想教授を使っており、法律事務所は文書処理をアウトソーシングしています。一部の研究者は、経験の浅いクラウドワーカーに医療画像の分析をしてもらう実験をしています。リモートワーク——事業所以外の場所から仕事をすること——は、雇用市場で最も成長している分野の１つです。あるビジネスリーダーに対する調査によると、調査対象の３分の１以上の企業が、2020年までに自社のフルタイム労働力の半分以上がリモートワークをしているだろうと述べています[17]。

　これは採用にどういう意味をもたらすのでしょうか？　この章で説明した分析手法は、オフィスに足を踏み入れることがなさそうな採用候補者も特定、評価することに役立つでしょう。また、リモートワーカーの場合、社内で働く従業員と同等レベルの１対１の指導を受けられない場合もあります。それは、リモートワーカーとしての人材を採用する際には、経験豊富で、その役職、役割で成功するために必要なコア特性をすでに持っている人に採用活動を集中させる必要性を意味するかもしれません。アナリティクスは、そのような候補者を迅速かつ容易に特定するのに役立つでしょう。

適切な社内昇進候補者の特定

　社内から昇進候補者を特定する際によく言われるのは、社外からの採

用よりも、既存社員の昇進の方が、費用対効果が高いということです。もう1つの明らかな利点は、社内の人材の場合、すでに会社のシステム、プロセス、および文化に精通していることです。そこで、外部から採用する際と同じように、社内の候補者に対してタレントアナリティクスを適応して適切な候補者を特定することは、大きな利点となるでしょう。

本章の前半で見たHuman Resources Today（ヒューマンリソーストゥデイ）の調査結果からもわかるように、企業内で昇進、成長する機会があることは、ミレニアル世代にとっても大きな魅力です。そのため、社員の昇進機会は企業ブランドを後押しするもう1つの素晴らしい方法です。タレントアナリティクスは、全社横断的に役割を果たしている優秀なトップパフォーマーだけでなく、すでに最高のポジションにある人材を特定することにも役立つでしょう。

重要なポイント

本章で見たように、採用担当は、データとアナリティクスを理解し、企業ブランドの強化や採用チャネルの最大化や採用候補者の特定と評価をする際に、アナリティクスを自社の強みとして活用できることが不可欠になっています。インテリジェントな人事とは、可能な限り業務プロセスを自動化するテクノロジーを使い、より価値のある活動のための時間を作り出すことを意味します。以下は、この章で説明した内容の概要です。

- 企業ブランドとは、どのような企業であるか、何に立脚しているのか、会社の一員であることがどのようなものか、そして他企業との違いは何かを伝えることです。

- データは企業ブランドを正確に測定、理解する方法を提供し、企業ブランドを働く人々（潜在的な従業員）に宣伝することに役立ちます。

- 採用チャネルの多様性を考慮し、どのチャネルが最大のROIを提供す

るかを知ることが重要です。データは現在の採用チャネルの検証と、その成功率の測定を可能にします。

- データとアナリティクスは、採用活動から推測を排除し、より幸せに長く仕事を続けてもらえる可能性の高い人材を見つけることに使うことができます。

- データとアナリティクスは、候補者の性格や組織とのフィット感の予測、評価、長い候補者リストの絞り込み、（会社のあらゆるレベルにおける）役職に最適な特性の抽出や候補者の特定に活用できます。

- AIは採用において重要な役割を果たし始めており、現在では多くの採用関連のタスクの自動化が可能になっています。

　私は、採用こそアナリティクス、特に機械学習によってのプロセスの合理化、改善、さらには自動化の機会が多くある分野だと考えています。採用の自動化により、人事チームは時間（そして最終的にはお金）を節約し、限りなく最適な人材でポジションを埋めることができます。もちろん、適切な人材を見つけ、採用した後、人事チームは、彼らを引きとどめ、会社に満足させ続ける必要があります。
　これについては次の章で見ていきましょう。

第7章脚注

1　RiseSmart [accessed 23 October 2017] The Connection between HR Analytics and Employer Brand [Online] http://info.risesmart.com/wp-rg-insight-whitepaper?utm_campaign=2017.5.1_WP_Insight_Whitepaper&utm_source=website

2　RiseSmart [accessed 23 October 2017] 2017 Guide to Severance andWorkforce Transition [Online] http://info.risesmart.com/2017-guideto-severance-and-workforce-study

3　Bersin, J (2016) [accessed 23 October 2017] Data Proves That Culture, Values, and Career Are Biggest Drivers of Employment Brand [Online] http://www.humanresourcestoday.com/data/employer-branding/recruitment/?open-article-id=5366961&article-title=data-provesthat-culture--values--and-career-are-

biggest-drivers-of-employmentbrand&blog-domain=joshbersin.com&blog-title=josh-bersin

4 Heitner, D（2016）[accessed 23 October 2017] Golden Gophers Go with Virtual Reality to Tempt Football Recruits [Online] https://www.forbes.com/sites/darrenheitner/2016/11/23/golden-gophers-gowith-virtual-reality-to-tempt-football-recruits/#6 fd4880722e4

5 Slezak, P（2013）[accessed 23 October 2017] How Marriott Hotels Is Beating Facebook at Their Own Game in Social Recruiting [Online] http://www.recruitingblogs.com/profiles/blogs/how-marriott-hotelsis-beating-facebook-at-their-own-game-in

6 Gartner（2015）[accessed 23 October 2017] Gartner Survey Highlights Challenges to Hadoop Adoption, press release [Online] http://www.gartner.com/newsroom/id/3051717

7 Marr, B（2015）[accessed 23 October 2017] Walmart: the Big Data Skills Crisis and Recruiting Analytics Talent [Online] https://www. forbes.com/sites/bernardmarr/2015/07/06/walmart-the-big-data-skillscrisis- and-recruiting-analytics-talent/#7857e8 f56b55

8 Kaggle [accessed 23 October 2017] The Home of Data Science and Machine Learning [Online] https://www.kaggle.com

9 Golson, J（2015）[accessed 23 October 2017] The Best Way to Spot Great Racing Drivers? Videogames [Online] https://www.wired. com/2015/08/best-way-spot-great-racing-drivers-videogames

10 Ideal [accessed 23 October 2017] AI for Recruiting: a Definitive Guide for HR Professionals [Online] https://ideal.com/ai-recruiting

11 Baldwin, R（2013）[accessed 23 October 2017] Study: Facebook Likes Can Be Used to Determine Intelligence, Sexuality [Online] https:// www.wired.com/2013/03/facebook-like-research

12 Connectifier [accessed 23 October 2017] Hire In-demand Talent, Faster [Online] https://www.connectifier.com

13 Aslan, B（2016）[accessed 23 October 2017] To All Recruiters–Use Machine Learning to Hire Better Candidates [Online] https://medium. com/@deadlocked_d/to-all-recruiters-use-machine-learning-to-hirebetter-candidates-c 5 aad22f3319

14 Olenski, S（2016）[accessed 23 October 2017] Using Talent Analytics When Hiring for Your Brand [Online] https://www.forbes.com/sites/steveolenski/2016/10/05/using-talent-analytics-when-hiring-for-yourbrand/#141ff19b 1 f97

15 Marr, B（2015）[accessed 23 October 2017] Can Big Data Find Your Next CEO? [Online] https://www.forbes.com/sites/bernardmarr/2015/07/27/can-big-data-find-your-next-ceo/2/#4 e 1 b 1 e19407b

16 Huws, U and Joyce, S（2015）[accessed 23 October 2017] Crowd Working Survey [Online] http://www.feps-europe.eu/assets/a82bcd12-fb97-43a 6 -9346-24242695a183/crowd-working-surveypdf.pdf

17 Global Leadership Summit（2015）[accessed 23 October 2017] What If… ? [Online] https://gls.london.edu

〈翻訳者注釈〉
＊T 1　日本での代表的なサイト　ヴォーカーズ　https://www.vorkers.com/

第 **8** 章

データ・ドリブン 従業員 エンゲージメント

Data-driven employee engagement

「**人材**は企業における最大の資産である」とは、常々言われてきていることです。従業員が参画意識を持って業務に携わり、幸せであると感じ、会社にコミットしている状態を保つことは、あらゆる組織にとって重要なことです。2015年のデロイトの調査によると、87％のビジネスリーダーが、従業員のエンゲージメントと定着について、大いに留意していることが報告されました[*1]。データとアナリティクス、特に機械学習のようなAIベースのテクノロジーは、従業員のエンゲージメントの維持と改善に大きな影響を与え始めています。

インテリジェントまたはデータ・ドリブン型の従業員エンゲージメント策では、人事チームは、よりシームレスに従業員とつながることによって、従業員が仕事を通じて得られる経験価値の向上を測定し、満足度を高めるとともに生産性を高め、企業の雇用者ブランドの向上を目指しています（第7章参照）。

この章では、なぜ従業員エンゲージメントが変革の時を迎えているのかを探り、データ・ドリブン従業員エンゲージメントの3つの重要な要素について考察します。

- 従業員の満足度（または社員の幸福度）を促進する。
- 従業員の会社に対する忠誠心と組織定着率を測定し、改善する。
- データに基づく報酬と福利厚生の向上。

8-1 なぜ従業員エンゲージメントが変革の時を迎えているのか？

エンゲージされ参画意識の高い従業員は、自分の働いている会社のために「さらなる高み」を目指し、より良いパフォーマンスを達成する傾向があると言われます。つまり、エンゲージメントが高い従業員を抱える企業の方が、そうではない従業員を抱える企業よりもパフォーマンスが高くなるということです。

これは周知のことなのですが、企業は、エンゲージメントに対して必

ずしも適切な注意を向けているわけではありません。実際、とあるグローバル調査によると、意欲的に働くことができていると答えた人は全労働者全体の40％しかいないという結果が報告されています[*2]。

　従業員の仕事に対する参画意識、エンゲージメントの影響が明確にわかっているにも関わらず、なぜその割合がそれほど低いのでしょうか。米国だけでも、意欲的ではない従業員による生産性に対する損失は、毎年5,000億ドルに上るとの試算があり、イギリスでは、その損失が3,400億ポンドもの経済的損失を与える可能性があるという報告もあります[*3]。

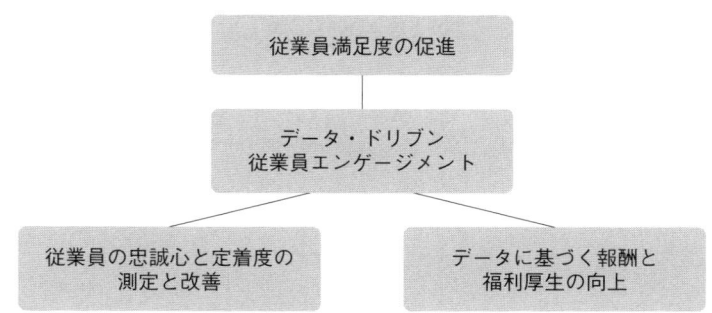

図8.1　データ・ドリブン従業員エンゲージメント

　従業員エンゲージメントは見直しが必要であることは明らかです。人々がオンライン上で、自分たちのさまざまな経験価値を自由に共有するソーシャルメディアとコネクティビティ、そして透明性を大切にする時代において、私は、雇用主にとって従業員のエンゲージメントは、相当に重要な問題になると考えています。

　データとアナリティクスの進歩により、現在、多くの企業が従業員エンゲージメントレベル（意欲喪失とその根底にある理由を含む）を明確に理解し始め、そこから得られた重要な洞察を活用し始めています。多くの企業が、自社の顧客の満足度を検証し、顧客との関係性維持を促進するために、何らかの形でビッグデータをすでに使用しています。

　同じことが従業員にも当てはまるでしょう。従業員こそ、会社組織の核となる顧客であるからです。

従業員の満足度を検証する
─会社の従業員はどれほど幸せか？

　従業員アンケートとその情報をベンチマークする従業員満足度の測定
は、企業が長い間行ってきたことです。

　80％以上の企業が従業員アンケートを実施していますが[*4]、私は、こ
のアプローチは現在完全に時代遅れになっていると考えています。年1
回の従業員アンケートでは、従業員エンゲージメントをモニターし、機
動性を持って改善するために必要なタイムリーで細密な洞察をほとんど
得ることができません。実際のところ、従業員の考えは絶えずシフトし
ており、現在のビジネス環境においては、企業における変化も急速に起
こる可能性があります。また、多くの人々が、長いアンケートへの回答
をあまり好きではないという問題もあります。

　さらに悪いことに、多くの場合、自分たちの回答を突き止められるこ
とを心配し、会社側が求めていると思われることを述べるという傾向も
あると言われます。したがって、これらのアンケート調査から得られる
フィードバックがどれほど有用であるかは疑問でもあります。

人々が本当に考えていることと感じていることを知る

　AI関連のテクノロジーによるデータとアナリティクスは、人々の思
考や感情を理解することに活用され始めています。これらのツールはま
だ完全ではありませんが、この分野は急速に発展しています。従業員に
負担をかけることなく彼らの満足度と幸福度を、より正確にかつアジャ
イルに測定することができる未来がすでにここにあります。データとア
ナリティクスによって、単純な従業員満足度を解明するだけでなく、具
体的に何が満足に影響する要素なのかを特定できるため、従業員エンゲ
ージメントを高める要素を的確に捉えることを可能にします。

　従業員の状態を良く理解し、よりエンゲージメントを高めるためのシ
ステムはすでに数多く市場に出回っています。たとえば、360度フィー

ドバックサーベイだけではなく、組織に対する従業員からのフィードバック収集や感情、満足度情報収集の自動化によって、雇用主としての組織は、従業員の状態をより迅速にかつ容易に把握することができるようになってきました。

　今回は、Veriato（ヴァリエト）という会社が提供する人工知能（AI）技術を使った電子メールやメッセージの分析から、仕事の満足度を判断するサービスを紹介しましょう。

　このシステムは、従業員が使用する単語やフレーズを分析し、感情をスコア（ポジティブまたはネガティブ）付けします。感情を時間経過とともに測定することで、各従業員の日々のスコアを作成することもできます。さらに、特定のチームまたはグループで何らかの雰囲気の変化が察知された場合に警告を送信します。このようなプログラムによって、チームまたは個人レベルでの労働環境状態をより正確に検証することができます。つまり、組織内のどこかで何か問題が起こった場合、マネジャーや人事は素早く対処ができるということなのです。

継続的なフィードバックを得る

　第7章では定期的に、場合によっては毎日行われる短い質問による「パルス」サーベイによって従業員の満足度を測ることができる点を簡単に述べました。このようなツールの使用によって、社食での食事に対する嗜好の把握やスタッフが会社の戦略をどの程度理解しているかなど、企業はさまざまなトピックに関する詳細なフィードバックをタイムリーに取得することができます。

リアルタイムでのフィードバック

　HighGround（ハイグラウンド）は、従業員からのフィードバックを継続的に人事部門や経営層に提供するリアルタイムデータを直接取得するプラットフォームを開発しています。

　このプラットフォーム開発の目的は、日々の業務での継続的な対話を

促すことです。各人のスマートフォンで、シンプルなアプリとして使うことができます。この使いやすさが従業員の賛同を得やすくし、スタッフが習慣的にフィードバックを提供することをより容易にしています。

もう１つの会社Glint（グリント）では、人事システムと連携してリアルタイムでフィードバックを従業員に求めることができるアプリを開発しました（経営層の変更のようなイベントが発生したときに特に役立ちます）。ユナイテッド航空やスカイのようなクライアントと協力して、Glintは質問に対する従業員の自由回答を分析するために自然言語処理と感情分析（詳細は次のセクションで）を行いました。それらの回答を主要トピックや問題を視覚マップに変えることによって、組織の状態を捉える洞察を得ることを可能にしました。

GlintとHighGroundの例は、組織と働く人々との間の対話の向上を目的として、継続的なフィードバックを得るためのシステムのほんの一例です。短く、シンプルな質問形式のフィードバック方式を採用する企業もある一方、企業によっては、さらにシンプルなスマイルマークの選択を使っている企業もあります。

絵文字時代における社員満足度

簡単に匿名性の高いフィードバックをするためのHappy Or Not（ハッピー・オア・ノット）の端末をどこかで見たり、実際に使ったことがある人もいるかもしれません。Happy Or Notのキオスク端末は、世界中約2,000の小売およびサービスプロバイダによって使用されています。顧客からのフィードバックを集めることでその名を上げた会社は、現在、スタッフからのフィードバックに目を向けています。Happy Or Notの端末を使用して、組織の従業員から、日々の職場体験に関するフィードバックを得る試みです。

会議室や社食など人の通行の多い場所にキオスク端末を置き、従業員は、簡単な質問に対して、４つのスマイリーフェイス（笑顔のボタン）から１つを選択して、その質問にどれだけ同意するかを示します。シンプルにボタンを一回押すだけです。その後、人事部門は収集したデータ

（すべて匿名）を使用して、新しい取り組み、会社の方針、全体的な戦略と方向性、設備などに対するスタッフの反応を把握することができるというものです。このようなシンプルで継続的なフィードバックシステムの長所は、迅速に洞察を得ることができるということだけでなく、組織変革に伴って行われた変更やイニシアティブをモニターし、それらの変更や施策が従業員の満足度をどの程度改善できているかをタイムリーに確認できることです。

　測定すべきものは、会社とその目標によって異なりますが、特に注視すべき重要な指標としては、次のようなものがあるでしょう。

・従業員による経営層のリーダーシップの受け入れ度合い。
・従業員の自身の職場環境に対する幸福感の度合い。
・自分たちの職場を良き職場（グッドプレイス・トゥ・ワーク）としてどの程度推奨するか。
・新しいイニシアティブ、方針、そして戦略の理解と賛同度合い。

従業員の感情測定

　定期的な調査を実施することは良いことですが（単純にスマイリーフェイスのボタンを押すのとは違って）、オープンエンドの質問をすると、分析が難しいと思われる構造化されていないテキストデータが多くなる可能性があります。

　テキスト分析は、この問題に対する答えをくれます。テキスト（具体的には、感情面）分析やAI機能は、現在、従業員の感情を測定する上で大きな役割を果たし始めています。先見の明のある組織は、ソーシャルメディア等のメッセージをマイニングし、顧客の会社に対する肯定的および否定的なフレーズやメッセージの感情分析をすでに行っています。

　理論的には、従業員に同じ考え方を適用することは可能です。感情分析は、潜在的には、アンケートの回答、eメール、インターネットの投稿、社内のメッセージングシステム、ソーシャルメディアなど、あらゆ

る種類の文章に対して使用できます。たとえば、新しいマネジャーが赴任した部門において、メンバーが過去1か月間に使用した否定的表現の数が劇的に増加したことが、感情分析によって示されたとしましょう。それは、その新しいマネジャーが苦戦している兆候として、人事に対する注意喚起となります。

感情分析の賛否両論

　感情分析の本当の利点の1つは、分析される頃には古くなっている可能性がある年次調査などとは対照的に、従業員の時間を一切とらないことです。しかし、従業員のコミュニケーションを分析することには明らかなプライバシーの懸念（第6章を参照）があるため、感情分析は、従業員各個人の状態把握という観点からではなく、より広範な組織としての従業員エンゲージメントを把握するための手段と見ることが重要です。ある特定の個人の発言を警戒したり、ペナルティーを特定したりするための使用はあってはなりません。

　したがって、いかなる種類の感情分析プログラムでも、その実行には、従業員のモラルに対する悪影響を与えないよう、慎重な考慮とコミュニケーションが必要です。

　このような分析による利点を従業員に認識してもらうことが、賛同を得るための最善の方法です。たとえば大多数の従業員が新しい方針に同意していない状況を明確にすることは、その問題解決のために、組織のリーダーが適切な行動をとることができるようにする上で重要なデータとなります。このような場合、感情分析は、各個人に「発話」を促すように問うことなく、企業全体の視点から幅広くその状態を映し出す機会となりえます。

感情分析の実際例

　感情分析は近年、人事部門を中心として行われていましたが、Intel、Twitter、IBMなどの大きな組織では、従業員の理解を深めるためにこの分析を使用しています。

　Twitter社は、Kanjova（カンジョヴァ）というソフトウェアを使用して従業員の職場経験に関する自由回答形式の質問を含む調査を毎月行い、分析しています。

　IBMでは、感情分析が従業員の社内SNSの投稿に適用されています。1つの例としてIBMが業績評価システムの見直しを行った際の従業員フィードバックの収集があります。社内ソーシャルネットワークプラットフォームを利用して新しい評価システムに対する従業員の意見を求めました。同社は何万もの回答を得ました。それらの回答は、IBMソーシャルパルス（Social Pulse）テキスト分析ソフトウェアで分析され、従業員は、パフォーマンス分布曲線に基づいて自分たちのパフォーマンスが評価されることを好ましく思っていないことが浮き彫りになりました。結果として、IBMはこの方法を用いた業務評価制度を避けることができました。IBMは、eメール、チャット、プライベートグループのメッセージなどのマイニングを特にはせず、全社が共有する内部ネットワークの投稿にフォーカスを当てて洞察を得ています[*5]。

テキスト情報だけではない

　もちろん感情分析は必ずしもテキスト情報のみに適用されるわけではありません。私たちは表情、ボディ・ランゲージ、声のトーンなどさまざまな方法を通して自分たちの感情を表現します。こういったことを念頭に、インドにあるサタヤマバ大学の2人のコンピューターサイエンティストは、従業員態度の検証のために顔スキャンの使用を提案しました[*6]。

　彼らは施設に入るときに撮影される従業員の顔画像から、従業員の感情、幸せに感じているか、怒っているか、悲しいかなどを判断するためのシステムを開発しました。

幸せな従業員は生産性が高い

　パフォーマンスマネジメントについては第11章で詳しく説明していますが、ここでは、従業員の幸福度やエンゲージメントと生産性向上の関

連性の重要性を再確認したいと思います。ワーウィック大学による研究は、幸せであると感じていることが12パーセントもの生産性向上をもたらしたことを発見しました[*7]。

　幸せな従業員はパフォーマンスが高いという多くのエビデンスがあるにも関わらず、ある調査では、最大71％の従業員が職場はつまらない、またはエンゲージしていないと自覚しています[*8]。このエンゲージメントの欠如は生産性に大きな影響を与える可能性があります。従業員エンゲージメントが高い会社と低い会社の間では、欠勤率に30％の差があるとの報告もあります[*9]。メッセージは明確です。幸せに感じている従業員はより積極的に仕事に関与し、業績を上げます。つまり、従業員を幸せに保つことができる知恵を持った企業は、業績を向上させることができるということです。

　組織として従業員を幸せにする（そしてその幸せを維持する）ためには、何ができるのか、どのようにできるのかにはまだ議論の余地があり、すべての業界や地域にわたるビジネスに有効で、明確な万能アプローチはありません。

　しかし、明らかになっているのは、テクノロジーが将来、従業員の幸せを高める上でより大きな役割を果たす可能性があるということです。ある米国の新興企業Happybot.ai（ハッピーボットAI）は、CHO（チーフ・ハピネス・オフィサー）として、自動でCHOの役割を果たすAI搭載ロボットを開発しました。自律プログラムが搭載されているボットは、従業員とのコミュニケーションを通じて、プレッシャーの軽減と幸福度の向上、生産性の向上の手助けをするというものです。このボットのコンセプトは、PwC PricewaterhouseCoopers（プライスウォーターハウス・クーパーズ）の創立者であり、「人と変革」のコンサルタントとして経験を積んできたAaron Cohn（アーロン・コーン）氏の長年の観察による「従業員は、日々職場でのプレッシャーに圧倒され続けている」という見解に基礎を置いて開発されました。Happybot.aiは従業員とコミュニケーションをとり、彼らが感じているプレッシャーに共感するこ

とで、従業員のやる気を向上させることを目指しています[*10]。

8-3 | 従業員定着率の測定と改善

　従業員の満足度と定着は本質的に関連していることは明白です。Glint（グリント）は、50万人以上の従業員のデータから、エンゲージメントや満足度スコアが低い従業員の離職率が、ポジティブ・エンゲージメントスコアを持つ従業員の12倍であることを示しました[*11]。

　従業員を失うことはコストとなります（組織に起こる混乱や時間の浪費はもちろんのこと）。米国の企業は、従業員の離職により、年間推定110億米ドルを失っていると言われています[*12]。

　つまり、会社にとっては、退職する可能性がある人やその理由を特定できれば、退職のリスクを回避するためのアクションをとることによって、その問題に対処することができ、コスト削減を実現できるということになります。データとアナリティクスにより、特定の個人の業務従事期間情報などを含めて判断した離職時期の予測も含め、組織全体の雇用維持率を予測することが可能になりました。

　たとえば、Workday（ワークディ）のAIベースのリテンションリスクツールは、過去25年分10万人のデータに基づくアルゴリズムを使用して、約60の要因（役職、給与、休暇、昇格からの経過時間など）に基づいた各従業員の退職リスクスコアの計算を可能にしました[*13]。しかし、インテリジェント従業員エンゲージメントの目的は、こういった洞察を得ることだけではなく、それを使って改善を行うことです。多くのリテンション・リスクツールは、貴重な労働者を保持するためにとるべき行動も提案します。Workdayのプログラムを例に見てみると、同程度の状況下の人が何をしたかというデータに基づいて個人のキャリアにおける次のステップを提案しています。

ロイヤリティーを呼び起こす

　ビジネスの世界では、顧客が特定のブランドや製品、サービスを使い続けることを促す顧客ロイヤリティー獲得とその方法について多くを語ります。そして、従業員のロイヤリティーは経営の成功にとって同様に重要であり、それは事実として、従業員のロイヤリティーと定着率、顧客維持との間の関連性が証明されています[*14]。つまり、顧客満足を維持するためには、社員満足度の維持にも、顧客満足維持と同等レベルの注意を払う必要があるということです。

　働くことが楽しい、幸せだと感じていない従業員が多いということは、高い離職率につながります（それがとりわけ顧客定着率に影響を与える可能性があるということです）。

　本章では、HighGround（ハイグラウンド）の従業員エンゲージメントツールについて説明しました。このツールは、従業員の会社勤務中の経験について定期的にフィードバックを集めています。HighGroundによると、Echo Global Logistics（エコー・グローバルロジスティクス）という会社で離職率を５％低減した例を挙げ[*15]、同社のサービスが積極的に離職率を低減することをアピールしています。HighGroundの顧客の中に、全国各地の小売店舗に同ソフトウェアをインストールして、全国の従業員の日々の幸せ度を測る情報を収集している会社があります。そこで得られた情報を元に、安定した幸せ状態を示していた店舗の幸せ度指数が低下を示し始めたとき、経営者はその原因を調査し、必要な行動をとることができているということです。

　会社における従業員のロイヤリティーレベルを向上させることは、雇用時に始まります。

　第７章では、データがどのように採用プロセスに革命をもたらしているのかを調べました。企業は概説した機械学習の方法を使って、最適なスキルと属性を持つ候補者の特定だけではなく、長期的に会社にコミットする可能性が高い人を見つけることができます（雇用履歴と高いレベルのロイヤリティーを示した従業員の行動パターンの分析によって）。

　データとアナリティクスは、会社と長期的な関係を築き、ロイヤリティとコミットメントを示す可能性が高い従業員の特定を支援することもできます。もちろん、その特定した従業員のエンゲージメントを維持させたままでいられるかどうかはまた別問題ですが…。

　幸い、データは、それにも役立ちます。第4章のXerox（ゼロックス）の例が示すように、データは従業員の離職を劇的に減らすことができます——Xeroxの場合は、20％減という驚くほどのものでした[16]。

　従業員の定着の問題は給与次第であると多くの人が誤解していますが、それは違います。

　給与以外にも、従業員のロイヤリティーを引き出し、定着を維持する多くの要因があります。会社にとって適切な人材を見つけた後は、彼らを幸せにし、エンゲージさせ、ロイヤリティーを得るための適切な施策の実行が必要です。成果に対するコミュニケーション、貢献に報いること、承認すること、そして、十分なトレーニングとデベロップ機会の提供、キャリアと成長の機会の提供などです。

従業員の離職を予測する

　多くの企業にとって、誰がいつ離職しようとしているかを正確に予測できることは、従業員の定着策を考える上で至高の目標かもしれません。今は、それができると言っている多くのツールがあります。このツールのアイデアそのものは新しいものではありません。

　Googleは、何年にもわたり誰が会社を辞める可能性が高いかを予測するためのアルゴリズムを使ってきました。シリコンバレーでのタレント獲得競争は非常に激しく、米国で最も人気のある雇用者の一社であるGoogleであってすら、タレントの定着・維持に関しては、まだ労力を費やす必要があるということです。Googleは当初、2009年に自社の従業員アンケートやピアレビュデータからアルゴリズムを開発しました[17]。このアルゴリズムは、早速、その成果として、「十分な仕事を任されていないと感じる」という不満が人々に離職を決意させる最大の理由の1つ

であることを突き止めました。当時、GoogleのLaszlo Bock（ラズロ・ボック）氏は、「人々が離職するかもしれないことを自覚する前でさえ、アルゴリズムは彼らの頭の中の考えを予測できる」と述べました[*17]。

　もちろん、市場に出回っているさまざまなツールのうち、どれがあなたの会社のニーズに最も適した選択肢であるかを評価する必要があります。会社が大規模な組織でない限り、外部データと自社の持つ内部データ（従業員パフォーマンスデータ、雇用履歴、業績評価データ、組織サーベイへの回答、報酬データ、そして可能であれば従業員のeメールとコミュニケーション）の組み合わせに基づくツールを選ぶのが良いでしょう。

　従業員の離職分析で適切な分析結果を得たいのであれば、定期的なパルスサーベイや感情分析を行う機能もまた必須である、と私は考えます。最善のツールは、従業員の離職兆候を捉え、離職リスクが高まったときに警告を発するなど、個人レベルに対して機能することです。繰り返しになりますが、従業員の離職パターンを理解し、離職リスクにある人を正確に特定できれば、状況を好転させるための対策を講じることができます。第7章で見たように、離職理由の多くは、キャリアアップの機会に恵まれていないことであり、必ずしも昇給が従業員定着の改善策にはなりません。

8-4 ｜ データ・ドリブンな報酬と 福利厚生制度

　データとアナリティクスの観点から見れば、報酬と福利厚生は従業員エンゲージメントに関連する未開発分野と言っても過言ではないと思います。

　しかし、この領域の分析も急速に発展しており、企業がよりインテリジェントでデータ・ドリブン型アプローチの報酬や福利厚生制度を採用できるよう、多くのツールやサービスが市場に出ています。

　公正な報酬と福利厚生のパッケージを提供することは、従業員エンゲ

ージメントを成功に導く重要な要素です。適切な人材の獲得と採用ができた後、彼らがエンゲージし、コミットし続けることができるような福利厚生や報酬の制度を作るのは人事次第です。わかりきったことですが、業界や地域水準からみても見劣りするような給与で契約するならば、ロイヤリティーを得ることは難しいでしょう。また、すでに見たように、人によるロイヤリティーやコミットメントを高める要因や重要度の違いもあります。

　たとえばミレニアル世代は一般的に、大きなキャリア伸展の機会を望んでいると言われます[*18]。特定の属性データから得られる情報に基づいて、報酬や福利厚生を個人に合わせて調整することができれば、従業員の長期的なエンゲージメントの高まりも得られるでしょう。

公正な市場価値に焦点を当てる

　給与と市場価値は通常、雇用主からも従業員側からも、とかく秘密にされてきました。会社によっては会社側が従業員の支払いを低く抑えておくことができるよう、従業員に対して本当の市場価値を知らせない場合もあります。また従業員自身が、経営陣や同僚からの反応を恐れて給与データを共有したくないという場合もあります。しかし、そのような秘密は誰にとっても良くありません。交渉の際、従業員側にとっては何に基づいて給料を要求するのか分からないことは、不利になります。また、雇用主によっては、市場価格よりも少ない給与で人材を雇うことができることによって利益を得ていると考えるかもしれませんが、実際には人材プールを制限し、従業員の離職率を高めることになりがちです。

　しかしながら、事態は変化しています。現在、働く人にとって、特定の仕事に対する公正な市場価値を発見することは、はるかに容易になっています。

　私たちは、航空券や保険の値段を価格比較サイトで探すことに慣れていますが、今では同様のことが給与にも適用されています。Glassdoor（グラスドア）は、実際に会社で働いている従業員の会社レビュー投稿

から、求職者にその会社で働く際の感じをつかんでもらえるサービスを提供しています。現在は給与と市場価値をより透明にするためのツールも提供しています。従業員や雇用主は役職と勤務地を入力し、その地域と役職の平均給与を確認できます。このサイトではスキルや経験に関するより詳細な情報に基づいて、個人向けの個別給与レポートも提供しています。Glassdoorは、実際の給与を匿名で報告する何千ものユーザーの情報に基づいているため、最も有効な市場給与情報を持っていると主張しています。求人応募者が、彼らの公正な市場価値についての情報を持って給料交渉が可能になったということであり、事実情報を元にして求職する側の交渉力を上げることができます。

　雇用者としては、応募者と同等レベルの知識を持って、公正な市場価格に基づいた待遇を提供する用意ができていることを確実にした上で、適切なタレントを獲得する必要があるということです。したがって、人事マネジャーは従業員の市場価値を常に把握する必要があります。このデータに基づくアプローチは、適切な新規採用予算を組むのに役立つだけでなく、給与面での競争力を維持し、従業員のやる気とロイヤリティーを向上させ、離職率を低減することにも役立ちます。

市場価値の決定

　社内に報酬制度設計専門家がいない限り——そして多くの中小企業にはいませんが——、従業員の報酬を正確に計算するのは難しいかもしれません。しかしこんにちでは、給与や福利厚生のトレンド情報を広く入手することができます。そのため、どの組織にとっても市場の適正賃金に沿った従業員報酬を算出することは容易になっています。

　たとえばsalary.com（サラリードットコム）やpayscale.com（ペイスケールドットコム）のようなツールを使って、雇用主として適切な競争力のある賃金を支払っているかどうかを調べることができます。このような外部の調査データに基づくアプローチは、内部の履歴データや勘とは違って、従業員や新入社員の適正賃金を算出したり、公正な報酬パッ

ケージを保証するための賢明なアプローチと言えるのではないでしょうか。

　しかしながら、このようなツールを使う場合、特定の役職の一般的な賃金ではなく、詳細な属性（特定の地域など）も掘り下げた全体像の把握も大切です。新入社員の公正な市場価値、適正賃金を決定したのちは、その競争力を維持する段階になります。定期的に報酬水準を見直す必要があるでしょう。可能であれば少なくとも2年ごとに行うことを推奨しますが、会社がタレント獲得の激しい業界や分野に位置しているのであれば、毎年の見直しを提言します。

報酬・福利厚生設計のためのデータの組み合わせ

　報酬と福利厚生の領域はパフォーマンスマネジメント、ラーニング＆デベロップメント（人材開発）、そして給与計算といった他の人事領域はもちろんのこと、広く他の事業部とも密接に関係してきます。したがって、最大限の戦略的効果を得るには、複数のデータセットを組み合わせて全体像を作成することが重要です。それが、データと分析テクノロジーの進歩により、これまで以上に簡単になった部分です。

実例

　リンカーン大学の例です。彼らは、人事システムと給与システムを統合して包括的なレポートを作成する新しいシステムを導入しました。大学の報酬福利厚生担当マネジャーであるIan Hodson（イアン・ハドソン）氏は『HR Magazine（HRマガジン)』で、次のように述べています。

　「データは他の情報と重ね合わせることによって、より強固になります。システム統合によるデータの追加投入によって、新しいシステムは、データトリガーを供給し、かつてないクロスファンクショナルアプローチによるデータ照合とデータプロダクションを可能にしています[*19]」。

　このシステムを使うことによって、Hodson氏と彼のチームは、一貫

した高いパフォーマンスと給与との間の相関関係を引き出すことができました。

　2013年に2つの大手出版社であるPenguin（ペンギン）とRandom House（ランダムハウス）が合併してPenguin Random House（ペンギン・ランダムハウス）を設立したとき、新しい会社はその報酬と福利厚生制度の再設計において大きな課題に直面しました。同出版社のグループHRディレクターであるNeil Morrison（ニール・モリソン）氏は、『HR Magazine』で、あるべき報酬と福利厚生の構造を膨大な量のデータを使って、どのように決定したのかを説明しています。給付水準の引き上げレベルに関して、広範なデータを使用し、属性の違うグループ間での給与変動幅についても掘り下げ、給与がどのような役割を果たしているかを分析した一例をあげています。Morrison氏は、データとして次のような情報も分析したと述べています。

　「同じ役職タイトルでありながら異なるバックグラウンドを持つ人々を理解することから、福利の受給率や特定サービスの具体的な価値まで、すべてを検証しました。そういったことが、人事が想定している価値を持っているかどうか、それが離職率や定着率とどう関連しているか、そしてそれらが投資価値を産んでいるかどうかまで」。[20]

　同出版社がこれらのデータを福利厚生制度の再設計にどのように活用したのかの具体例として、若年層が民間の医療機関を受診していなかったというデータ例を説明しました。この知見に基づいて、同社は「低価値製品の柔軟性 'the flexibility of a lower-value product'」を提供することができました[20]。

　Penguin Random Houseは、内部データと外部データの両方を使用し、報酬制度コンサルタント会社Innecto（イネクト）と共に、給与とインセンティブのスキームを検討しました。Morrison氏によると、「外部データと内部データとの比較分析からの給与体系決定は、単に目先の個別給与体系作成の取り組みではなく、5年後を見据えた構造化を可能にしました」[20]とのことです。

スキームに対するフィードバックを得る

　報酬スキームや福利厚生制度が導入された後、データとアナリティクスが、そのスキームがどの程度成功しているか、特定の福利厚生施策のエンゲージメントへの影響度はどうかの正確な検証を可能にします。どのような報酬や福利厚生プラットフォームを選択するのかは、企業のニーズによって異なりますが、考慮すべき重要な機能として、組織内スキルと経験を調べる機能、自社内レベルと同様に、国レベルとも比較する機能があるでしょう。給与と特定の福利厚生施策と従業員の満足度の相関関係を評価できることも重要です。さらに、多くの報酬・福利厚生プラットフォームには、サーベイツールの組み込みも増えており、さまざまな報酬や福利厚生施策に対する従業員からのフィードバックを得ることもできるようになっています。

　これにより、雇用側は、報酬・福利厚生がどのように従業員から受けとめられているのかを把握できるデータが得られ、従業員の意見表明機会が増えることによって、さらなる従業員のエンゲージメントにつながることも期待できます。可能であれば、システム見直しに着手した時点でこの機能をプラットフォームに組み込んでおくことをお勧めします。

報酬と福利厚生におけるAIの役割

　AIはビジネスのあらゆる側面を変えつつあり、報酬と福利厚生に関しても同様です。AIを使用して特定の役職や会社の特色に適した候補者の選定を容易にできるのと同様に（第7章）、報酬と福利厚生のさまざまな側面を強化し自動化するのにも役立ちます。

　多くの注目を集めている利点の1つは、柔軟な働き方と遠隔勤務の分野です。これは誰にとってもアピールするものではないかもしれませんが、子育て世代の両親たちやミレニアル世代といった特定の属性の人々は、他の福利厚生施策の何にも増して、この柔軟な働き方施策を評価しています。ちなみに、ミレニアル世代がいかに柔軟な働き方を重視しているかを示す調査があります[*21]。それによると、59％が、柔軟な働き方

が彼らの生産性の向上をもたらすと回答し、49％が、そういった働き方が彼らの幸福感を高めると回答しているということです。

　私たちの職場環境がより柔軟になるにつれ、報酬制度や福利厚生の構造にも柔軟性が求められるようになるでしょう。従来の制度から、より個別ニーズに合わせたオーダーメイドのように調整された柔軟、かつ変数の多い報酬や福利厚生プログラムに置き換えられる可能性が高いでしょう。そういった柔軟な制度やプログラムを提供できる企業が、業界の最先端となる可能性もあります。

　一般にAIとアナリティクスは、この柔軟なアプローチの実現に役立つと考えられています。むしろ、従業員一人ひとりにテーラーメイドのような報酬と福利厚生のパッケージを適応しようということになれば、手作業では、大幅な時間と人的資源が必要になります。データとAIの助けを借りたアナリティクスなしでは実行不可能でしょう。一方、AIベースのプラットフォームを使用すると、トレンドの把握や正確な予測の理解を可能にします。異なる属性間でのさまざまな福利厚生施策の適性や受給率の関連性のアナリティクスは、個人レベルで機能するオーダーメイドなソリューションの作成を容易にするでしょう。

　AIベースやデータ・ドリブンなアプローチは、報酬制度や福利厚生プログラム、そしてその人事担当者の役割を劇的に変える可能性があるということです。サポートの役割から、内部および外部のデータセット両方に対するAIベースの分析から得た価値あるインサイトをどのように報酬制度や福利厚生プログラムに活かすかを検討する戦略的な役割にスキルアップする必要があるでしょう。報酬制度や福利厚生は、従業員エンゲージメント全般に関わる重要なポイントです。テクノロジーが急速に発展するにつれて、人事の役割は、これらすべてのツールとシステムを最適に使って従業員エンゲージメントを高め、人を通じて組織の価値を最大化し、会社に戦略的方向性を提供することになるでしょう。

重要なポイント

この章では、データ・ドリブン従業員エンゲージメントの3つの主要な要素（従業員の満足度、従業員の定着率、報酬と福利厚生）について見てきました。以下がこの章で探索した重要なポイントです。

● エンゲージされていない従業員は、生産性が低く、グローバルエコノミーにおいて、何十億ドルもの損失となっています。一方、幸福感が強い従業員は生産的であるという結果がでています。

● 多くの企業が顧客満足度に注意を払い、測定し、顧客のエンゲージメントと定着を促進するためにデータをすでに使用しています。今は、それと同等レベルの注意を従業員に適応する段階にきています。

● 年1回の従業員アンケート調査では、アジャイルな対応が必要なこんにちには不十分です。従業員エンゲージメントをタイムリーにモニターし、改善するための詳細な知見を提供できません。データとアナリティクスのテクノロジーは、習慣的なパルスサーベイを使用するなどによって、はるかに正確でアジャイルな方法で従業員の満足度や幸福度の測定を可能にしています。

● 感情分析はオープンエンドの回答、文章や音声によるテキストを分析して、従業員が本当に考えていることや感じていることの判断を可能にします。

● 高い従業員離職率は、いかなるビジネスにとってもコストとなります。データ・ドリブンによる従業員リテンションは、従業員の動揺を捉えるインサイトを提供し、離職を考えている従業員を特定し、従業員のロイヤリティーを呼び起こすエビデンスに基づく改善策を可能にします。

● データとアナリティクスは、従業員の公正な市場価値の見極め、報酬制度および福利厚生プログラムが従業員の満足度に与える影響とその施策の成功度を検証し、従業員にとって本当に重要なものと密接に関係するプログラムの作成を支援します。

　従業員のエンゲージメント、満足そしてロイヤリティーの維持と十分な報酬は、会社としての生産性の持続にとって大切なことの1つですが、そのためには、さらに職場の安全とウェルネス（健康）に関しても留意する必要があります。

　次の章では、データ・ドリブンな従業員の安全とウエルネス（健康）の興味深い世界を探り、データ関連テクノロジーが従業員の働く環境に対する配慮をどのように変えているかを見ていきます。

第8章脚注

1　Deloitte［accessed 23 October 2017］2017 Deloitte Global Human Capital Trends［Online］http://www2.deloitte.com/us/en/pages/humancapital/articles/introduction-human-capital-trends.html

2　Zarkadakis, G（2015）［accessed 23 October 2017］Next Generation Employee Engagement［Online］https://www.towerswatson.com/en-GB/Insights/Newsletters/Europe/HR-matters/2015/12/next-generation-employee-engagement

3　Hay Group［accessed 23 October 2017］Employee Disengagement Costs UK £340bn Every Year, press release［Online］http://www.haygroup.com/uk/press/details.aspx?id=7184

4　Galagan, P（2015）［accessed 23 October 2017］Employee Engagement: an Epic Failure?［Online］https://www.td.org/Publications/Magazines/TD/TD-Archive/2015/03/Employee-Engagement-An-Epic-Failure

5　Waddell, K（2016）［accessed 23 October 2017］The Algorithms That Tell Bosses How Employees Are Feeling［Online］https://www.theatlantic.com/technology/archive/2016/09/the-algorithms-that-tell-bosses-howemployees-feel/502064

6　Subhashini, R and Niveditha, P R（2015）［accessed 23 October 2017］Analyzing and Detecting Employee's Emotion for Amelioration of Organizations［Online］http://www.sciencedirect.com/science/article/pii/S1877050915006407

7　University of Warwick（2014）［accessed 23 October 2017］New Study Shows We Work Harder When We Are Happy, press release［Online］http://www2.warwick.ac.uk/newsandevents/pressreleases/new_study_shows

8　Pepperdine University［accessed 23 October 2017］7 Ways Managers

Can Keep Employees Engaged [Online] http://mbaonline.pepperdine.
edu/resources/news-articles/7-ways-managers-can-keep-employeesengaged/?
utm_campaign=elearningindustry.com&utm_source=%

2 Femployee-engagement-and-artificial-intelligence-elearning&utm_medium=link

9 Flink, C [accessed 23 October 2017] Engaged Employees: the Key to a Thriving
Brand [Online] http://www.marketforce.com/blog/engagedemployees-key-thriving-
brand?utm_campaign=elearningindustry.com & utm_source=%2Femployee-
engagement-and-artificial-intelligence-elearning & utm_medium=link

10 Happybot [accessed 23 October 2017] A Bot That Surprises & Delights You. At Work
[Online] http://happybot.ai

11 Glint (2016) [accessed 23 October 2017] Glint Raises $27 Million to Boost
Employee Engagement with Help from Artificial Intelligence
[Online] http://www.marketwired.com/press-release/glint-raises-27-millionboost-
employee-engagement-with-help-from-artificial-intelligence-2154186.htm

12 Lipman, V (2013) [accessed 23 October 2017] Why Are So Many Employees
Disengaged? [Online] https://www.forbes.com/sites/victorlipman/2013/01/18/why-
are-so-many-employees-disengaged/#3a29b5081e22

13 Greenwald, T (2017) [accessed 23 October 2017] How AI Is Transforming the Workplace
[Online] https://www.wsj.com/articles/how-ai-is-transformingthe-workplace-1489371060

14 Carter, B (2017) [accessed 23 October 2017] Employee Engagement = Customer
Engagement [Online] http://blog.accessdevelopment.com/index.php/2014/03/
employee-engagement-customer-engagement

15 White, S K (2016) [accessed 23 October 2017] How Big Data Can Drive
Employee Engagement [Online] http://www.cio.com/article/3023311/careers-
staffing/how-big-data-can-drive-employee-engagement.html

16 Walker, J (2012) [accessed 23 October 2017] Meet the New Boss: Big Data [Online]
https://www.wsj.com/news/articles/SB10000872396390443890304578006252019616768

17 Morrison, S (2009) [accessed 23 October 2017] Google Searches for Staffing
Answers [Online] https://www.wsj.com/articles/SB124269038041932531

18 Adkins, A and Rigoni, B (2016) [accessed 23 October 2017] Millennials Want Jobs
to Be Development Opportunities [Online] http://news.gallup.
com/businessjournal/193274/millennials-jobs-development-opportunities. aspx

19 Giles, H (2015) [accessed 23 October 2017] Where's the Evidence for Performance-
related Pay? [Online] http://www.hrmagazine.co.uk/hro/features/1150736/helen-
giles-wheres-the-evidence-for-performancerelated-pay

20 Beagrie, S (2015) [accessed 23 October 2017] The Growing Role of Big Data in
Reward Strategies [Online] http://www.hrmagazine.co.uk/article-details/the-role-of-
big-data-in-reward-strategies

21 Staples [accessed 23 October 2017] Staples 2017 Workplace Survey
[Online] https://www.staplesadvantage.com/sites/workplace-index

第8章 データ・ドリブン従業員エンゲージメント

215

データ・ドリブンな
従業員の安全と
ウェルネス(健康経営)

Data-driven employee safety and wellness

従業員の安全とウェルネス（健康経営）も、人事部門の業務における重要な領域です。

　インテリジェントでデータ・ドリブンな人事戦略は、データとアナリティクスを使用して、従業員の安全性の管理、就労環境や条件の改善、従業員の福利と健康を向上させることも目的としています。センサー技術は、すでに長きにわたって火炎警報やガス探知、セキュリティや登録認証システムなど安全環境の維持に役立ってきましたが、ビッグデータ、特にモノのインターネット（IoT）の出現は、これをまったく新しいレベルに引き上げました。

　人間とマシンが連携して働く多くのことに、安全とウェルビーイング（福利）を支援するインテリジェントが関わります。働く人々が何をし、どのように仕事を行い、どのように感じているかを把握する職場システムができれば、職場の安全や健康経営を実施する上での強力なデータとなります。

　この章では、人間とテクノロジーの協動例を見ていきます。特に、データとアナリティクステクノロジーによって常に向上している従業員の安全管理と心身の健康管理方法について見ていきたいと思います。また、データ・ドリブン型安全管理と健康経営を実施する際に注意すべき従業員の健康データとその保護に関しても見ていきます。

9-1 ｜ データとアナリティクスによる 従業員の安全性の向上

　私は、職場安全を確実なものにする上でのビッグデータの役割は、非常に重要であると確信しています。完全ロボット駆動の工場から、センサー技術などが安全管理の一部に使われているような（多くの企業がこの領域かもしれません）、より現実的な職場まで、明らかに、データ関連技術の使用度合いには差があるでしょう。

　この章では、読者の皆さんの会社におけるセンサーやデータ関連技術の安全管理への適応が、後者の例であると仮定しています。

技術への責任の丸投げではなく、組み入れる

　データが安全管理に大きな役割を果たすと言っても、従業員の安全に対する責任すべてをマシンに委ねることができるということにはなりません。

　2016年のジョージア工科大学の研究に興味深い話がありました。研究参加者は、安全管理ロボットが明らかに危険な状況に導いている状況でも、彼ら自身の常識を超えて安全管理ロボットを信頼していることが判明したというのです[1]。この実験で、被験者らは、欠陥がプログラムされたロボットによって部屋に案内されました。ロボットは、問題となっている部屋へ、明らかに非効率的なルートで連れて行くか、または、その過程で故障するように研究者によって仕組まれていました。被験者が部屋でくつろいでいると、火煙探知機が作動し、信頼性に欠けるロボットが人工煙でいっぱいの廊下を案内しました。この話の怖い部分は、ロボットが非常口のサインから離れて、明らかに間違った道へ人々を導いていても、ほとんどの被験者がロボットに従うことを選んだということなのです。また何人かは、家具でさえぎられた暗い部屋までロボットについていったというのです。実験開始時点でロボットが故障したり、非効率的なルートを案内するなど信頼できないことがわかっていたという事実にもかかわらず、人々はロボットを信頼していました。この信じられないような結果は、人間が、安全に対するすべての責任をマシンにゆだねるのではなく、人間の経験と常識をもってテクノロジーと協調する必要があることを示しています。

　こんにちのデータ・ドリブンな世界では、ほとんどすべてのものを測定することが可能になってきています。企業は、従業員の行動やその感情についても測定することができます。測定の可能性を示している例としてご紹介したいのが、ヘルスケア業界の話です。

　現代医学の最先端にあるクラウドベースの健康モニタリングは、医療従事者が遠隔地から人々の健康をモニターし、必要に応じて助けやアドバイスを提供することを可能にします。たとえば、Philips Healthcare

Informatics（フィリップス・ヘルスケア・インフォテクニクス）によって開発されたあるウェアラブルデバイスは、高齢者が、介護施設に入居せずに、自分の家に住み続けることを可能にしました[*2]。首から下げられる小さなプラスチック製の装置は、小型の携帯電話、動作検知ソフトウェア、加速度計を内蔵しています。着用者が装置のボタンを押すことによって助けを求めることができるだけでなく、倒れた場合には、装置自体が誰かに警告を発することができます。このようなシステムでは、データは、ウェアラブルデバイスからクラウドに送信され、アナリティクスプログラムは受信したデータを介して気になる兆候を探し、必要に応じて医療専門家に警告を発します。ウェアラブル端末は、治療の必要性の懸念や原因になりうる足元の衰えのような微妙な変化さえも検出することができます。もちろん、血圧、心拍数、血糖値、血中酸素値などを途切れることなく追跡することもできます。この章で見るように、このようなウェアラブル技術は、従業員の安全と健康管理にも大きな役割を果たすことが期待され、その技術は常に進歩しています。

IoTで職場をより安全にする方法

　もちろんほとんどの雇用主は、誰も怪我などをすることがない安全な職場環境を望んでいます。しかし、職場での事故や仕事に関わる健康管理の問題は、いまだにあります。

　英国の安全衛生庁では、同国において、毎年平均60万人以上の労働者が職場での事故で負傷し、さらに50万人が仕事関係で健康を害していると推定しています。省庁はまた、職場での怪我や病気の総費用が140億ポンド以上になると見積もっています[*3]。この費用の大部分は、影響を受けた個人が負担しますが、約30億ポンドが雇用主によって直接負担されます。労働災害や健康問題の影響は、個人やその家族だけでなく、当該雇用主やその評判にとっても、重大なものです。いまだに問題があるということは、明らかに、何かを変える必要があるということではないでしょうか。

従業員の行動を変える

　こんにち、IoTは、従業員の安全に関する私たちの考え方と実現方法を変えてきています。

　職場の安全における課題の1つは、会社の安全規則に従うよう従業員の行動を変えること、または新しい安全対策を採用することです。IoTを活用した安全対策は、建設業界のように、契約や派遣社員に頼っている業界や企業では特に役立つと考えられています。IoTによる安全行動のモニターと明確な知見は、従業員の安全への取り組みを促進しています。IoTデバイス、特にウェアラブル機器やセンサーは、職場の安全と従業員活動に関する一連のデータをリアルタイムで生成することができます。これらのデータは、安全規則と安全対策が適切に施行されているかどうかを示すだけでなく、安全プログラムの将来的改善につながる知見も提供します。こういったデータによる安全プログラムの向上が実現するほど、従業員の賛同も得やすく、新しい安全対策プログラムを採用できる可能性も高くなるでしょう。

　重要な点は、IoTデバイスは、リアルタイムデータを送信することができるので、オンザフライ（即時）分析によって、安全とは言えない事象が発生した場合に、管理者に対して適切な措置を講じるための警告を発することができるということです。第4章では、従業員が適切な安全装備の着用をしていないことなどを検出するビデオデータの使用や、安全上の問題が発生しそうな状況を上司に通知する機能など、いくつかの例を示しました。これらは、将来における職場での事故や怪我を大幅に減らすことに役立つと思われるアナリティクス例です。職場の事故を予測する能力は確実に向上しています。カーネギーメロン大学の研究者は数年前、実世界のデータを使用して、80～97パーセントの正解率を持つ安全予測モデルを作成しました[*4]。このモデルは現在多くの企業で使用されており、事故件数の予測だけでなく、次月の事故発生場所の予測にも使用されています。

ウェアラブルの役割

　この章では、センサー、トラッキングバンド、スマート・ヘルメットなど、さまざまな業界で使用されているIoTデバイスの例を紹介します。ウェアラブル技術が従業員安全分野に与える影響は大きいと考えられ、「コネクテッドワーカー」というビジョンは、さまざまな業界で現実のものとなり始めています。

　IoTデバイスの優れた点は、過重労働状態（休息が必要な状態にも関わらずに働き過ぎている場合）や適切な安全装置が使用されていないときなどに警報を発して、私たちが意識できていない安全に関わる環境や状態を、従業員自身やその上司を含む私たちに意識させることができることです。警報による対策実施での改善だけではなく、警報を受け取ることによって、働く人側の安全意識が増す可能性が高いことから、この意識改革が安全性を劇的に向上させると期待されています。

　鉄鋼メーカー、North Star BlueScope Steel（ノース・スター・ブルースコープ・スチール）のIoT技術の活用例を見てみましょう[*5]。同社はIBMと協力して、リストバンドとヘルメットにIBMのWatsonのコグニティブ・コンピューティング機能とセンサーを組み込んだ安全プログラムを設計しました。IBM Employee Wellness and Safety Solution（IBM エンプロイー・ウェルネス＆セイフティーソリューション）と呼ばれるこのプログラムでは、作業現場において適切な安全プロトコルが守られていないことや、就業している人材に身体的な問題があることを探知し、作業員自身と監督者に、リアルタイムで警告を発信します。たとえば、作業員の動きが緩慢で、かつ心拍数、体温が上昇していることが検出された場合、熱性ストレスの可能性が考えられるため、上司に対しては警告が発信され、作業員本人には休憩をとるように勧められます。ここで着目すべき点は、個人のリアルタイムモニターだけでなく、探知されたデータに基づいて個人の行動に対するアドバイスが、パーソナライズされる機能です。

　同様に、インテルとハネウェルが提携して開発した"Connected Worker（コネクテッドワーカー）"は、センサーによって作業者の心拍

数、動作、ジェスチャーデータを収集し、事故や怪我を未然に防止するための個別アドバイスをするというソリューションを提供しています[*6]。これらについては、章の後半で詳しく説明しますが、同種のセンサー技術は、従業員の安全や健康の向上を目的とした働く環境のモニターに活用可能です。気温、騒音レベル、湿度、光レベル、有毒ガス、放射線といったデータの収集が可能になっています。

今や、センサーによって臭気を探知し、空気中の血液やアルコールなどの化学的特徴を検出することができるロボットさえあります。メキシコのモンテレイ工科大学研究者であるBlanca Lorena Villarreal（ブランカ・ロレーナ・ヴィラレアル）氏は、ロボット機器に組み込むことができる「電子鼻」を開発しました[*7]。このタイプの技術はすでに多く使われており、スウェーデンのエレブルー大学でも、埋め立て地でのメタンガスの漏れを検出する"Gasbot mobile robot（ガスボットモバイルロボット）"を開発しました[*8]。事実、ロボットは人間よりはるかに速くそしてより正確にこのような漏出を検出することができるようになっています。この章の後半で、さまざまな業界の例を見ていきますが、IoTが従業員の安全や健康の未来に関わることは明らかと言えるでしょう。

より安全な運転

運転は、人間が行っている最も危険なことの1つと言えますが、依然として営業や取引のための顧客訪問など仕事の一環として車を運転することは、多くあります。

Delta ID（デルタID）とバックミラー技術で知られるGentex Corporation（ジェネテックス社）は、協働で、虹彩認証技術を使った運転の安全性を高める技術を開発しました。ドライバーの眼の虹彩をスキャンし、ドライバーがその車両の運転を許可されていることを認証するバックミラーを開発したのです。現在この技術は、セキュリティを主な目的としていますが、この種のドライバースキャン技術は、将来、ドライバーの疲労やアルコールや薬物の影響の識別などへの展開が見込まれています。[*9]

ドライバーの疲労は大きな問題であり、交通事故の原因の最大20％を占めるとも言われています。さらに、ドライバーの疲労による交通事故は、死亡または重傷を負う可能性が約50％高くなると言われ、従業員が仕事の一環として自動車を運転している場合は、従業員の「疲労」状態の確認は重大です[10]。そして、これは運輸会社や業務で車を使う営業職などだけにあてはまるわけではありません。あらゆる種類の車輌機器の運転者に当てはまる問題です。Caterpillar（キャタピラー）のレポートによると、掘削機やブルドーザーなどの土工機械事故の主な原因の１つに作業員の疲労があると推定されています[11]。鉱業界や建設業界の企業にとって、運転作業員の疲労は従業員安全を考える上での重要な側面となっています。

　Seeing Machines（シーイングマシン）というオーストラリアの会社は、運転者の眼の動きをモニターすることによって運転者の疲労を捉え、対処する技術を開発しました[12]。鉱業界で使用される車両用に特別設計された追跡システムは、カメラ、位置情報システム（GPS）および加速度計を組み込んでいます。このシステムは、たとえば運転手の瞬きの頻度、それらの瞬きの持続時間、まぶたの動きの速さなど、目とまぶたの動きをモニターします。たとえ、運転手がサングラスをかけていてもモニターできます。運転手の頭の位置が下がり始めたかどうかの分析もします。運転手が1.6秒以上目を閉じると、トラックの中で音と座席の振動の両方で警報が発信されます。その後、警報が２回起こると、それがディスパッチャーまたは監督者に伝えられ、無線を介してドライバーと連絡することができます。３番目の警報が発せられた場合、運転手は自分の予定シフトから外され、休息に充てられます。『Wired（ワイヤード）』誌で、Seeing Machines社のCEO、Ken Kroeger（ケン・クローガー）氏は、このシステムによって「疲労状態」を70〜90％減らすことができると述べています[13]。

　この技術に感銘を受けたCaterpillarは、現在その技術を一部の鉱山用トラックに導入しています。運転作業員が注意を向けるべき場所から目をそらしていることを検出し、車両内で警報を発することによって未然

に事故を防ぐことに使われています。

　もちろん、Seeing Machines社がこの技術を提供している唯一の会社ではありません。運転手の疲労や注意散漫を測定するヘッドセットスタイル装置を提供しているMaven Co-Pilot（マーヴェン・コーパイロット）を含み、疲労や注意散漫度をモニターするための装置は数多くあります[*14]。この技術が、鉱山で使用される車両機器をはるかに超える用途を持っていることは容易に理解できます。潜在的には、あらゆる種類の配達車両、社用車、重量物運搬車（HGV）、さらには飛行機にさえ適応されるでしょう。

工業と製造現場をより安全にする

　コネクテッドワーカーという安全管理ビジョンは、多くの工業や製造現場で現実のものになる可能性は、近いでしょう。ハネウェルとインテルの"Connected Worker（コネクテッドワーカー）"ソリューションについて述べましたが、これは、従業員の安全に革命をもたらすようなウェアラブル技術の一種だと思います。この技術は、心拍数、呼吸、動き、姿勢、さらには有毒ガスの有無に関するデータを収集するいくつかのウェアラブルセンサーで構成されています。これらすべての情報はダッシュボードにまとめられ、監督者や安全の専門家がリアルタイムで従業員が経験していることを正確に把握し、危険な状況に対応したり、怪我や病気を未然に防いだりするために、危険な場所にフラグを立てて知らせることなどができます。もちろん、ほとんどの工業および製造現場では人間が機械を使って作業しています。

　IoT、特にセンサーは、機械の安全性と効率を向上させる上で重要な役割を果たしています。センサー技術は、機械に関わるコンプライアンス、安全性の異常、機械の停止（およびその原因）などを検証することに使用できます。この技術によって、企業の現場でリアルタイムに起こっていることと安全上のリスクの一層の理解、機械の誤用の正確な特定、安全に関わる停滞の低減が可能になると考えられています。このような

機械とITシステムの融合は、しばしば「コネクテッド・エンタープライズ」と呼ばれます[15]。

多くの産業や製造現場でテクノロジーが重要な役割を果たしているという事実にも関わらず、安全管理はしばしば過去の情報や他社事例など、伝統的でかなり古い方法や情報に頼ってきました。リアルタイムの洞察の収集は、大きな違いを生むでしょう。データの有益性を証明できる1つの方法は、設計されている機械と安全システムの使用方法、および実際に使用されている方法の間の不一致を識別することです。たとえば、緊急事態に使用されるはずの非常停止ボタンが、日常的な物詰まりを解消するために使用されていることを示すかもしれません。この誤用は、安全システムの効率を低下させ、それが本当に必要とされているときの安全システムを機能不全にさせ、人々を危険にさらす可能性があります。

こうしたデータから得られる知見は、従業員に対して追加的安全教育の必要を示します。労働者の安全を確保する責任者にとって、実際に起こっていることの把握ができていないことやその理由が分かっていないことは、事実上暗闇の中で働いているのと同じです。テクノロジーによるデータとアナリティクスは行くべき方向をガイドする光を与えるものと言えるでしょう。さらに、アナリティクスの予測機能の1つである詳細なリスク計算機能によって、機械安全システムのリスクの予測も可能になっています。

建設現場をより安全にする

建設現場における建設作業員は、有害物質の表出、振動、騒音など、仕事に関連して健康上、安全上の数多くの問題を経験する可能性があります。

新興企業の1つであるSmartSite（スマートサイト）は、建設現場の安全を支援するためのハードウェアおよびソフトウェア・ソリューションを開発しました。現在建設会社で試行されているこのシステムは、センサーを使用して、騒音レベル、紫外線レベル、および空気の質を測定

し、作業員が危険にさらされている可能性があるとき、それを監督に伝えます。目的は、過去の仕事経験に基づいてリスクを特定するのではなく、建設現場の実際の状況を正確に測定することです。

　IoTテクノロジーのおかげで、ヘルメットでさえも「スマート」になりつつあります。SmartCap（スマートキャップ）社は、機械操縦者の疲労度をほぼ95％の精度で検出するセンサーを装備したヘルメットを製造しました。もともとトラック運転手のために開発されたこのヘルメットは、ウェールズの鉄道プロジェクトで建設会社BAM Nuttall（BANナットオール）によってすでに使用されており、スコットランドでの公表が予定されています[*16]。

　別の建設会社、VINCI Construction（ヴィンシ建設）UKは、ViSafe（ヴィセーフ）センサー技術を使用して、建設作業員の作業進行状況のリアルタイムのデータを収集しています。このデータによって、モルタル板（レンガ職人が使用する下にハンドルが付いている板）の使用が、レンガ職人の腰痛被害をもたらす危険性を発見し、その削減がなされたことが報告されています。EcoSpot（エコスポット）というのモルタル板システムにより、作業員が20度以上背中を曲げる時間が85％も削減され、それだけでなく、システムは、1分あたりに置かれたレンガ数の17％増加を探知し、生産性も向上したということです[*17]。

暑さから人を守る

　近年、イギリスは30度を超える温度の熱波を数多く経験しました。中東やオーストラリア奥地のような場所で働く人々にとってはそれほど高い気温とは思われないかもしれませんが、イギリスにとっては極めて厳しい気温です！　このレベルの暑さでは机に向かっているだけでも大変です。さらに、屋外で仕事をしている人や肉体的な労務に従事している人にとっては、極端な暑さは深刻な危険をもたらす可能性があります。

　オーストラリア奥地で事業を展開しているエンジニアリング会社Laing O'Rourke（ライングオローク）は、IoT技術によって、過酷な条

件下における作業従事者の安全確保を目指しています[*18]。同社は、発汗や心拍数と体温、および装着者の周囲の気温を測定するセンサーを装着ベルトに装備したスマート・ヘルメットを開発しました。データはヘルメットからクラウドにアップロードされ、作業者が熱射病の危険にさらされているパターンであるかどうかが分析されます。危険が察知された場合、ヘルメットが音と振動によるアラームを受信し、作業者本人に木陰で休むよう警告します。この技術は、オーストラリア奥地という労働環境を超えて適用可能性があるでしょう。熱センサーはブドウ園など果樹農園の作業者から都心における建設現場まで及ぶ多くの異なる場面での使用の可能性が検討できます。

　現在、カリフォルニア大学バークレー校の研究者は、リストバンドやヘッドバンドに簡単に組み込むことができる汗の化学物質をモニターできる装置を開発し始めています。脱水症状の危険を予測する正確な方法です。センサーは汗を検出しますが、厳密には皮膚温度の変化に応じて測定値を調整します。これらのシグナルは、脱水レベルに関するリアルタイム情報を提供する付随のアプリにアップロードされます[*19]。

従業員の安全性と生産性とコネクティビティの繋がりを見る

　マシンと働く人間のコネクティビティの向上が、職場の安全性を劇的に向上させるのに役立つことは明らかですが、生産性も大幅に向上させることができると考えられます。この章の前半で概説した工場における機械の例について考えてみてください。機械や安全システムが意図した方法で使用されていないことによる早期故障や、予定外のメンテナンスによる長時間操業停止につながる可能性があり、明らかに生産性に影響を与えることになります。

　データとアナリティクスによって得られる安全関連の問題の詳細な洞察は、トラブルシューティングの能力の向上、迅速な問題解決への対処によるダウンタイムの低減、トレーニングの改善による問題の未然防止も可能でしょう。

同じことは、各コネクテッドワーカー個人にも当てはまります。この章ですでに見たレンガ職人の例では、生産性が17％向上したことが報告されていますが、IoTとのコネクトによる生産性の向上は、他の研究でも報告されています。その研究報告によると、コネクテッドワーカーの生産性は平均的に8〜9％向上し、その採用によるコスト削減は、約8％であったことが示されています[*20]。このような利点が確認されていることもあり、約500人の製造部門の部門長を対象とした調査結果で、その85％が、2020年までにIoTとコネクトした「コネクテッドワーカー」が当たり前になると考えていることにもうなずけます[*21]。

9-2 | 従業員の福利と健康の向上

　作業環境が安全であることを保証するだけでなく、温度センサーや換気などを管理し、自動的に開く窓など、職場の快適環境を保つことにも、センサー技術が使用されています。この種のテクノロジーは、すでに多くの組織にとって一般的なものとなっています。よって、このセクションでは、企業として従業員の職場環境を配慮する際の、より新しい、または今後注目されると見込まれている方法をいくつか紹介いたします。

　従業員の福利厚生や健康管理、特にBP（ビジネスパートナーとしての事業部付人事）のような機能が、データ・ドリブン健康管理プログラムを提供している例に焦点を当てたいと思います。

なぜ健康が重要なのか

　健康的な従業員は幸せであり、そういった従業員は仕事で良いパフォーマンスを発揮するという考え方は、深く考えるまでもなく、理にかなっていることと言えるでしょう。仕事に関連する最も一般的な病気として、ストレスや不安などの精神的健康問題や腰痛など筋骨格系の問題があります。このような健康問題による従業員の欠勤は、生産性の喪失と

企業コストの増大となります。英国での報告によると、健康問題に起因する職場欠勤は、現在の英国経済に対して年間180億ポンドのコストとなっており、2020年までに210億ポンドに達すると予測されています[*22]。このような状況もあり、ウェルネス・プログラム（健康管理経営）に対する雇用主の関心が高まっています。しかも、このようなプログラムは欠勤を減らすだけではなく、従業員のエンゲージメントと定着を促進することが示されています[*23]。

　データとアナリティクスは、ウェルネス・プログラムの有効性を向上させ、従業員のプログラムへの取り組みを奨励するうえでも重要な役割を果たし始めています。Fitbit（フィトビット）のような活動量計（ウェアラブル・フィットネス・トラッキングバンド）は、従業員自身による自己の活動レベルの認識が可能なため、従業員の自発的な健康管理プログラムへの参画が期待できるとして、無料での貸与や補助金制度などによる導入が進んでいます。この章の後半で詳細事例を紹介しています。

　組織にとっては、ウェアラブルデバイスからのデータやパルス調査への回答などのアナリティクスから雇用主としての健康管理プログラム適性や改善点を明らかにできるという利点があります。たとえば、パルスサーベイによって、ある健康管理プログラムについて予想よりも低い取得率の発生が分かった場合、会社としては、プログラムの変更や改善、または、新しいものへの置き換えを検討することができます。

従業員のメンタルヘルスを見る

　本書全体を通して見てきたように、人工知能（AI）は、従業員の精神的健康に関して、重要な役割を果たすようになってきています。第8章では、従業員の仕事に対する感情的な側面を検証するためのパルスサーベイと感情分析の使用方法について述べました。この種のテクノロジー、特に感情分析は、従業員のストレス、不安、またはうつ病の兆候を特定することさえできるようになっています。仕事から生じるストレス関連の病気にかかる従業員は、毎年40万人以上と言われ、ストレスは雇

用者にとっても、大きな関心事であるべきでしょう[*24]。英国の安全衛生庁によると、2015年から2016年における仕事に関連するすべての病気の37％、病欠のうちの45％がストレスによるものでした[*25]。[*T1]

　最近デジタルヘルスカンパニーのBioBeats（バイオビート）は、BNP Paribas（BNPパリバ）と共同で、従業員が、自身の健康管理と福利厚生プログラムをより適切に管理できるよう、AIベースでパーソナライズプログラムを推奨する試みを実施しました。試行の一環として、560人のBNP Paribasの従業員が、Microsoft Band 2（マイクロソフト・バンド２）を着用、生体データを継続的に収集し、それらのデータをBioBeatのAIエンジンによる分析に送信しました。この試行結果から、プログラムは、知覚されたストレスと実際のストレス、そして、ストレスと物思いにふける人との関連を特定しました[*26]。

IoTで身体の健康状態を向上する

　テクノロジーは、従業員が危険にさらされている時やストレスや不安に悩んでいることを特定するネガティブな状態への対応だけでなく、より健康でアクティブな生活を送ることにも役立ちます。それに対するIoTの役割は大きいと言えます。ちょっと考えただけでも、活動量計を着用したり、スマートフォンのアプリを使って１日の活動や歩数をトラッキングしたりしている人を沢山思い浮かべることができるのではないでしょうか。

腰痛のリスクを減らす

　私は、英国における病欠日数の12.5％が腰痛であることを知り、ショックを受けました[*27]。多くの人が１日中机に向かって座って仕事をしていることに起因するのかもしれません。良い姿勢を保って座るとしても、そもそも人間の体は、１日７時間座って仕事をするようには作られていないということではないでしょうか。１日中綺麗な姿勢を維持するのには、苦労しています。考えてみると、私たちのほとんどは、自分たちの

姿勢を意識すらしていません。しかし、長期にわたる悪い姿勢は、健康への深刻な影響をもたらす可能性があるとして、警告されており、見逃がすことができません。

　職場のリスク評価や、背中の支えがある椅子やフットレストのような人間工学的な製品も従業員の腰痛予防に役立つと思われますが、もっと多くの対策機会があるでしょう。解決策の一部はIoTにあるかもしれません。私たちは、すでに多くの物と人とのコネクションが増してきている例を見てきました。そして、今、オフィスチェアにも、IoT技術が使われ始めています。人間工学に基づいた超高級な椅子を使っていても、一般に、人は、仕事をしている間は、自分の姿勢に気づいていないので、悪い姿勢で座ってしまうことがあります。これを念頭に置いて、BMA Ergonomics（BMAエルゴノミクス）によって製造されたAxia Smart Chair（アクシアスマートチェア）は、人が机に向かっているときの姿勢をモニターし、腰痛の発生を避けるための姿勢改善フィードバックを提供するように設計されています[*28]。座席のセンサーは、ユーザーの姿勢を記録し、適切ではない座り方をしているとき、振動によってそれを通知します。Smart Lavel（スマートラベル）も、座っている時の姿勢や過去1時間の様子を確認することも可能にし、付随するソフトウェアは、姿勢改善のアドバイスを提供します。根底にあるアイデアは、従業員の姿勢に対する意識を高め、必要に応じて姿勢を修正し、将来的な腰痛を未然に防止しようということです。

活動量計の役割

　活動量計（ウェアラブル・フィットネス・トラッキングバンド）のようなIoTは、より明白な方法で従業員の健康管理に影響を与えており、世界中の企業の健康プログラムの一部になりつつあります。

　世界最大のフィットネス・トラッキングの供給者の1つであるFitbit（フィットビット）は、BP（ブリティッシュペトロリアム）やBank of America（バンクオブアメリカ）を法人顧客とし、これらの企業はその従業員、30万人以上に対して、フィットビットバンドを供与しました。IBMも、

２年間で４万個のFitbit（フィットビット）をスタッフに配布し、Barclays（バークレイズ）は７万５千人の従業員に補助金交付してフィットビットを提供しました[*29]。Fitbitの企業向けウェルネス製品には、従業員の行動をモニターするためのダッシュボードなど、雇用主向けの一連のツールとリソースも提供されています。トラッカーは、スタッフに対して立つことや歩くことを促すだけではありません。装着者に対して、健康プログラムへの参加やデータから得られた健康結果の改善も催促します。特にアメリカでは、これらのトラッカーから得られた従業員の健康状態や活動データを元に保険会社と交渉することも可能なため、雇用主の健康保険のコストの削減にも活用されています。

BP（ブリティッシュペトロリアム）では、翌年の保険料割引の獲得を目指し、会社の目標として、１年間で一人100万歩歩く"ミリオンステップチャレンジ（Million Step Challenge）"というプログラムを実施し、プログラムの一環として、従業員にFitbitを供与しました。報告によれば、このプログラムは、従業員の75％という素晴らしい参加率を得て、さらに、2015年には参加従業員の81％が100万歩の目標を達成したということです[*30]。これをもって、会社として、全社員への活動量計の導入を進めるべきだと言っているわけではありません。しかしこの事実は、IoT対応の健康管理プログラムが、従業員の参加意思を得やすいことを示しているのではないでしょうか。

活動量計やモバイルアプリを活用して、自分の活動や健康測定基準を記録する人が増えていることも事実です。健康維持という個人の関心事との一致が、企業によるウェルネス・プログラムの発展につながるのではないでしょうか。

将来の健康課題を予測する

IoTを活用した従業員ウェルネスにおける次のステップは、予測分析を使用して不健康状態を回避することです。ウェアラブル技術と予測分析を組み合わせて、Intel（インテル）は、従業員の病気兆候の早期発見と、企業によるその回避行動を支援するためのCOVALENCE Health

Analytics Platform（コヴァレンス・ヘルスアナリティクス・プラットフォーム）を開発しました[*31]。このプラットフォームは、活動量計（フィットネス・トラッカー）から収集されたデータ（心拍数、活動レベル、睡眠パターンなど）、および過去の健康データと自己申告によるデータを組み合わせて分析することで、各人の健康状態の傾向を把握し、従業員に対して、潜在的な健康課題への注意喚起や健康目標に向けての進歩がない場合に警告サインを送るなどを行います[*32]。危険な状態であると特定された従業員は、健康問題の発生の遅延や回避のためのサポートプログラムやコーチングを受けることができます。

9-3 | データ・ドリブン安全管理と健康管理の潜在的なマイナス面

　技術的には増え続ける活動データや健康データをモニターできることは明らかですが、問題は、どこまでモニターすることが許されるのか、いきすぎた「監視」となってはいないかということです。特に、従業員の健康データは、非常に機密性の高い個人データであることは明らかであり、その情報は慎重に取り扱われるべきです。雇用者としての企業には、データの取り扱いについてオープンで、透明性の高い行動が求められます（第6章を参照）。

貴重な健康データ

　衝撃的なことに、闇市場における健康データは、クレジットカード情報の10倍の価値で取引されていると報告されています[*33]。2014年には、米国最大のヘルスケア・プロバイダーの1つであるCommunity Health Systems（コミュニティーヘルスシステム）株式会社は、450万人分の患者の個人情報を、ハッカーに狙われました[*34]。健康データを標的としたサイバー犯罪は、より広範に及ぶ傾向にあります。大量の個人健康データは、医療詐欺に使うことができるため、非常に貴重なのです。一般

に、医療詐欺は銀行詐欺などよりも検出が遅いため、健康データは犯罪者にとって非常に魅力的なのです。さらに健康データは、クレジットカード・データやその他明らかに詐欺のターゲットになると思われる情報ほど保護されていないことも多く、これが健康データを狙いやすいものにしています。2017年のWannaCry（ワナクライ）というマルウェアによる英国国民健康サービスへの攻撃が示すように[*35]、健康データに対する犯罪は、アップデートが必要な旧型システムを使っていることが多い医療機関にとっての問題と思われがちですが、従業員の健康データを取り扱っている雇用者としては、顧客データ取り扱いと同等レベルの保護対策をとることによって、価値ある従業員データを守ることは絶対に必要です。

雇用主は従業員についてどのくらい知っておくべきか

　従業員データの追跡は、権力者がその権力を振りかざして監督しているような印象を与えたり、従業員の懐疑心を生み出すことになってしまうこともあります。2016年のある記事で、従業員自身が妊娠や妊娠予定を雇用主に開示するまえに、雇用主が、データを使って妊娠や妊娠予定の従業員を特定していたことが報道されていました[*36]。これはプライバシーの侵害であるだけでなく、従業員の正式な妊娠開示の前に雇用主が妊娠中またはすぐに妊娠を予定している女性（たとえば昇進の判断に使うなど）を秘密裏に差別する可能性も高めます。この記事で、Walmart（ウォルマート）と連携しているヘルスケア分析会社Castlight Health（キャスライトヘルス）は、従業員の健康データを掘り起こすことによって、そのデータ区分に従って従業員を特定の属性によって選別することが可能であることについて説明しています。Castlightのシニア・プロダクトマネジャー、Alka Tandon（アルカ・タンドンドン）は、「糖尿病と診断される危険性のある人、妊娠している可能性のある人、腰痛手術を必要としている人を見分けることができます」と語っています[*37]。Castlightは、顧客と共有するデータには、トップラインの数字のみを共

有し、個々の従業員の名前は開示していないことを表明しています。しかしながら、潜在的には、雇用者側がデータが誰を示しているのかを推測することは容易に想定できます。あるいは、もしデータが、女性従業員の20%は家庭を築きたいと思っていることを強調すれば、雇用者側はその雇用慣行において女性を差別し始めるかもしれません。また従業員は、上司や雇用主が自分の健康状態の把握や、健康面での問題の可能性を特定できるということを不快に感じるかもしれません。

　2012年頃、オハイオ州の医療機関であるThe Cleveland Clinical（クリーブランド・クリニック）は、肥満やその他喫煙などのリスクがあり、会社のウェルネス・プログラムに参加しなかった従業員には、健康保険料の20%強の増額支払いを発表しました。プログラムに参加したものの、プログラム管理者が設定した健康目標を達成しなかった人の保険料もほぼ10%上昇しました。ペンシルベニア州立大学でも、従業員の健康データをめぐって論争となる事例がありました。全職員必須の健康診断の際、最近離婚を経験したか、あるいは妊娠予定があるのかを尋ねる「健康リスク」アンケートを実施したのです。計画では、アンケートへの記入を拒否した場合は、月額100ドルの罰金が科せられるというものでした。（当然、）相当数の職員の抗議に直面し、同校はその計画の破棄を余儀なくされました。

これらの課題を乗り越える

　これらのことからもわかるように、人事チームにとっての課題は、従業員を不快にさせることなく、ウェルネス・プログラムへの参加を奨励し、データを使用して従業員がより健康的な生活を送れるようにすることです。そしてその結果として、会社に利益をもたらすことです。BP（ブリティッシュペトロリアム）の”ミリオンステップチャレンジ（Million step challenge）”プログラムでは、上司となる人々には、集約されたデータにしかアクセスさせず、各個人の活動を深く知ることができないようにしました。賢明な方法だと思います。また、重要なことは、

BPのプログラムは、自発的なものだということです。ウェルネス・プログラムへの参加が必須になったとき、または彼らの健康データが何らかの形で罰則規定などに使用される可能性があると感じたとき、プログラムへの従業員の賛同は得にくいでしょう。さらに、第6章で見たように、従業員にデータ提供の見返りとしてのインセンティブ制度を設けることによって従業員の参画を増す方法もあります。BPが年間100万歩を突破した人々に対してより低い保険料の適応を実施した制度などは、まさにそれです。職場での運動施設の提供やジム会員資格の割引（または無料）の提供、社員食堂での健康的な食事の提供などのように従業員の幸福を促進する方法は、もちろん、データ活用以外にも数多くあります。このような良い福利厚生制度や習慣をデータサービスに置き換えることは決してできません。しかし、データとアナリティクスの有効活用は、人事チームとして、従業員の健康管理と安全環境改善方法についての貴重な洞察を得る機会ともなるのです。

重要なポイント

　従業員の安全と健康管理は、データとアナリティクスにおける最もエキサイティングで急速に発展している分野の1つであると言えるでしょう。この章で示されたことが、データ活用による会社の安全対策やウェルネス・プログラムの改善を促すヒントになることを期待しています。この章のポイントは次のとおりです。

- 英国においては、毎年50万人を超える労働者が職場での事故による怪我にあっており、さらに50万人が仕事に関連すると考えられる健康障害に苦しんでいます[*T2]。

- データ関連技術、特にウェアラブル技術とセンサー技術は、建設現場・工場から通常のオフィスまで、職場をより安全で快適な場所にしています。

- IoTデバイスはオンザフライ（即時）分析によってリアルタイムデータを送信できます。それによって、危険行為の検知と同時に管理者に警告を発して適切な措置を講じることができます。

- 作業者とマシン両者のコネクティビティー（接続）の強化は安全性の劇的向上とともに、生産性の向上も期待されます。

- ウェルネス・プログラムは、従業員の健康増進とともに幸福感を奨励する施策として、企業での普及が進んできています。

- Fitbits（フィットビット）のような活動量計（ウェアラブル・フィットネストラッキングバンド）の従業員に対する供与（無料または補助金で）が増えています。

- 従業員の健康とウェルネスに関するデータ保護には、適切な予防措置を講じることが重要です。また、従業員は、自分の健康状態を上司が知るということに不快感を覚えるかもしれません。

- 人事チームにとっての課題は、従業員に対してウェルネス・プログラムへの参加を奨励し、彼らがより健康的な生活を送ることができるよう、従業員に不快感を与えることなくデータを活用することです。

　次の章では、従業員のキャリア支援、学びと成長機会の提供から職場の安全と健康を確かなものにしていくためのデータとアナリティクスの使い方を考えます。

第9章脚注

1　Alphr［accessed 23 October 2017］People Trust Safety Robots over Common Sense, Even When It Puts Them in Danger［Online］http://www.alphr.com/

robotics/1002840/people-trust-safety-robots-overcommon-sense-even-when-it-puts-them-in-danger

2　New Scientist（2015）[accessed 31 January 2018] How Cloudconnected Sensors will Provide 24/7 Healthcare [Online] https://www.newscientist.com/article/dn28342-the-internet-of-caring-things/

3　Health and Safety Executive [accessed 23 October 2017] Costs to Great Britain of Workplace Injuries and New Cases of Work-related Ill Health – 2015/16 [Online] http://www.hse.gov.uk/statistics/cost.htm

4　Schultz, G（2013）[accessed 23 October 2017] The Era of Big Data Analytics in Safety [Online] http://www.naylornetwork.com/ngcsafetyMatters/articles/index.asp?aid=241739&issueID=38258

5　O'Connor, C（2016）[accessed 23 October 2017] Improving Worker Safety with Wearables [Online] https://www.ibm.com/blogs/internetof-things/worker-safety-and-wearables

6　Honeywell（2015）[accessed 23 October 2017] Honeywell & Intel Demonstrate Wearable IoT Connected Safety Solutions for Industrial Workers & First Responders [Online] https://www.honeywell.com/newsroom/news/2015/11/honeywell-intel-demonstrate-wearable-iotconnected-safety-solutions-for-industrial-workers-first-responders

7　Science Daily（2014）[accessed 23 October 2017] Electronic Nose Could Aid in Rescue Missions [Online] http://www.sciencedaily.com/releases/2014/07/140723110403.htm

8　Gasbot [accessed 31 January 2018] The Gasbot Project [Online] http://www.aass.oru.se/Research/mro/gasbot/index.html

9　Cision PR Newswire（2017）[accessed 31 January 2018] Delta ID Introduces Iris Scanning Technology for In-car Biometrics and Secure Autonomous Driving at CES 2017 [Online] https://www.prnewswire.com/news-releases/delta-id-introduces-iris-scanningtechnology-for-in-car-biometrics-and-secure-autonomous-driving-atces-2017-300386174.html

10　RoSPA [accessed 23 October 2017] Driver Fatigue and Road Accidents [Online] https://www.rospa.com/road-safety/advice/drivers/fatigue/road-accidents

11　Caterpillar（2008）[accessed 31 January 2018] Operator Fatigue: Detection Technology Review [Online] https://www.slideshare.net/willred/cat-fatigue-technology-report-2008

12　Solon, O（2013）[accessed 23 October 2017] Eye-tracking System Monitors Driver Fatigue, Prevents Sleeping at Wheel [Online] http://www.wired.co.uk/article/eye-tracking-mining-system

13　Ludwig, S（2017）[accessed 23 October 2017] Reimagining Safety with the Industrial Internet of Things [Online] http://ehstoday.com/safety/reimagining-safety-industrial-internet-things

14　Maven Machines [accessed 31 January 2018] The Maven Co-Pilot [Online] https://mavenmachines.com/maven-co-pilot/

15　Kolodny, L（2016）[accessed 23 October 2017] Smartsite Uses Sensors to Monitor Construction Workers' Health and Safety [Online] https://techcrunch.com/2016/08/22/smartsite-uses-sensors-to-monitorconstruction-workers-health-and-safety

16　BAM Nuttall（2017）[accessed 23 October 2017] BAM Nuttall and SmartCap Technologies Collaborate to Monitor Construction Workers Fatigue Levels, press release [Online] http://www.bamnuttall.co.uk/images/editor/BAM%20SmartCap%20 Final%20draft%20(3).pdf

17 Smith, S (2016) [accessed 23 October 2017] IoT: Reducing Back Injuries and Costs, Improving Productivity [Online] http://ehstoday com/construction/iot-reducing-back-injuries-and-costsimproving-productivity

18 Microsoft News Center (2015) [accessed 23 October 2017] Doffing the Hat to an Innovative Safety Solution [Online] https://news. microsoft.com/en-au/2015/11/17/doffing-the-hat-to-an-innovativesafety-solution

19 Yang, S (2016) [accessed 23 October 2017] Let Them See You Sweat: What New Wearable Sensors Can Reveal from Perspiration [Online] http://news.berkeley.edu/2016/01/27/wearable-sweat-sensors

20 Hobbs, M (2017) [accessed 23 October 2017] The Connected Industrial Worker: Achieving the Industrial Vision for the Internet of Things [Online] http://www.telegraph.co.uk/business/digital-leaders/horizons/telegraph-horizons-connected-industrial-worker

21 Accenture [accessed 23 October 2017] Disrupting the Enterprise [Online] https://www.accenture.com/t20170227T211435__w__/usen/_ acnmedia/PDF-43/Accenture-Enterprise-Disruption-Driving.pdf

22 FirstCare (2017) [accessed 23 October 2017] Cost of Absence to UK Economy Rises to £18 Billion [Online] http://www.personneltoday.com/pr/2017/03/ cost-of-absence-to-uk-economy-rises-to-18-billion

23 Wright, A D (2015) [accessed 23 October 2017] How Fitness Trackers Can Boost Employee Wellness [Online] https://www.shrm.org/ResourcesAndTools/hr-topics/ technology/Pages/Fitbits-and-Workplace-Wellness.aspx

24 Trades Union Congress [accessed 23 October 2017] Rep Guidance: Stress [Online] https://www.tuc.org.uk/union-reps/stress

25 Health and Safety Executive [accessed 23 October 2017] Work-related Stress, Depression or Anxiety Statistics in Great Britain 2017 [Online] http://www.hse.gov.uk/statistics/causdis/stress/stress.pdf

26 [Accessed 23 October 2017] [Online] https://biobeats.com

27 Shafizadeh, M (2016) Movement coordination during sit-to-stand in low back pain people, Human Movement, 17 (2), 107–11

28 BMA Ergonomics [accessed 23 October 2017] Axia Smart Chair [Online] https:// www.bma-ergonomics.com/en/product/ axia-smart-chair/#ad-image-0

29 Farr, C (2016) [accessed 23 October 2017] How Fitbit Became the Next Big Thing in Corporate Wellness [Online] https://www. fastcompany.com/3058462/how-fitbit-became-the-next-big-thing-incorporate-wellness

30 Wellable (2015) [accessed 23 October 2017] BP's Wellness Program Produces 2:1 ROI by Asking Employees to Take a Million Steps [Online] http://blog.wellable.co/2015/02/04/bps-wellness-programproduces-21-roi-by-asking-employees-to-take

31 Young, E (2015) [accessed 23 October 2017] Do You Want Your Company to Know How Fit You Are? [Online] http://www.bbc.com/news/business-33261116

32 McKinsey and Company (2015) [accessed 23 October 2017] Realizing the Benefits of Health Analytics and Wearables for Population Health [Online] https://www.intel.com/content/dam/www/public/us/en/ documents/solution-briefs/benefits-health-analytics-wearables-brief.pdf

33 Humer, C and Finkle, J (2014) [accessed 23 October 2017] Your Medical Record Is Worth More to Hackers Than Your Credit Card
[Online] http://www.reuters.com/article/us-cybersecurityhospitals-idUSKCN0HJ21I20140924

34 Pagliery, J (2014) [accessed 23 October 2017] Hospital Network Hacked, 4.5 Million Records Stolen [Online] http://money.cnn.com/2014/08/18/technology/security/hospital-chs-hack/index.html

35 Graham, C (2017) [accessed 23 October 2017] NHS Cyber Attack:
Everything You Need to Know about 'Biggest Ransomware' Offensive in History [Online] http://www.telegraph.co.uk/news/2017/05/13/nhs-cyber-attack-everything-need-know-biggest-ransomware-offensive

36 Zarya, V (2016) [accessed 23 October 2017] Employers Are Quietly Using Big Data to Track Employee Pregnancies [Online] http://fortune.com/2016/02/17/castlight-pregnancy-data

37 McGee, S (2015) [accessed 23 October 2017] How Employers Tracking Your Health Can Cross the Line and Become Big Brother [Online]
https://www.theguardian.com/lifeandstyle/us-money-blog/2015/may/01/employers-tracking-health-fitbit-apple-watch-big-brother

＊T1（翻訳者注釈）：日本におけるメンタルヘルス関連の情報　http://kokoro.mhlw.go.jp/statistics/（厚生労働省　「働く人のメンタルヘルス・ポータルサイト」）

＊T2（翻訳者注釈）日本における労働災害関連データに関しては、厚生労働省の「職場安全サイト」http://anzeninfo.mhlw.go.jp/user/anzen/tok/anst00.htm　参照のこと

第**9**章 ── データ・ドリブンな従業員の安全とウェルネス（健康経営）

241

第 **10** 章

データ・ドリブン
L&D

Data-driven learning and development

人事の中核機能であるラーニング＆デベロップメント（学習と開発：L&D）は、ビッグデータ技術によって大きく変わろうとしています。教育の世界で今起きているデジタルトランスフォーメーションを一瞬でも見れば、学校、大学から企業での学習に至るまで、すべてのレベルでビックデータが学習をどのように促進しようとしているのかのポイントを知ることができるでしょう。

　現在、教育上のすべてのことが計測可能になっていると言っても過言ではありません。学生のテスト結果にはじまり、オンラインコースでの学習具合、コース内容の理解などを測定できます。データは教育で広く使用されており、小学校でさえも生徒のスキルやレベルを詳しく認識するために使われ、悪戦苦闘している生徒や更にサポートが必要と思われる生徒を特定するのに役立てています。第7章で見たように、Facebookは、私たちが「何が好き」かの情報に基づいて私たちの思考を予測しています。このような進歩のすべては、企業のL&Dプログラムに注入され、組織とその従業員のニーズに合わせたインテリジェント設計を可能にしています。

　この章では、教育の世界（学校、大学）で起こっている、劇的な変革の概要から説明します。そのことにより人事がデータ・ドリブン学習からどのようにベネフィットを得ることができるかについてのアイデアを提示します。次に、企業のL&Dで起こり始めた変化とビッグデータ・テクノロジーがどのように組織内の学習ギャップを特定してデータ・ドリブン型学習プログラムを配信し、学習者がどのように学習し始めているのか、また、L&Dプログラムがどのように会社の業績に影響を与えるかを探ります。さらには、最先端の開発、バーチャル・リアリティ（VR）と拡張現実（AR）についても概観してみます。最後に、ビッグデータ・テクノロジーをL&D活動に適用するときに注意するべき重要な落とし穴をお話しして章を締めくくります。

10-1 | データによる学校や大学での 教育の良い意味での混乱

たとえ学生が伝統的な教室の環境にいる場合でも、ラップトップやタブレットを経由してオンラインで調整された学習が起こっています。そこでは、彼らがどのように学んでいるかについて大量のデータが生成されています。教育機関で活躍しているイノベーターたちは、より良い教育戦略を特定し、学生が効率的に学習できていない部分にハイライトを当てることによって、より効果的な教育提供の変革を進めています。

個々の生徒に合わせた学習

教育は基本的に、常にフィードバックの循環でした。先生が問題を提示し、生徒がそれを解答しようとします。その試みから、教師は生徒が理解していることと理解していないことを知り、それに応じて指導を調整してきました。同様に学生は、彼らが取り組む問題についての詳細を理解します。教師が、学生であふれている教室で対峙しているとき、データとテクノロジーはこのフィードバックプロセスの促進を助けます。以前は教師が、何百人もの生徒をモニターする必要があったため、どの生徒が特別な手助けを必要としているのかを特定することは困難でした。よって、昔は、教師の直観に基づいて支援が行われていました。また、これまでは、生徒が落ちこぼれる危険があるときの最初のサインは、テスト得点が不十分であった時だったかもしれません。

個々の生徒の達成度を継続的に分析し評価するというデータに基づくアプローチによって、各生徒個々の興味、すでに獲得している知識、および学力のレベルを考慮した個別化された学習を提供できるようになっています。

教師はコースに沿って生徒を学ばせることができますが、多くの生徒がいる教室で、各生徒に対して、特定の問題領域を指摘しながら育成を促すのは難しい仕事です。これが、保育園クラスから大学レベルまで、

学生の進歩を分析し、より良いテスト問題を作成し、個人別サービスを提供しようとするKnewton（ニュートン）のようなアダプティブラーニング（適応学習）企業が数多く立ち上がっている理由です。

　重要なことは、これらのデータ・ドリブンコースはそれぞれ個々の学生に適応しているということです。現在のテクノロジーは、学んでいる生徒をモニターし、その生徒にとって、そのセクションが難しすぎるか丁度よいかに応じて残りのコース教材を調整することを、リアルタイムで行っています。このような個別学習は、他の生徒が何を勉強しているかに関係なく、各自のペースで学ぶことを可能にします。教師はその情報を受け取り、どの生徒がどこでつまずいているかを理解したり、クラス全体のパフォーマンスを分析したりできます。

　別の開発例として、IBMが最近発表した「スマート教室」のビジョンがあります。それは機械学習を使ったオンライン学習システムで、授業から脱落する危険性が高い生徒を特定し、生徒の落第を防止するために、教師が最適な介入をできるように支援します[*1]。また、生徒各自の学習スタイルを識別し、どの種類のコンテンツがどの生徒に最適であると、そのコンテンツの最良の配信方法を教師に示します。IBMのWatson（ワトソン）のようなコンテンツ分析をするシステムは、学習者のためにコンテンツを整理し、最適化するのを助けます。

学校でのAIのインパクト

　しかし、これらすべての技術が、教師自身にとって意味することは何でしょうか。優れた教師たちは、若い人たちの育成に熱心であり、生徒が学習内容を理解したときに見せる輝く目を見ることで教師自身も成長することに、この職業の魅力を感じているでしょう。効率的なデータ管理者になるというアイデアは、ほとんどの教師にとっては魅力的ではないかもしれません。それは人間対マシンという古典的なシナリオ、すなわち、人工知能（AI）の教え方と教育援助の提供の仕方が上達するにつれて、問題は、必然的に人間の教師がコンピュータに置き換えられる

か（またはいつ取って変えられるか）ということになります。

　アメリカでは、ホームスクーリングの快適さと便利さを備えた、教師とカリキュラムの恩恵を提供するオンラインスクールに在学する生徒が国中にいます。教えることの多くはコンピュータ・プログラムによって行われますが、これらの学校にはまだ、生徒からの質問に答える人間の先生が在籍しているのです。現時点において、私は、「サイボーグ」が私たちの教室を引き継ぐとは思えません。代わりに、教師とAIコンピュータが協力して、あらゆるレベルの生徒に対してより強力で優れた教育の経験を提供するようになるでしょう。以下は、AIが良い意味で教育を混乱させている例のほんの一部です。

- AIは、紙に印を付けるなどの基本的な繰り返しの作業を自動化できます。こんにちのエッセイ・グレーディング・ソフトウェア（小論文評価ソフト）は、人間の教師に匹敵するものではありませんが、コンピュータ・プログラムはあらゆる種類の多肢選択および空白記入スタイルの宿題を正確に採点することができます。
- 教育用ソフトウェアは、各生徒の学習進捗と正確に一致するようにそのプログラム調整できます。教育プログラムは個々の生徒の学習スピードに合わせたコースワークの調整ができ、生徒がつまずいているときに追加の支援を提供したり、他の生徒よりも先に進んでいる生徒には、学習を豊かにする追加内容を提供したりします。
- AIは教室を超えて自宅で生徒をサポートすることができます。親であれば知っているように、子供が宿題で苦労するとき、それは大きな挑戦になる可能性があります。自宅からアクセスできる教育プログラムは、昼夜を問わずいつでもサポートを提供することができ、さらにそれを必要とする生徒に追加の個別指導を提供することもできます。
- AIは、教師が生徒により良い学習経験を提供するのを助けることができます。教育用ソフトウェアが、生徒の大部分が特定の質問への回答を間違えていることに気づいた場合、その質問にフラグを立てることができます。そして教師に対して、彼らの授業により詳細な説明、

あるいは明確な説明が必要であるとのフィードバックを提供します。
- コンピュータ・システムは、保護者、教育者、および管理者に貴重なフィードバックを提供できます。これにより、普段の学習とは切り離した形で行われる標準化されたテストの必要性を減らすことができ、教師と学校のパフォーマンス評価を助け、平準化された活躍の場を提供できる可能性があります。

劇的とも言える教育環境の変化ですが、驚くべきことではありません。コンピュータは大学で生まれました。そして1980年代までに、それらは小中学校でも一般的になりました。あなたは学校や大学でインターネットの最初の経験をしたかもしれません。ITと教育は常に密接に関わってきました。データは単に別の側面を教育に追加しただけなのです。

教育分野の実例

私は、教育におけるデータとアナリティクスの最先端の使用法を目にしてきました。教師と学生双方が学校生活を最大限に活用することを支援しているテクノロジーについては、多くの例を挙げることができます。たとえば、ウィスコンシン州のメノモニーフォールズ学区では、各部署のリーダーはデータとアナリティクスから知見を得る方法について学ぶクラスに参加するよう奨励されます[*2]。それによって、教室の清潔度の改善からスクールバス路線の計画に至るまで、データが使用されてきました。以下は実例のほんの一部の例です。

生徒の態度改善

あるアメリカの中学校で、何らかの理由で懲戒処分のために校長室に送られる生徒の数が増え、心配になるほどの人数まで増加していました。データを使って検討したところ、これがアイススケートやそり旅行などの修学旅行の減少と同時に起こったことに気づきました。これらの活動を復活したところ、生徒間での問題行動が改善し、校長に面会する回数

の顕著な減少を示しました[*3]。

カンニング行為の減少

　学校はまた、生徒の間での試験における不正行為や盗用を削減することを目的とした新しいテクノロジーも装備しています。Proctortrack（プロクタートラック）システムは、学生がオンライン試験で着席中、ウェブカメラとマイクを使用して生徒をモニターすることにより、不正行為を防止することを目的として導入されています。不正行為のプロファイルを作成することで、疑わしい活動を認識してフラグを立てることができます。Proctortrackはまた、顔認証を使って生徒本人がテストを受けていることを確認し、許可されていない情報源を使っていないことを確認するために、コンピュータ・アクティビティや試験中の目の動きまでトラッキングをし、モニターします。このシステムは、遠隔学習だけでなく、伝統的な試験会場で行われる試験にも使用できます。

学生の教育経験を向上させる

　大学でも、教育経験を向上させるためにビッグデータ技術が使用されています。高等教育機関での講義は、その性質上、学校の授業よりも対話的ではありません。おそらくこれは年長のより高度な学習者に対しては、授業で注意を払う必要性が少ないとの間違った想定に基づいています。これは、学生が最終試験で合格または落第するかという問題以前に、講師たちが彼らの教授法の効率性についてほとんどフィードバックを得ていないということではないでしょうか。

　ミシガン大学のある教授が、この問題に対処するためにLectureTools（レクチャーツール）ソフトウェアを開発しました。このプログラムでは、受講生は自分のラップトップで講義のプレゼンテーションをフォローし、講義を受講しながら注釈を付けることができます。また、講義の進行中に匿名の質問をすることもできます。これらの質問は講師の画面に表示されます。人前で話すことが恥ずかしかったり、理解不足で困惑していたりする学生が質問をすることを容易にするためです。このシス

テムにはまた「混乱しています」ボタンもあり、講師はこれらすべての機能の使用統計を調べて、説明を微調整したり、個別対応が必要なときに生徒と連絡を取ったりすることに使用できます。

教室を超えて

もちろん、すべての教育が教室で行われるわけではありません。インターネットのおかげで、遠隔学習は、年齢層の違い、地理的条件、所得水準、特定の空き時間の有無に関係なく、伝統的な教育機関への参加が困難な人々が教育を受けることを可能にしています。コンピュータやタブレットを介してすべての教材や試験を配信する大規模オンラインオープンコース（MOOCs：ムークス）は、人々の学び方に関する豊富な知見を提供しています。ハーバード大学は最近Harvard X Insights（ハーバードXインサイト）を開発しました。これはコースから集められたデータをリアルタイムで調べることを可能にするツールです[4]。コースを受講している世界中の何百万人もの人々からのデータ（実際にそれらを修了した人数ははるかに少ない）を分析して、学習者が失敗する原因となる障壁の発見を可能にするものです。この章で見るように、オンライン学習と進捗状況を追跡して測定する機能は、L&Dの世界に大きな影響を与えています。

10-2 | L&Dの デジタルトランスフォーメーション

あるL&D担当役員を対象とした調査によると、ほとんどの回答者が今後数年間でコーポレート・ラーニングが劇的に変化すると予想しており、60%以上がL&D支出と各従業員のトレーニング時間を増やす予定と答えたということです[5]。これは驚くことではありません。

教育セクターと同様、企業のL&Dもデータと分析のお蔭で急速に進化しています。テクノロジーの発展によって、オンライン学習による（一定のペースで提供される集団トレーニングプログラムの一部である

のとは対照的に）各自のペースでコンピュータ・スクリーン上において
学習するという学習概念は、ますます普及してきています。以下に、Ｌ
＆Ｄがデータによって変容している様子を簡単に見てみましょう。（図
10.1参照）。これらのトレンドのうち最も重要なものについては、こ
の章の後半で説明します。

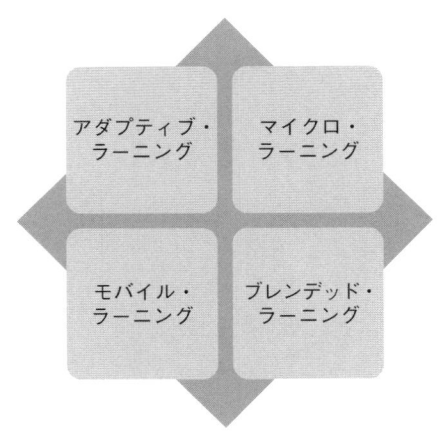

図10.1　L&Dのデジタル変化

社員一人ひとりに合った学習

　オンライン学習、データ、およびアナリティクスのおかげで、Ｌ＆Ｄ
は個々の学習者向けにパーソナライズされるようになってきています。
「アダプティブ」ラーニングテクノロジーにより、コース、コースのセ
グメント、アクティビティ、およびテストの質問を、学習者の好み、学
習のペース、および学習者にとっての最良の学習方法に合わせてパーソ
ナライズすることができます。個人が自分のペースで学ぶことを可能に
するのと同時に、オンライン学習は教育分野で見られるのと同じような
大きな利点を提供しています。個々の参加者の進捗度合いの測定、どの
ように情報を記憶しているのかといったデータや追加のガイダンスや情

報が必要な部分を特定し、それを提供できるのです。

　自分のペースで行うオンライン学習は、従業員を一日から一週間ほど仕事を中断させて送り込む高価なトレーニング・コースより、おそらく費用対効果が高いと言えるでしょう。このような自発的な学習方法は、従業員による継続的な学習を日常業務に組み込むのにも役立ちます。Danone（ダノン）のオンラインDanone Campus 2.0（ダノンキャンパス2.0）は、その実例の１つです[*6]。この食品大手は、従業員が自分自身の学習を促進し、他のスタッフともベストプラクティスやナレッジを共有できるユーザー・フレンドリーなオンライン・プラットフォームを作成しました。

マイクロ、モバイル、およびブレンデッドラーニング

　「マイクロ・ラーニング」は、従業員が自分に最も適したタイミングで学習できるというアイデアに基づいており、L&Dではちょっとしたバズワードとなっています。マイクロ・ラーニングは、ほんの数分の短いビデオで配信されることが多く、非常に短時間の学習コンテンツです。これらは通常、より広範なコースの一部として提供され、学習者がより迅速かつ容易に情報収集するのを支援するために使用されます。私たちは皆、情報が一度に大量に提示されるよりも、小さく細分化されたほうが素早く簡単に吸収できることを知っています。マイクロ・ラーニングはこれを活用しています。

　「モバイルラーニング」はL&Dのもう一つの注目すべきトレンドです。多くのラーニングおよびトレーニング・プロバイダーが、彼らのプログラムをモバイル機器でサポートするようになっています。学習コンテンツへのモバイル・アクセスは、従業員の都合に合わせた時間と場所で学習できるという柔軟性を与えます。たとえば、気を散らすことが最小限で済む時間帯などの利用です。それはまた、多くの企業が経験している遠隔地業務の増加にも合致しています。最後に「ブレンデッドラーニング」、これはオンライン学習とクラスルーム学習の融合を説明するため

に使用される言葉ですが、企業が従来のL&Dモデルから移行するにつれて非常に人気が上がりつつあります。あなたの会社にとって機能するものは、伝統的なトレーニング・コースと自主学習の融合かもしれません。

10-3 | ラーニングギャップの特定と縮小

　データ・ドリブンL&Dプログラムの提供をさらに深く掘り下げる前に、どのようなコンテンツが必要かを正確に理解する必要があります。第11章で説明するように、データは従業員のパフォーマンスを検証し、分析し、良いパフォーマンスとともに支援が必要な要素を正確に特定する企業の能力を大幅に向上します。つまり、データは、人事チームによる学習ギャップの特定を助け、適切なトレーニングの提供によってギャップを埋めることを可能にします。

　データ、アナリティクス、そして自動化が今のペースで発展しつづけるであろうことは明らかで、少なくともそのペースが遅くなる気配は見られないという状況において、L&Dプロフェッショナルの大きな役割の1つは、デジタル・スキルのギャップを埋めることです。人事部はデータ・ドリブン型ビジネスへの変容に対する準備として、組織内のより多くの人がそれに必要なスキルを確実に身に付けるようにする責任があります。デジタル・スキルを活用する能力が、将来のほとんどのビジネスの成功にとって不可欠になることは、疑いがありません。しかし、英国では1,200万人を超える従業員が、必要なデジタル・スキルを持っていません[7]。適切なデジタル・スキルを持つ人材を求めるだけでなく、企業は必要に応じてアクセシブルで効果的なトレーニングを提供するための投資をする必要があります。そうでなければ、従業員が、将来ビジネスの繁栄に寄与するための適切な能力を備えることはできないでしょう。

　オンライン学習は、企業がデジタル・スキルのギャップを埋めるのに

完璧に役立ちます。今、オンライン学習へ投資する企業は、将来の見返りが期待できるでしょう。

10-4 | データ・ドリブン型L&Dの提供

　68％の労働者がL&Dを最も重要な職場の方針を表していると言っています。そして、入社初年度に十分なトレーニングを受けられなかった40％の従業員が会社を辞めています。ということは、L&Dを正しく用いることは企業にとって非常に重要だということです[*8]。

　加えて、L＆Dは従業員のエンゲージメントに大きな影響を与え、eラーニングまたはオンライン学習を使っている企業は、従業員エンゲージメントの18％増を達成しています。

　この章で最近の教育とL&Dの発展をざっと見ただけでも、ラーニングは、参加者が一定の期間、特定の場所に行って事前に決められたペースで学習するという従来のモデルから離れていることがわかります。今、労働者にとって、学習とは、もっと頻繁に、おそらくもっとバイト（一口）サイズの断片で、かつ自身のペースでするものになりつつあります。学習は本質的に日々の仕事の中核部分になりつつあります。

　このセクションでは本章の前半で説明した（図10.2を参照）データ・ドリブン型L&Dの主なトレンドのいくつかについて更に探索してみます。

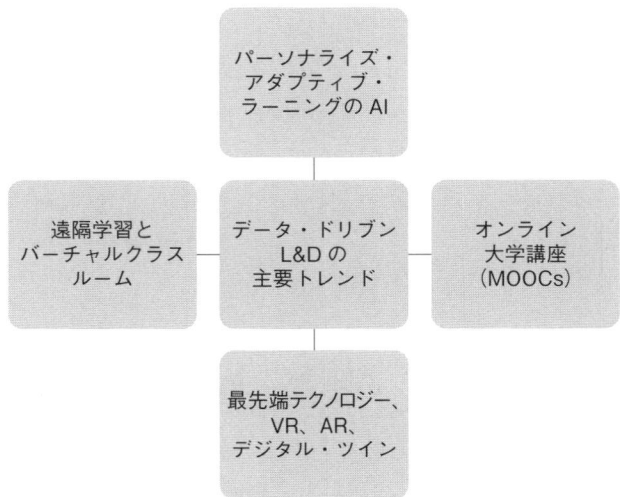

図10.2　データ・ドリブンL&Dのトレンド

遠隔学習とバーチャル教室

　学習というものがどれだけ変わったかを表す私のお気に入りの例の1つは、ハーバードビジネススクール（HBS）です。この学校は将来の教室のテンプレートとしてデジタル教室を作成しました。このバーチャル教室では、講師は特別に設計された放送スタジオで教えます。カメラは講師をフォローし、巨大なスクリーンに顔が映し出され、学生は、標準的コンピュータかラップトップで接続し、容易に講義に参加できます。参加しているすべての学生が、ライブフィード映像（音声付き）に映ります。これらの学生達は、世界中のどこにいても、まるで彼らが同じ部屋にいるかのような状態になります。 HBSがHBX Live（HBXライブ）と呼んでいるこの仮想教室は、3年間の計画と開発を要し、HBSのオンライン教育プログラムとシームレスに統合するように設計されています。

テレビによるインスパイヤー

　HBX Liveの多くはニューヨークのNBC Sports（NBC スポーツ）を訪問したことに触発されたもので、明らかに大型テレビ番組プロダクションと同じ流脈で作られています。先生をアシストするのに4人の制作スタッフを必要とし、カメラの操作、ライブフィードの管理、スライドやビデオの操作などを行います。ハーバード大学教授のBharat Anand（バラット・アナンド）教授は、フォーチュンのインタビューで、「HBX Liveで教えていると午前3時にフィリピンで起きている人、シアトルから参加している人、遠くムンバイから参加している人を同時に見ることができます。文字通り教室にいるような気持ちになります。そして、このことが教室にいるのと同じくらいの臨場感、いやさらに強烈であるというフィードバックを私たちは得ています[*9]。」と話しています。仮想クラスに参加している学生は、物理的教室のように座席の最後尾に隠れるというようなことができないので、参加も積極的に行われると言うのです。

本物の教室体験を再現する

　このバーチャルクラスで印象的なことの1つは、講師や参加している学生が、バーチャルクラスを本物の教室での学習経験の延長のように感じているということです。システムがそのようにデザインされているので、生徒を含むすべてのマイクが常時オンになり、誰もミュートになりません。これによって更に協調的でリアルな学習体験が可能になっているのです。そこでは教授が冗談を言うと学生は一緒に笑い、誰かが良いポイントを指摘したときは口頭で同意できます。学生が質問や指摘があって講義を中断してもらいたいときは、手を挙げずにコンピュータのボタンをクリックするだけで画面上の銘板が赤くなり、講師に何か話すことがあることを知らせます。学生はチャットバーを介してコメントを入力することもでき、その場合、コメントはニューステロップのように巨大なビデオ画面の下部に沿って流れます。さらにもっと印象的なのは、一度に最大60人の生徒がこれらの仮想クラスに参加できることです。つ

まり60個の別々のビデオフィードを遅滞なくリアルタイムで管理できていると考えると、これはかなりの功績です。このシステムでは、さらに1,000人まで学生をオブザーバーとして追加することができ、短時間の遅滞だけでバーチャルクラスを見ることを可能にしています。

HBSは2014年にバーチャルクラスのテストを始め、2015年に正式に立ち上げました。現在は、HBSの法人顧客向けカスタムソリューションの一部としても提供されています。たとえば、ディスラプティブ・イノベーションのエキスパートであるClay Christensen（クレイ・クリステンセン）氏による法人顧客向けHBXコースへのアクセスを提供しています。私は、この例は教育の未来を示しており、企業独自のバージョンのバーチャルラーニングを開発するにしても、またはハーバードのような先進思考の大学によって提供されるサービスを利用するにしても、企業におけるL&Dの将来に対するヒントを与えてくれていると思います。

パーソナライズ学習におけるAIの利用

オンライン学習は、さらなる学習の測定を可能にしています。なぜなら学習者のすべての痕跡が、彼らが取っているコースのパラメータ内でデジタル・トレースとして残るからです。これらの痕跡には、学習者が、コースの特定の要素をどれだけ早く通過したか、どこで一時停止したか、どこでテストを間違えたか、どの資料を再び見たのか、といったことが含まれます。また、学習者にとって情報を得るベストな時間帯がいつなのかということもトレース可能です。学習管理システムによるこれらのデータは、学習プロバイダーが学習者個人のニーズに合わせてコースを調整するための知見を提供し、それによってコースをよりエンゲージメントの高いものにすることを可能にしています。 AIは、アダプティブでパーソナライズされた学習を提供する技能において非常に重要な役割をはたしています。AI、特に機械学習技術は、学習者がどこで困難に直面する可能性があるのか、各学習者がどの分野に追加的強化策を必要としているのかをプロバイダーに識別させることができます。

たとえば、アナリティクス会社Zoomi（ズーミ）は、AI機能を使用して各学習者の学習行動、パフォーマンス、エンゲージメント、理解度を分析し、その学習者に合わせて学習コンテンツを改善し、各個人の学習体験を作り出しています。Zoomiは、このソリューションがトレーニング時間を最大60パーセント短縮できると主張しています[*10]。

AIまたは機械学習ベースのアプローチの有効性の論拠は明らかです。Pearson（ピアソン）とUCLによって発行された2016年の論文では、AIがどのようにしてより柔軟で効率的かつ包括的な学習プログラムを作成できるかについて説明しています[*11]。著者たちは、特に、AIがいかに効果的にパーソナライズされた1対1の学習を大規模に提供できるかについて言及しています。これは、多様な従業員ネットワークとさまざまなトレーニング・ニーズを持つ大企業にとって特に有益なことです。当然、これは双方向で機能します。パーソナライズされた学習は、個人の進歩状況を追跡できるだけでなく、コースの内容と機能について、学習者が、即座にフィードバックを提供することも可能にしています。

MOOCsを活用する

MOOCs（Massive Open Online Courses：ムークス）は、その膨大さ（その名前に大きな手がかりがあります）ゆえに、データにユニークな視点の提供を可能にしています。膨大な量のデータを、個人からだけでなく複数の学習者集団からも収集することによって、より広いパターンと洞察を得ています。

これらのコースでは、個人の学習軌道をマッピングし、問題箇所を特定し、必要に応じて的を絞った介入を提供します。Coursera（コーセラ）やKhan Academy（カーンアカデミー）などのMOOCは、職業学習から学位レベルのコースまで、あらゆるものをカバーし、世界中の何百万もの人々にアクセス可能な学習機会を提供しています。MOOCでは、学習者は自分の都合に合わせて自主学習を行い、短いビデオのようなバイトサイズのマイクロラーニング・コンテンツで学び、他の学習者

との共同ディスカッションに参加します。現在、多くの企業向けL&Dプログラムでも、MOOCを利用した従業員トレーニングを提供しています。 Microsoft（マイクロソフト）のような企業は、自社従業員のために独自のカスタムMOOCを作り出しています。たとえば、世界的な鉄鋼メーカーのTenaris（テナリス）は、さまざまなトピックに関するMOOCを作成しました。「鉄鋼入門」のような技術的トピックや「国際貿易」のようなより幅広いビジネストピックなどです[*12]。Tenarisは現在MOOCを外部に提供して大学生を引き付け、ブランド力を向上させようとしています。他に、Bank of America（バンクオブアメリカ）などは、既存のMOOCsからのコンテンツを活用して、会社のコア・コンピタンスに関連するトレーニングを提供しています。この戦略により、あらゆる規模の企業が、簡単で費用対効果の高い方法で、ニーズに合った幅広いコンテンツをキュレーションすることができます。どちらの戦略も、L&Dを再考し、ラーニングテクノロジーの最先端と進歩を活用するための革新的な方法と言えるでしょう。

10-5 ｜ L&Dの学習者行動への影響とパフォーマンスインパクトの測定

　学習者がデジタルコースのコンテンツを学ぶときは、すべての行動がデジタル・トレースとして残ります。学習者の行動を追跡するこの機能は、トレーニング・プロバイダーとL&Dプロフェッショナルに、学習経験に関して多くのことを理解する機会を与えてくれます。 実際、ほとんどのラーニングプロバイダーは、学習者の進捗状況を追跡し、個々の学習者と全社的なL&Dプログラムの両方に役立つ可能性のある洞察を提供できる何らかの学習管理システムを組み込んでいます。

ラーニング・アナリティクスの重要性

　したがってラーニング・アナリティクスは、より良い学習プログラム

の開発から、学習プログラムの魅力的な提供方法、プログラムにおける従業員のインタラクションのトラッキングまで、企業における従業員の学習のあらゆる側面を支えるものとなります。データとアナリティクスによって、提供している学習が、実際にどれほど効果的であるか（またはそうでないか）を示すことができ、L&Dの効果測定を劇的に改善することも可能でしょう。

　現在のところ、多くの企業研修の有効性評価に使われているのは、単に研修生のコース修了後評価アンケートにすぎません。しかし、データの進化は、研修生がコースの各セクションにどのように反応するのか、奮闘を必要とする分野はどこか、どの研修生がより高度な教材にも対応できるのかなどを示すことを可能にしています。これらのデータから入手できている詳細な洞察は、L&Dプロフェッショナルが、何が有効であり、何が有効でないのかを正確に特定することも可能にします。

　いかなる企業においても測定すべき具体的なデータポイントは2つです。従業員の理解（たとえば、どのような観点から内容の理解に苦しんでいるかなど）や従業員のコンテンツへの関与（たとえば、学習の機会を利用しているか、利用しているとしてそのコース参加しているか、それとほとんどあらゆることを無視しているか）です。

トレーニングからパフォーマンスへのリンクにより価値を実証する

　データはまた、人事チームがトレーニングとパフォーマンスの間の明確で証拠に基づいたリンクを作成することを可能にします。これは将来のL&Dを改善し、投資対効果（ROI）を確立し、トレーニングプログラムに対するリーダーシップチームの賛同を確保するのに役立ちます。パフォーマンスの測定とその推進の詳細については、第11章を参照してください。この測定と評価の詳細は、教育業界ではすでに一般的なことです。そこでは生徒、教師、学校全体がさまざまな測定基準とベンチマークによって総合的に評価されています。時としてこの評価方法は問題と

なり、標準化されたテスト（法定評価テストやSATなど）は実際に学んだことのほんの一部の成果を表すにすぎない、という議論を呼んでいます。だからこそ、ラーニング・アナリティクスは、教えることと学ぶことを個人のレベルで評価、理解、改善するための能力を劇的に向上させているのです。

米国のPurdue（パデュー）大学は以前、Signals（シグナルズ）というラーニング・アナリティクスプログラムを開発しました。これは信号機の色を使って、学生の学習がうまくいっているか、または、さらに援助が必要かを伝えるためのものでした[*13]。システムは学習者の学習の進展を測るだけではなく、コースを受講しながら学習パフォーマンスを向上させるために、学習者自身によるリフレクションとモニタリングを奨励します。この仕組みは、各個人の学習にメリットをもたらのみならず、企業のトレーニングプログラムを最大限に活用するためにも役立つでしょう。

10-6 | 最先端：VRとARをL&Dに取り入れる

興味深いことに、VRとARは企業のL&Dにおいてより一般的なツールになりつつあり、現在、多くのベンダーが、特にVR対応のトレーニングプログラムを提供しています。

仮想世界に足を踏み入れる

VRは、現実的な画像、音声、その他の感覚を生成してユーザーを完全にその疑似環境に没頭させることで、インタラクティブな学習環境を作り出します。医学、軍隊、工学などの多様な分野でこの技術を使った実体験型トレーニングをどのように提供できるかを熱心に検討することは、容易に想像できます。これは、必ずしも新しいアイデアではありません。フライト・シミュレータなどの例があります。VRハードウェ

ア（ヘッドセット、手袋など）のコスト削減により、この技術が、はるかに幅広いユーザーに利用しやすくなったのです。VR技術はスマートフォンでも使用できますが、VRハードウェアよりも実体験性が低い傾向にあります。

　現在のVRの用途のなかには、Medical Realities（メディカル・リアリティーズ）の外科研修生向け教育プラットフォームもあります[*14]。Oculus Rift（オキュラスリフト）VRシステムを使用したMedical Realitiesのプラットフォームは多数のモジュールのコレクションを提供し、各モジュールでは、実際の手術の実体験型360度ビデオを提供します。VR訓練は軍隊や法執行機関職員のためにも利用されており、それらは米国の防衛請負業者であるRaytheon（レイセオン）によって作成されたVIRTISM VR（ヴァーティズムVR：高度没入型仮想現実）システムの形式を使っています[*15]。そのシステムは全身モーション・キャプチャで構成されます。VRヘッドセットと疑似銃は、訓練生のチームが互いにピットインする現実的な戦闘環境のシミュレーションを提供します。

　このテクノロジーの応用は、ビジネスの世界にも及んでいます。たとえば、あるグローバルメーカーが仮想モデル工場を作成しました。そこでは従業員が完全に３D体験に没頭することで、会社の工場で装置を「見る」ことができ、「感じる」ことができます[*5]。

　そしてVR技術は、さらにソフトなビジネス・スキルを習得することさえ可能にしています。VirtualSpeech（バーチャルスピーチ）のアプリは、GoogleのCardboard VR（カードボードVR）スマートフォン技術を利用して、ユーザーが人前で話すことや対人コミュニケーションの練習をできるようにしています[*16]。このコースの目的は、実際の経験やオンラインの読み物、基本的なスキルを教えるビデオ、そして即時フィードバックを組み合わせることによる人々の迅速な成長と、安全な環境で自信をつけることへの支援です。こうしてみると、VR技術を個人のプレゼンテーション能力の促進に使用し、L&Dプログラムに組み込むことができることを理解するのは難しいことではありません。

「これは現実です、ジム、しかし私たちが知っていたような現実ではありません」

VRは、シミュレーションによってつくられた仮想世界にユーザーを没入させますが、ARは現実に根ざしており、ユーザーが目の前に見ている現実世界に、さらなる情報層を追加します。Google Glass（グーグルグラス）はこのテクノロジーで作られています。ARは、今のところ、トレーニングでは、一般的にはあまり使用されていませんが、L&DにおけるARの潜在的な用途はたくさんあるでしょう。たとえば、トレーニングを受けているエンジニアが、Google Glassを使って航空機のエンジンを見ながらエンジンの各部に関する情報を入手したりするなどです。

デジタル・ツインを作成する

「デジタル・ツイン」技術は、仮想世界と物理世界をペアにしているため、ARと密接に関連しています。デジタル・ツインの概念はビジネスにとって非常に重要なものになりつつあります。Gartner（ガートナー）の2017年戦略的技術の動向トップ10に選ばれました[*17]。非常に簡単に言うと、デジタル・ツインは、実在する製品やサービスのデータを仮想モデルのプロセスや製品、サービスに取り入れ、実際の世界で問題が発生する前に仮想世界でシミュレーションを行い、そのデータとアナリティクスから、実在の製品やプロセス、サービスにおける中断を防ぎ、将来計画さえ立てられるというものです。では、デジタル・ツインはどのように機能するのでしょうか。まず、リアルタイムステータスデータを回収するセンサーを装着したスマート・コンポーネントを実製品など物理的な物に結合させます。これらのコンポーネントは、センサーがモニターするすべてのデータを受信して、処理するクラウドベースのシステムに接続されています。このインプット情報（データ）は分析され、そこから「学び（レッスン）」が習得され、仮想環境内で、物理環境に適用できる機会を明らかにします。デジタルツインはイノベーションと

パフォーマンスを促進するための強力なツールと言えるでしょう。実際、IDCは、デジタルツイン技術に投資する企業は、2018年までに、重要なプロセスのサイクルタイムを30％改善すると予測しています[*18]。

　その実例として、GEの「デジタルウィンドファーム」が挙げられます。GEはデジタルツイン・テクノロジーを使用して、建設前に各風力タービンの必要構成を通知することによって、効率の向上を図っています。GE Power&Water（GEパワー＆ウォーター）のSoftware&Analytics（ソフトウェア＆アナリティクス）のチーフデジタルオフィサー兼ゼネラルマネジャーを務めるGanesh Bell（ガネシュ・ベル）は次のように述べています。
「世界にある物理的な資産について、我々はクラウド上で機能する仮想コピーを作り、その仮想空間では、一秒単位でオペレーションデータが豊富になっている」[*19]。

　デジタルツインが、すでにパフォーマンスと効率を向上させるために広く使用されていることを考えると、このテクノロジーが幅広い分野の従業員、特にエンジニアリングの分野のトレーニングの強化ニーズを想像するのはそれほど飛躍的なことではありません。

10-7 │ データ・ドリブンL&Dのマイナス面

　ほとんどすべてのデータアプリケーションと同様に、個人の学習データを扱うL&Dも、データのプライバシーとセキュリティに関しての倫理的な懸念があります。これについての詳細は第6章にあります。

注意すべき落とし穴

　データ侵害は常に考えるべき懸念事項です。2009年、テネシー州のある学区では、誤って、1万8000人の生徒の名前、住所、生年月日、および社会保障番号を安全とは言えないサーバーに数ヶ月間残したままに

してしまったという事件がありました[*20]。

　従業員のデータは個人のものであり、その安全を確保することはすべ
ての人事チームにとって重要なことです。テクノロジーが進展したこん
にち、従業員のデータ保護について、それほど心配する必要はないと考
えているとすれば、それは認識が甘いと言わざるを得ません。可能であ
れば、従業員のL&Dデータを匿名化することも1つのオプションです。
データの匿名化が不可能な場合は、データが安全に保たれることを確実
にする必要があります。

　教育機関である学校や大学の世界では、自分たちの学生や生徒につい
て、たやすく知りすぎてしまう可能性があるという懸念もあります。「ク
ラスを吹き飛ばす？　うん、わかってるよ。」（Blowing off Class? We
know）という見事なタイトルの2014年の記事の著者Goldie Blumenstyk
（ゴルディー・ブルーメンスタイク）は、次のように述べています。「現
在において、学生のデジタルフットプリントのデータマイニングによっ
て、大学が学生について知っていることには、戦慄を覚える」[*21]。最新
テクノロジーの進歩は、相手が学生であろうと従業員であろうと、教育
プロバイダや企業が、個人のパフォーマンスや活動、態度についての膨
大な量のデータを収集することが可能です。それが多くの人々にとって
懸念されることであることは、確かです。

落とし穴をナビゲートする

　データの最小化と透明性についてのグッド・プラクティスは、そうい
った落とし穴に陥らないための道を切り開くのに役立ちそうです。あら
ゆるデータの使用と同様、データのためにデータを収集する意味はあり
ません。したがって、L&Dデータを使っても、何も改善するつもりが
ない場合は、データを収集しないこと。それがシンプルな解決方法です。
そして、あなたにデータを集める意図があるならば、従業員に対して事
前に、何の情報を収集し、その目的は何かを確実に明らかにしましょう。
それらのデータが、将来の学習プログラム提供の改善や社内における個

人の成長を容易にするための分析に使われるということであれば、スタッフもはるかに協力的になるでしょう。

重要なポイント

　従業員が成長し発展することを支援するのは、人事チームの機能の中でも最も重要な部分の1つであり——おそらく最も報われることの1つですが——データがこの分野でも重要な役割を果たすことは明らかです。この章で取り上げたことの概要は次のとおりです。

- 最初の1年以内に十分なトレーニングを受けることができなかった従業員の40％が会社を辞めていることからも、企業におけるL&Dを適切に実施することは、重要です。

- 企業のL&Dは、アダプティブ・ラーニング、マイクロ・ラーニング、モバイル・ラーニング、およびブレンデッド・ラーニングが主なトレンドとなり、大規模なデジタルトランスフォーメーションの影響を受けています。

- データは、人事チームによる学習ギャップの特定を助け、それによって適切にギャップを埋めることができます。

- AIはアダプティブ・ラーニングを提供する上で大変重要です。 これにより、学習者が何に苦労しているのか、どの分野に追加的強化策を取る必要があるのかを特定できます。

- 多くの企業がL&DプログラムとしてMOOCs（Massive Open Online Course）を利用しています。Microsoftのようなように従業員向けに独自のカスタムMOOCsを作成している会社もあれば、既存のMOOCsのコンテンツを活用しているところもあります。

● ラーニング・アナリティクスは従業員の学習のあらゆる側面を支える
  でしょう。それは、より良い学習プログラムの開発をすることから、
  学習者を最もエンゲージする方法での学習提供、従業員のプログラム
  におけるインタラクションのトラッキングまでに渡ります。

● データはまた、人事チームに、トレーニングと会社の広範なパフォー
  マンスとの間に、明確なエビデンスに基づくリンクを作ることを可能
  にします。それは将来のL&Dの改善、ROIの確立とリーダーシップの
  賛同を確実にすることに役立ちます。

● VRとARは企業のL&Dにおいて、より一般的なツールになりつつあ
  り、これらの分野は注目し続ける必要があるでしょう。

● 従業員の学習データを保護し、可能な限りデータ収集を最小限に抑え
  るために必要な措置を講じる必要があります。

　次の章で説明するように、データとアナリティクスの使用はさらに拡
大するでしょう。データとアナリティクスは、従業員のパフォーマンス
を適切に測定し、パフォーマンスを促進し、従業員が最大限の力を発揮
するために必要とする追加支援を特定することに役立ちます。つまり、
データ・ドリブンL&D活動にリンクしているのです。

第10章脚注

1　Davison, M（2016）[accessed 23 October 2017] AI and the Classroom:Machine
　　Learning in Education [Online] http://blog.trueinteraction.com/ai-and-the-classroom-
　　machine-learning-in-education
2　Rich, M（2015）[accessed 23 October 2017] Some Schools Embrace Demands for
　　Education Data [Online] http://www.nytimes.com/2015/05/12/us/school-districts-
　　embrace-business-model-of-datacollection.
　　html?smid=tw-share&_r=1
3　Marr, B（2016）[accessed 23 October 2017] Big Data and the Evolution of
　　Education [Online] http://data-informed.com/big-data-and-evolution-education
4　Harvard University [accessed 23 October 2017] Harvard X Insights
　　[Online] http://harvardx.harvard.edu/harvardx-insights

5 van Dam, N and Otto, S-S (2016) [accessed 23 October 2017] Corporate Learning's Transformation in the Digital Age [Online] http://www.clomedia.com/2016/12/05/corporate-learnings-transformation-digital-age

6 YouTube [accessed 23 October 2017] Danone Campus 2.0 [Online] https://www.youtube.com/watch?v=oBJAvsI6gRI

7 Cellan-Jones, R (2015) [accessed 23 October 2017] More Than 12 Million Fall into UK Digital Skills Gap [Online] http://www.bbc.com/news/technology-34570344

8 Olenski, S (2017) [accessed 23 October 2017] Why C-Levels Need to Think about eLearning and Artificial Intelligence [Online] https://www.forbes.com/sites/steveolenski/2017/02/06/why-c-levels-need-to-thinkabout-e-learning-and-artificial-intelligence/#76748552ff70

9 Byrne, J A (2015) [accessed 23 October 2017] Harvard Business School Really Has Created the Classroom of the Future [Online] http://fortune.com/2015/08/25/harvard-business-school-hbx

10 Zoomi [accessed 23 October 2017] Artificial Intelligence for Learning [Online] http://zoomiinc.com

11 UCL Institute of Education (2016) [accessed 23 October 2017] Why We Should Take Artificial Intelligence in Education More Seriously [Online] https://www.ucl.ac.uk/ioe/news-events/news-pub/april-2016/New-paper-published-by-pearson-makes-the-case-for-why-we-musttake-artificial-intelligence-in-education-more-seriously

12 Franceschin, T [accessed 23 October 2017] Case Study: How Tenaris University Built a Successful MOOC for Employee Training [Online] http://edu4.me/en/case-study-how-tenaris-university-built-a-successfulmooc-for-employee-training

13 Arnold, K (2010) [accessed 23 October 2017] Signals: Applying Academic Analytics [Online] http://er.educause.edu/articles/2010/3/signals-applying-academic-analytics

14 Medical Realities [accessed 23 October 2017] Learn Surgery in Virtual Reality [Online] http://www.medicalrealities.com

15 Lang, B (2012) [accessed 23 October 2017] VIRTSIM is the Virtual Reality Platform That Gamers Crave but Can't Have [Online] http://www.roadtovr.com/virtsim-virtual-reality-platform

16 VirtualSpeech [accessed 23 October 2017] Communication Skills Courses with VR [Online] http://virtualspeech.com

17 Panetta, K (2016) [accessed 23 October 2017] Gartner's Top 10 Strategic Technology Trends for 2017 [Online] http://www.gartner.com/smarterwithgartner/gartners-top-10-technology-trends-2017

18 IDC [accessed 23 October 2017] IDC FutureScape 2016 [Online] http://www.idc.com/idcfuturescapes2016

19 Marr, B (2017) [accessed 23 October 2017] What is Digital Twin Technology – and Why Is It So Important? [Online] https://www.forbes.com/sites/bernardmarr/2017/03/06/what-is-digital-twintechnology-and-why-is-it-so-important/2/#683fd24c3227

20 SC Media [accessed 31 January 2018] School District Contractor Exposes Student Information [Online] https://www.scmagazine.com/school-district-contractor-exposes-student-information/article/556679/

21 Blumenstyk, G (2014) [accessed 23 October 2017] Blowing off Class? We Know [Online] https://www.nytimes.com/2014/12/03/opinion/blowing-off-class-we-know.html

データ・ドリブン・
パフォーマンス
マネジメント

Data-driven performance management

一般的に言って、多くの企業において従業員のパフォーマンス
評価とその測定は、うまく行われているとは言えません。年次パフォー
マンス・レビュー（業績評価面談）など伝統的な方法は、多くの場合、
レビューされる従業員にも、レビューを行うマネジャーどちらにも好ま
れておらず、結果として時間の無駄になっている場合さえあります。し
かし、インテリジェントなデータ・ドリブン人事チームでは、データと
アナリティクスの利点を活かし、実際のパフォーマンスのより適切で習
慣的な（リアルタイムでも）モニターによって、さらに建設的、継続的
かつ一貫性のある（偏見のない）方法で従業員にフィードバックするこ
とを可能にします。

　本書を通して見てきたように、今や従業員が日常業務の中で行ってい
るほとんどすべてのことを測定することが可能です。多くの一般企業に
は、従業員の行動を測定するためのツール導入予算もデータ処理能力も
ないため、必ずしもすべてを測定する必要があると言っているわけでは
ありませんが、そのようなシナリオでは優秀な人材をとられるリスクが
高くなることは否めないのではないでしょうか。しかし、今では、適切
に選択された測定基準を使用すれば、人々の実態を正確に把握すること
が可能です。その情報を使って、従業員に対する認知と成長を促すフィ
ードバックを提供することができます。

11-1 ｜ 始める前の注意

　データとアナリティクスが、人々のパフォーマンスの測定に大いに役
立つことは明らかですが、慎重に適用する必要があります。パフォーマ
ンスの改善と従業員の観察（監視）の間には微妙なラインがあります。
この境界を超えてしまった企業は大きな反発を受けています。ほとんど
の人は、上司が自分の行動すべてをモニターすることを望んでいません。
自主的で意欲ある従業員は特にそうです。

　あなたの会社がオ－ウェリアン*（＊訳者注釈：英国の小説家ジョー

ジ・オーウェルが描いた全体主義的世界から来た言葉：全体主義的）の
ような印象を与えることを避けるためには、人々に対して、本当に役に
立つフィードバックを与えるために必要なデータのみを集め、従業員を
混乱させたり雇用主のブランドを傷つけたりしないように、その境界を
歩く必要があるでしょう。間違いなくこれは達成することも維持するこ
とも難しいバランスです。私の懸念は、雇用主としての多くの企業が、
この微妙なバランスを正しくとれていないということです。この章で紹
介することが、あなたの組織に合う道筋を作るのに役立つことを願って
います。

　あなたはこの章に、何を期待することができるでしょう？

　私はまず、スポーツの世界におけるいくつかの重要な発展の探索から
始めます。スポーツの世界で起こっていることが、私たちにデータ・ド
リブンな従業員パフォーマンスの将来の方向性についてのいくつかのヒ
ントを与えてくれると考えるからです。

　次に、2つの重要な側面について見ていきます。従業員パフォーマン
スのインテリジェントな測定とインテリジェントレビュー（評価）です。

　最後に、パフォーマンス・データの使用に関して考えられる抵抗や懸
念を見ながら、具体的な2つのケーススタディを検討します。1つは、
いかに従業員のパフォーマンスを管理しないかという例。もう1つは、
会社が適切なバランスをとった例です。

11-2 ｜ スポーツの世界から学ぶこと

　スポーツはデータとアナリティクスの最先端にあることが多く、デー
タの活用によるパフォーマンス向上の有効な方法を垣間見ることができ
ます。サイクリングからフットボールまで、あらゆるスポーツのコーチ
が個人のパフォーマンスを評価し改善するためにデータを使用していま
す。

身体パフォーマンスと睡眠の測定

　米国ナショナルフットボールリーグ（NFL）チームの多くは、Catapult Sports（カタパルトスポーツ）[*1]によって開発されたOptimEye（オプティアイ）と呼ばれる運動選手追跡システムを使用しています。軽量のウェアラブルデバイス（トップスに装着するスポーツブラのように見えるもの）は、選手のスピード、動き、心拍数などの測定値を追跡し、選手の運動量を計算します。これらのデータは、どのプレーヤーが練習中に最も激しく動き、誰がもっと動けるかを識別してコーチやサポートスタッフの判断を助けます。同様に選手自身の練習のやり過ぎなどによる病気や怪我を未然に防止することにも使われます。それよって、トレーニング内容や練習量などをチームの各個人に合うように作ることができます。さらに、選手が怪我をした場合、履歴データから、選手が回復中に再度負傷しないようにするための対策にも使われます。

　OptimEyeデバイスは、英国のサッカーでも使用され、プレミアリーグの多くのチームが練習中の様子をモニターし、個々に合ったトレーニングルーティンをデザインし、また、怪我に関連する初期の警告サインを見つけ出します。

　将来的なデバイスとして、アドレナリンやコルチゾール（ストレスホルモン）のレベル及び発汗レベルなどを計測する装置も開発されています。しかし、スポーツパフォーマンスというのは身体的な努力だけではありません。上質な睡眠は選手が最高の状態でパフォーマンスを発揮するためのもう１つの重要な要素です。

　スタンフォード大学の調査によると、90分間追加の睡眠を取ったバスケットボール選手は、シュートの正確さと走る速さの両方を向上させました[*2]。サッカーでは、多くのクラブがプレーヤーにリストバンドを渡して睡眠の質を評価しています。そしてプレーヤーの成長を後押しする支援と選手の潜在的な問題を検証して解決策を見つけようとしています。

リアルタイム分析への移行

　プレーヤーのパフォーマンスを試合で分析する場合、ほとんどの分析はビデオ分析を使用して試合後に行われてきました。

　2015年に変化が始まりました。国際サッカー協会理事会がウェアラブルデバイスの使用に関する規則を変更することに合意したのです。これによりリーグと主催者は、選手が試合中にデバイスを装着することができる可能性を開きました[*3]。コーチングチームは試合中に実際の選手のパフォーマンスを追跡し、データが伝える結果に基づいてハーフタイムで変更を加えることができます。追跡装置の使用は心停止による死亡者数の減少にも役立つ希望となっています。

　このような綿密なモニタリングシステムは、平均的な会社が使うことができる、安くてすぐに手に入るものをはるかに超えているのは明らかですが、活動量計の使用はこの状況を変えることができるでしょう。たとえば、疲労の蓄積が考えられる業務や、危険を伴う業務などに従事している従業員の睡眠データを収集し、危険や健康阻害防止のため、睡眠が十分でない従業員を特定して休息を促すといった対策に使うなどは、考えられなくはありません。典型的なオフィス環境でも、重要なセールスや会議について、最も休息のとれた従業員に割りあてるなども考えられるかもしれません。

11-3 | 従業員のパフォーマンスをインテリジェントに測定する

　この章で後述するUPSの例が示すように、パフォーマンスの測定が実際の運用上および財務上の改善をもたらすという明確な証拠もあります。しかし、「パフォーマンス」とは文脈の中で危険な言葉であり、企業はパフォーマンスをモニターするのであって個人の行動を監視しているのではないことを明確にする必要があります。

　あなたが従業員なら何があなたをやる気にさせ、何があなたの満足や

第11章　データ・ドリブン・パフォーマンスマネジメント

貢献を激減させるのか考えてみてください。個人的に、私は、非常に自律的（「ゴールを与えてください、そうすれば私は大きな棒で打たれなくてもゴール達成するでしょう」）タイプの人間です。もし私の上司が、私が目標を達成するかどうかを確認するために私の動きすべてを見ていると感じたら、私はほとんど目標に向かう努力をしないでしょう。

ストライクゾーンにねらいを定めるバランス

　この本の出版社を私の上司として考えてみましょう。その上司が、私が何分コンピュータでタイピングをしていたかを監視しているとしたら、私は嬉しくないと思います。タイピングをしなかった時間は、紙の上では「アイドリング」であり、非生産的に見えますが、この時間はリサーチと自分の考えを整理する上で非常に重要です。私のすべてのキーストロークが監視されていたら、私は非常に意欲を削がれ、働きたくなくなるでしょう。それだけではなく、そのようなモニタリングは（少なくとも短期的には）もっと多くの単語をタイプさせるように私を仕向けるかもしれませんが、私のアウトプットの質は上がることなく、逆に下がってしまうでしょう。これが従業員をモニターすることの危険性です。自発的な従業員は意欲を削がれ、あなたが意図したものと反対の結果になる可能性があります。

　現在、人事チームはこれまで以上に従業員について——彼らがどのように考え、彼らが何を感じ、彼らが誰と交流し、彼らがどれほど生産的かなど——理解することができます。事実上、機会は無限にあります。したがって、従業員を疎外せずに有意義な方法でパフォーマンスを向上させるには、従業員のエンゲージメントを維持しながらパフォーマンスを向上させる適切な指標に落とし込むことが重要です。インテリジェントな人事マネジメントでは、従業員が勤務中どのように過ごしているかや、どのくらい長く洗面所で過ごしているかなどの指標ではなく、何が従業員のやる気を引き出すのか、何が彼らのベスト・パフォーマンスを阻止するのか、組織のどこに不満があるかなどの指標を見るようになっ

ていくでしょう。

　データ・ドリブンでインテリジェントな従業員パフォーマンスを導く
ことは、より成熟したパフォーマンス測定方法を見つけることです。イ
ンテリジェントに働く従業員は、会社が成功するために何が必要かを正
確に理解しており、データはそれが実際にどのように行われているかを
見るために使われなければなりません。重要、かつ決してそうなっては
いけないことは、データが個人を罰するために使われることです。

IoTとコネクテッドワーカー、幸せな従業員の生産性

　IoTの台頭——特にウエアラブルとして使えるデバイス——はパフォ
ーマンスを効果的に測定する人事の能力において大きな役割を果たしま
す。本書ですでに議論したIoTバッジなどによる身体の動きの測定や人々
の交流の測定を意味します。（従業員の安全性と幸福に関する詳細は第
9章にあります。）

　効率化のために技術を使用することは新しいことではありません。
1990年代には、電話会社のBell Canada（ベルカナダ）は、電話の技術
者に手首に装着する装置を提供しました。これは通信手段のコンピュー
タに戻らなくても修理データを入力できるというものでした。これによ
り、各技術者は1日1時間近く節約できたと伝えられています[*4]。この
技術は、モダンなウェアラブルへと進化し、Tractica（トラクティア）
の調査によると、2020年までに7500万を超えるウェアラブルデバイスが
作業環境で使用される予定です[*5]。

より幸せでより生産的な従業員を生み出す

　私は、ウェアラブルデバイスが生産性と福利の両方を測定、改善する
のにどのように役立つかに、大変興味を持っています。第9章で見たよ
うに、幸せな従業員はより生産的であり、コネクティビティが重要な役
割を果たしています。第9章にある注目すべき統計の1つは、関係性を
保つことができる従業員の生産性は通常8～9パーセント高くなってい

ます。

コネクティビティーと福利（ウェルビーイング）、そして最終的には生産性との間のリンクに関する革新的な例の1つに、ビデオゲーム出版社Ubisoft（ユビソフト）があります。この会社は従業員のストレスレベルを指につけたセンサーで測定するということを試してみました。この測定はゲームのインターフェースとリンクしていました。テスト期間中、あるグループのユーザーのストレスレベルは50%以上減少しました[*4]。

日立の従業員は、従業員の幸せを効果的に測定するためのセンサーを内蔵したバッジを着用しています[*6]。このバッジは従業員が着席している時間、話したりうなずいたりする時間などの動作に関するデータを集め、会社はこれらの測定基準を使用して幸福度を測定するためのアルゴリズムを開発しました。

Bank of Americaは同様の技術を使用して、一緒に休憩を取ったコールセンターの従業員がより幸せであることを発見し、その後グループで休憩をとる方針を設定し、生産性が2桁増加したことを確認しました[*7]。

賢く働くことは、必ずしも速く働くことではない

ウェアラブルデバイスは従業員がより賢く仕事をするのを助けています。Tesco（テスコ）での取り組みがその1つの例です[*8]。この大手小売店のアイルランドの物流センターでは、作業員がピックアップすべき製品を追跡するためのリストバンドを着用しています。それによって、商品リストでチェックする手間が省け、1日の生産性が向上しました。また、ウェアラブルデバイスはTescoのスタッフに業務分担を割り当て、次にピックアップする必要があるものを伝え、注文に対して不足がある場合はスタッフに急ぐよう指示します。これは従業員がより速く働くためではなく、よりスマートに働くことを助けるという考えに基づいています。

働く人の仕事をより迅速に、安全な方法で遂行するのを助けることは、データ・ドリブンな人々のパフォーマンス管理では重要な柱となります。

デジタル・コンサルティング会社であるアクセンチュアは、エアバス社と協力して、ある特定分野での生産性が500パーセントも向上したという記事を書いています[*9]。同社は最新のウェアラブル技術（「ヘッドアップディスプレイ」と呼ぶ装置）を採用し、組立作業員が必要な時にいつでも組立情報に素早くアクセスできるようにしました。その結果、作業者は、より多くの部品をより迅速に組み立てられるようになり、かつ、誤作業が劇的に減ったということです。

その他のデータ・ドリブン型パフォーマンス測定システム

　ウェアラブルデバイス以外にも、パフォーマンスの測定に役立つさまざまな技術があります。もう一度言いますが、この背後にある考え方は、個人や会社全体のパフォーマンスを向上させることであり、パフォーマンスの悪い個人を特定して、罰則を科すためではありません。そのことを強調しておきます。誰かが期待どおりに業務遂行ができていない場合、疲労や、システムが適切に機能していないことによるストレスなど、従業員がやろうとしていることを妨げる要因や理由があります[*T1]。データとアナリティクスは、パフォーマンス指標が示す要因と根拠を見つけ出すことに役立てられるべきです。

コンピュータ使用状況の追跡

　現在では事実上、従業員がコンピュータ上で行っているすべてを測定することが可能になっています。Veriato（ヴェリエト）のソフトウェアは、Webの閲覧、文書の使用、eメールの使用、チャットアプリケーション、およびキーストロークを記録し、定期的にスクリーングラブを記録し、一定期間保存します。また、特定のしきい値に達するとマネジャーに知らせることもできます。個人的には、これはパフォーマンスを向上のために許容できるものとプライバシー侵害との間の境界線が非常に近い例だと思います。しかし、Wall Street Journal（ウォールストリートジャーナル）は、あるVeriatoのクライアントが、このシステムの

導入が利益をもたらしたと語っていることを報道しています[*10]。

　Celeste O'Keefe（セレステ・オキーフ）氏はDancel Multimedia（ダンセルマルチメディア）のCEOで、会社はアニメーター、アーティスト、管理者および販売員の16名で構成されています。オキーフ氏によると、このシステムはチームの効率化と集中化を可能にし、働く人々を目指すべき方向にガイドすることに役立っていると感じているといいます。オキーフ氏は、このシステムのグラフと、スクリーングラブをスキミングして、従業員の生産性課題を特定し、ソフトウェアやシステムに慣れていないことが原因であることが多いことがわかったため、トレーニングやガイダンスの機会を提供しているということです。しかしオキーフ氏は、このシステムからわかった情報を基に、少なくとも１人を解雇したことを認めました[*10]。

生産性向上ツールとアプリ

　Basecamp（ベースキャンプ）などに代表される生産性関連ツールは、スタッフが日、週、または月ごとに予定されているタスクを追加し、完了時にそれらを消していきます。これによりマネジャーは、誰がどのようなことに取り組んでおり、どの程度完了できているのかを簡単に確認できます。同様に、Asana（アサナ）アプリも、マネジャーがタスクを割り当て、進捗状況をリアルタイムでトラッキングできます。セールスチームの場合、Salesforce（セールスフォース）は１日に何件のセールスコールとｅメールがあったか、その活動からどのくらいの収入が得られたかが詳しく表示されます。このようなツールの使用は、マネジャーとスタッフ間のプロジェクトに関する情報メールのやり取りに費やす時間や会議時間を大幅に削減することを可能にするでしょう。

パフォーマンスを予測するAIツール

　加えて、人工知能（AI）は従業員パフォーマンスのクオリティー予測ができます。現在、AI機能は、パフォーマンスの高低に関わる特性や活動を特定し、従業員の特性、トレーニングへの投資、従業員エンゲ

ージメントとパフォーマンスなどの要因の関係を予測できるようになりました。たとえば、予測分析会社iNostix（イノスティックス）の予測システムは、従業員のエンゲージメントのより正確な評価や欠勤や職場事故のリスクの予測によって、従業員のパフォーマンス貢献までの時間短縮をガイドし、組織のパフォーマンスの有効性を評価できると言っています。

11-4 従業員のパフォーマンスをインテリジェントにレビューする

　いまだに多くの企業が、特定のKPIに対する従業員パフォーマンスを年次評価するパフォーマンス管理方法として使っています。しかし、こんにちの速いペースで物事が進むテクノロジー・ドリブンな業務環境においては、「年次」パフォーマンス評価はもはや機能していません。最近はビジネスの動きが非常に速くなっています。ある研究によると、わずか6％の企業だけが自分たちのパフォーマンスマネジメントプロセスが機能していると考えていると報告していますが、それは驚くことではありません[11]。

　私は、従来のパフォーマンス評価モデルというのは、パフォーマンス評価がいかにできないかという完璧な例であるとさえ思っています。なぜなら、まさにその性質上、その評価プロセスは先を見ることより「振り返り」を多くすることだからです。さらに、通常、従業員もマネジャーたちも年次レビューを好ましいとは思っていません。従業員は、長いアンケートを記入する必要があり、マネジャーもこのレビュー・プロセスに多くの時間を費やす必要があります。実際、年に1回のレビュー期間中、組織の生産性が最大40％低下するという報告もあります[12]。現在、企業は年次レビューから離れ、より習慣的なディスカッションを通じて、より将来に目を向けるよう動き始めています。

　データ・ドリブン・パフォーマンス・レビューでは、従業員とマネジャーとの間の継続的な対話（ダイアローグ）が作成され、それらの対話

データも含むエビデンスに基づいてパフォーマンスの促進が図られてい
くでしょう。これには、AI・ドリブンシステムの使用や、より短期間
サイクルの定期的レビューの実施が含まれます。そのような例をこの章
では見ていきたいと思います。

インセンティブをパフォーマンスに結び付ける

　インセンティブ・スキームの設計は本書の範囲を超えていますが、デ
ータ・ドリブン・パフォーマンスマネジメントは、パフォーマンス・レ
ビューを単にパフォーマンスとKPI、その結果をインセンティブシステ
ムに無理やり結びつけることが目的ではないと留意することが重要です。
　多くの企業が、狭い指標を設定して従業員の行動を悪化させています。
特定の指標のみが評価対象となっていることは、従業員をその活動に集
中させますが、時には他の価値創造活動を害することもあります。たと
えば、私が子供たちに部屋を片付ければ、ご褒美として映画を見に行く
ことを約束したとしましょう。子供たちは、私が床がきれいになってい
るかしかチェックせず、ベットの下や食器棚の中は見ないということを
知っています。彼らはどこを片付け、どこを無視するでしょうか。答え
は明らかです。私の観察では、従業員のパフォーマンス・レビューとイ
ンセンティブは同じように設計されていることが多いのです。狭い測定
基準よりも結果に焦点を当てる方がよいと思います。つまり、会社のパ
フォーマンスが良く、個人がその成功に貢献しているのであれば、彼ら
はそれに応じて報われるべきだと考えます。

大企業におけるパフォーマンス・レビューの見直し

　アクセンチュアやデロイトのような大企業のうちいくつかが、年次パ
フォーマンス・レビューを廃止し、レビュー・プロセスを刷新している
と発表しました。これは予想外のことではありません。デロイト自身が
実施した社内調査では、幹部の半数以上が現行のレビュー・システムが

従業員のパフォーマンスやエンゲージメントを促進したとは考えていないことがわかったと伝えています[*13]。

パフォーマンス・レビューの新しいアプローチ

しかし、これらの会社は、古い年次レビュー、ランキング・システム、および360度フィードバックモデルの代わりに何を使用しているのでしょう？

新しいシステムは、従業員をランク付けしたり、他の従業員と実績を比較したりするのとは対照的に、従業員の役割に焦点を当てています。従来の業績評価システムの多くは、従業員のパフォーマンスを単一の数字、つまりレーティングやランク付けに単純化しようと設計されていました。新しいシステムは、各従業員に対して、より豊かで、微妙な差異（ニュアンス）も見ながら、良いパフォーマンスを産み出すことを目的としています。1年に1回のレビューではなく、より頻繁にフィードバックを提供する仕組みです。たとえば各主要プロジェクトの終了時、または月ごとにレビューを行うなどです。より頻繁なチェックインとレビューがあるということは、従業員の最高のパフォーマンスを引き出すことができるマネジャーの機会が増えることを意味します。このような習慣的な定期レビューでは、年間レビューよりも完了までの時間がはるかに短くなります。

デロイトは、4つの質問だけを使用しており、そのうちの2つは「はい」または「いいえ」の回答をするだけというのです[*14]。新しいフォーカスは過去のパフォーマンスではなく将来なのです。年に1度過去の達成や失敗を振り返るのではなく、より短期間の、より頻繁な振り返りによって、従業員のキャリアを伸ばすことを目的に設計されています。過去に何があったかを振り返るのではなく、将来に向けて何を改善するかに焦点をあてようとしているのです。

レビューをより客観的にする

標準的なパフォーマンス・レビューに関しての大きな問題の1つは、

従業員のスキル評価よりも、評価者の主観が現れるということです。しかし、新しいパフォーマンス・レビュー方法は、そのプロセスからなるべく主観性を取り除こうと工夫されています。デロイトは、潜在的な偏見をなくそうと、マネジャーがその従業員をどう思っているかではなく、その人に対して何をしたいか（昇進させる、動機付ける等）を尋ねるように質問を変更しました[*14]。

パフォーマンス・レビューでのAIの使用

　近頃、多くの企業が従来の評価基準ベースのパフォーマンス評価を変えようとしています。従来の評価方法に限界があるという理由もありますが、雇用者としての会社側もマネジャーも、その評価基準に基づいた結果が、彼らの主観（好き嫌い）に基づく直感と合わない場合、その評価をあまりにも簡単に無視することが分かったからです。

バイアスを減らす
　パフォーマンス評価の困難さの多くは、職場のバイアスに起因すると言われます。これらは、意識的または無意識的な行動であり、組織に対する個人の貢献度の評価に不当な影響を及ぼす場合があることは十分に立証されています。個人的偏見の最も明らかな原因の2つが人種と性別です。幸いなことに、それらは発見することがかなり容易です。しかし、他の多くのものはより束の間のあいだに起こっていたり、それが起こっているときすぐに明らかになったりするものではないかもしれません。
　1つは比較のバイアスとして知られています。評価者は定義された達成基準ではなく、個人のパフォーマンスを同僚従業員のパフォーマンスと比較する傾向があります。もう1つは親近性のバイアスで、近い過去の行動の方が、以前に行われた行動（パフォーマンス評価期間内）よりも重視されるというものです。こういったバイアスが、AIが介入できる部分と考えられています。なぜならバイアスは人間の欠点でありAIは克服する必要がないからです[*T2]。

分析的な目標設定とパフォーマンス評価のプラットフォームを提供するBetter Works（ベターワークス）の創設者兼CEOであるKris Duggan（クリス・ダガン）は、パフォーマンス評価の有用性が低くなる背景の1つが、旧来の年次レビューであると考えています。彼は、継続的なフィードバック・プロセスこそ解決策の1つであり、インテリジェントなAIドリブンシステムがその実現に役立つだろうと話しています。Duggan氏は、こうも言いました。「私たちは、もっと頻繁でアジャイルなかつ負担感が少ないフィードバックを得て、‥そしてそれがオープンで協働的（コラボレーティブ）であること‥それらがパフォーマンス向上促進のドライバーになると考えています」*15。

マシンに、パフォーマンス・レビュー実施の遅延はない

　人間のマネジャーの多くが、パフォーマンス・レビュー業務を「時間があるときにやるもの」と捉え、ギリギリまで後回しにしがちであるということが、AIには起こらないということも利点として考えられています。たとえば、（理論的には）AIに対して、部下たちのパフォーマンスの有効性に関する現状の360度評価を見せて欲しいと言えば、それは入手可能でしょう。また、AIドリブン・アセスメントはリアルタイムで行われるため（ターゲットや、仕事の割り当て、およびそれらが人との関係によりどのように影響を受けているかをモニターするシステムとの組み合わせによって）、良好なパフォーマンスやインセンティブや称賛すべきパフォーマンスをただちに取り揃えてくれるでしょう。目標が達成されていない、またはパフォーマンスが悪い場合、問題が拡大してマネージできなくなる前に何らかの介入策を取ることができます。

より定期的、継続的なフィードバック循環を取り入れる

　第8章では、Glint（グリント）のようなプロバイダが提供する定期的な「パルス」サーベイによって、より恒常的に従業員からのフィードバックを収集できることを確認しました。このようなテクノロジーは、

データ・ドリブン人事のフィードバック循環の重要な部分となります。このプロセスは双方向に機能します。会社として従業員からの定期的なフィードバックの恩恵を受けるだけでなく、従業員自身にも定期的なフィードバックによる利点があります。現場マネジャー、同僚、メンターからの定期的な従業員に対するフィードバックによって、従業員は、彼らのパフォーマンスに対する周りの理解や貢献の認知があることを感じ、それが、会社とのつながり感、エンゲージメントの促進も支援すると考えられています。

フィードバックの頻度を増やす

　再びBetterWorks（ベターワークス）ですが、彼らのAIドリブンツールは、フィードバックの頻度を増やすという点で先行しています。彼らが、「業務グラフ」と呼ぶものにAIを導入しています。これは、従業員同士のコネクションマップで、どの従業員とどの従業員の仕事が交差しているかを見える化しているだけでなく、どこでどの目標が共有されているかも示すマップです。業務グラフのAIアルゴリズムは従業員の目標と進捗状況を追跡し、必要に応じてコメント、注意喚起、および承認を提供します。その後、システムはラインマネジャーなど関係者へフィードバックを促します。このシステムの良いところは、個人のフィードバックやインタラクションに対する好みも認識し、リアルタイム通知をするか、まとめての通知かを選択してくることです。このタイプの即時、または恒常的な定期フィードバックは、（年次レビューのように）すでに古くなってしまったデータに基づく年次レビューの問題に対する解決策を提供できるのではないでしょうか。マネジャーはリアルタイムのデータに基づきパフォーマンスを評価し、フィードバックを送れます。従業員もリアルタイムでパフォーマンスの認知を得て、改善や向上に役立つ、フィードバックを得ることができます。

職場でのピア・レビュー

　同僚間のフィードバックは、パフォーマンス・レビューのもう１つの

成長しつつある側面です。スタートアップのZugata（ズガタ）は、継続的な匿名による同僚間フィードバックの提供と同時に、メンターによるパフォーマンス向上へのアドバイスを受けることができるソフトウェア・ソリューションを開発しました[*16]。このシステムは、誰と誰が一緒に働いているかを把握し、毎週同僚からの匿名フィードバックを求めます。こういったツールは、チームメンバー同士のオープンなコミュニケーションを可能にし、従業員が自分たち自身の長所や成長機会を見極めることを支援します。マネジャーや人事チームにとっては、より広い観点からのスキルの把握や、強みや改善領域を理解するための情報源となり、より効果的な学習や開発プログラムの設計を助けます。しかし、この章の後半で見るように、従業員同士のレビュー・システムは慎重に取り組む必要があります。従業員ランキング・システムと併用された場合、お互い競争し合い、仲間に対して負のフィードバックを提供してランキングへの操作が生じる可能性もあります。システムの利用には、慎重な考慮が必要ですが、同僚同士によるオープンで支持的なフィードバックがあることが、従業員各個人のパフォーマンス向上、成長や潜在能力の開発に役立つということは、疑いがないでしょう。

11-5 | 潜在的な反動

　もちろん、従業員のパフォーマンスをモニターすることについては法的なプライバシーの問題もあります。従業員はプライバシーを保護する権利を持っており、それは、彼らのパフォーマンスをよりよく理解する必要性と共に、慎重に管理されなければなりません。データの不適切な使用は、雇用主としてのブランドを傷つけるだけでなく、法律上の問題に巻きこまれる可能性もあります。

厄介な例

たとえば、従業員が、顧客や他のスタッフとのやり取りを追跡するバッジを着用しているとします。マネジャーがこの情報を利用し、誰が人事に対して、自分のマネジメントについての不満を言ったかを特定できる可能性もあります。もし、他に解雇の根拠なく、そのデータに基づいてのみその従業員が解雇されたとすれば、従業員は不当解雇の訴訟を起こすでしょう。あるいは、全従業員がウェアラブル活動量計デバイスを着けて仕事をしている条件下では、仕事ができるかに関係なく健康状態の低さによって差別されてしまう可能性もあります。

従業員をモニタリングすることが裏目に出た例の１つに、2016年のデイリーテレグラフの実例があります。伝えられるところによると、ある朝、ジャーナリストたちが会社に到着すると、何の警告も説明もなくモーションセンサーが机の下に設置されていることを発見しました[*17]。労働組合が動き、新聞社は、すぐにデバイスを取り外すことになりました。こういった措置が事前にスタッフに伝えられなかったこと自体、非常に衝撃的です。もしそれがもっとうまく対処されていれば、すべての騒ぎは避けられたかもしれません。

アウトプットとパフォーマンスは同じではない

パフォーマンスの向上とアウトプットの向上が必ずしも同じではないことを理解しておくことも重要です。従業員の福利（ウェルビーイング）やエンゲージメントを考慮せずに、生産結果の向上のみを目指そうとすれば、その戦略は失敗するでしょう。人事担当役員の80％が優秀な従業員をバーンアウトにより失ってしまうことを心配しているこんにちの職場環境においては、特に考慮が必要な点です[*18]。

アマゾンからの教訓：
人のモニターとレビューを操作しない

過去にイギリスで、Amazon（アマゾン）の物流センターの労働条件が全国的なニュースになったことがありました。シフト中の従業員の動きすべてがGPSの追跡タグでモニターされ、最大15マイルも歩いていたというニュースです。しかも、彼らが食堂に行き、昼食を食べて、倉庫に戻るまで、わずか30分。その間9つのフットボール競技場に相当する距離を歩いていました[19]。ニュースによると、この物流センターは、毎分ごとにスタッフの倉庫内の位置、品目の収集や梱包の数、さらにはトイレ休憩の回数や分数までを正確にモニターしていたというのです。これは、Amazonには非常な効率性を与えたかもしれませんが、英国における雇用主としてのブランドを大きく傷つけたことは間違いありません。

過剰労働と秘密フィードバック（密告）

さらに、シアトルにある同本社におけるフィードバック文化は、2015年のNew York Timesの記事で大きな批判を浴びました。記事は多数の元Amazon従業員へのインタビューを特集したものでした。この記事には、従業員が同僚のアイデアを批判したり、マネジャーに秘密のフィードバックを送ることを奨励したりする「激しい競争」のフィードバック文化を特集しました[20]。この記事によると、新入社員は全員、14のリーダーシップ原則に同意しなければなりません。「ビッグ・シンク（大きく考える）」から、やや脅迫的に聞こえる「同意せずコミットする」「倹約」など、いわば普通の原則と変わりのないものです。Amazonは、各人から最大の価値を得ることを望み、従業員は、こういった原則やフィードバック文化がいかにお互いの向上につながったかを積極的に発信しています。しかし、インタビューを受けた他の人たちは膨大な作業量とプレッシャーが当たり前の企業文化について話しています。ある人は4日間も眠れなかった、またある人は夜、週末、休日も働くことについて

も報告しています。記事によれば、過酷なパフォーマンス・レビュー文化の中には、各従業員が説明をしなければならないさまざまな測定基準に関する長いレポート（時には50または60ページ）と毎週、毎月のレビューが含まれているということです。その後、彼らはレポートについて様々な質問を受けます。

　Amazonの内部フィードバック・ツールは最も目を引くものの１つでしょう。"Anytime Feedback Tool（エニータイム・フィードバック・ツール）"と呼ばれるこのシステムは、従業員が同僚についてのポジティブまたはネガティブなフィードバックをマネジャーに送ることができるようになっています。マネジャーは誰がフィードバックを送ったのかを知ることができますが、個々の従業員は誰がフィードバックを送ったのかもわからず、自分自身へのフィードバックを見る機会もありません。フィードバックは常にマネジャーを介してなされます。あからさまに誤用されやすいシステムです。チームメンバーはランク付けされ、スコアの最も低いメンバーは毎年排除されると言われています。このシステムでは、従業員が互いに〈効率的〉に競争し、とにかく人よりも多く働かなければならないと感じさせてしまうことは、否めないでしょう。

従業員の平均在籍期間はわずか１年

　PayScale（ペイスケール）の調査で、従業員の離職率が高い企業リストの２位にAmazonがランクされているのはおそらく当然のことです[*21]。データによると、Amazonの従業員は平均たった１年で辞めてしまいます。これはFortune500の中でも最も短い在職期間の１つです。Amazonの創設者兼CEOであるJeff Bezos（ジェフ・ベゾス）は、この記事に反応して、「この記事は自分の知っている企業文化を書いてない」とスタッフにメモを送り、不公平な慣習を人事へ報告するように依頼したと言われています[*22]。

　いずれにせよ、従業員の離職率が高いということは、内部フィードバックシステムが従業員の満足度に悪影響を与えていることを示していま

す。Amazonのフィードバックシステムの主な問題の1つは、従業員が、互いに、人よりも多く働くことを強いられている、と感じているということだけでなく、フィードバックへのアクセスがマネジャーを通してしかできないことだと私は考えます。本当に従業員の成長と向上を支援したいのであれば、この章の前半で説明した継続的パフォーマンス・レビューのようなシステムを用いて、従業員が必要なときにはいつでもフィードバックへアクセスできるようにするべきではないでしょうか。

11-7 | UPSからの教訓：働く人に敬遠されずにパフォーマンスを向上させる方法

　車両センサーとGPSデータの使用は、配達ドライバーの位置、ルート、走行速度を正確に把握することを可能にします。これらのデータは、すでに多くの企業でルーティン的に使われており、ドライバーの行動と配送ルートの最適化を目指しています。しかし、UPSはデータとアナリティクスの利用をまったく新しいレベルに引き上げました。たとえば、すでに何年もドライバーが持ち歩いてきた携帯型コンピュータ（小包の受け取りサインをするあの電子機器です）は、実は洗練されたデバイスで、最も効率的な配送ルートと配達の順序を示すなど、ドライバーの適切な判断を支援しています[*23]。しかも、配送車そのものもドライバーのパフォーマンスに関する豊富なデータを提供します。UPSトラックには、200以上のセンサーが付いていて、運転手がシートベルトを着用しているか、いつ後ろのドアが開いているか、車が動いているときとアイドリングに費やす時間、車の方向転換やUターンの回数などの情報を集めます。同社の車は毎日約10万台が道路上にあり、約1,700万個の荷物を900万以上の顧客に届け、ドライバーは毎日平均120回停止します。

ビッグデータから得られる大きな利点

　これほど多くのドライバーが出回っているため、ドライバーの効率的

な運転によるパフォーマンスの向上は、大きな節約を意味します。同社は各車両ドライバーがアイドリングに費やす時間をわずか1分削ることで、車両全体で50万ドル以上の燃料を節約できると言っています。それによる運用コストの削減は、年間1,460万ドルということです。また、センサーのデータから分かったことの1つは、キーでトラックのドアを開けることが、ドライバーの動作を遅くさせて、貴重な時間を浪費しているということでした。そこで同社は、もっと迅速にドアを開くことができる簡単な押しボタン式キーチェーンを導入しました。UPSのような規模で車両数がある場合は、このような小さな時間の短縮が大きな違いを生みます。節約になるのは明らかです。運転手のモニタリングから、必要に応じてフィードバックやトレーニングを提供することで、UPSは年間850万ガロンの燃料と8,500万マイルの走行距離削減を成し遂げました[24]。さらに、以前は一日100か所を切っていた平均配達数が、今では平均120か所になっているといいます。つまり、同じドライバーが同じトラックを使って、今までよりはるかに多くの荷物を配達できるようになったのです。

従業員を守り、報いる

そのパフォーマンスの向上は賃金の上昇に反映されており、UPSの運転手は1990年代半ばに比べて約2倍の収入を得ています[23]。同社は世界で最大かつ最も効率的な宅配会社として広く認められています。それは革新的なデータの使用によるところが大きく、ドライバーはこの業界で最高の報酬を得ています。こういった結果を見ても、配送活動中のドライバーのモニタリングに対する従業員の賛同を得られたことは疑う余地はないでしょう。しかし、同社は、モニタリングすることに対するドライバーからの大きな反発に直面しないようにするために、他の措置も講じています。たとえば、ドライバーとの契約条件に、UPSがドライバーの合意なしにデータを収集することはできないことを明記しています。また、データから得られた情報だけに基づいたドライバーの訓練もでき

ません。このような賢明な予防策は、あらゆる業界のほとんどすべての種類のパフォーマンス・データに対しても有効な策でしょう。

　パフォーマンス・モニタリングの実施に際しては、このような保護条項による従業員との合意の促進、透明性の確保、従業員のモラルや雇用主のブランドが損なわれるリスクを最小限に抑える、といったフォローアップ策が重要なことではないでしょうか。

11-8 | 組織にとってベストな 6つの実行ヒント

　本章で検討された内容に基づいて、以下に合法的に有用なパフォーマンス測定とプライバシー侵害的モニタリングの間の微妙な境界線をたどるのに役立つ、6つのシンプルなベストプラクティス・ガイドラインを示します。

1. 透明性の確保

　正確にどのデータを収集し、どのようにそれらを使用するつもりであるかを従業員に開示し、透明性を保ちましょう。実施しようとしているデータ収集が、どのように従業員自身に対する利益をもたらし、会社全体のパフォーマンスを向上させるのに役立つのかを明確にしましょう。これがパフォーマンスを見ることであり、従業員が行う些細な行動すべての監視が目的ではないこと、そして個人を罰するための使用は決してないことを明らかにする必要があります。

2. 収集するデータを最小限にする

　熟考してデータの最小化を実践し、パフォーマンスに真の影響を与えるために必要なデータのみを収集しましょう。特定のデータの必要性を常に説明できるよう、根拠を明確にしておくべきです。特定のデータを

収集することについて、ビジネス上の適切な理由がない場合は、収集しないことも選択肢です。

3．同意を得る

　従業員には、彼らのパフォーマンス・データを使うことへの同意を求めなければなりません。そして、一旦同意を得たら、従業員と合意した目的のためだけにデータを使用しましょう。

4．組合と協力する

　UPSのドライバーのように、従業員が組合の一員である場合は、どんな測定を実施するにも、前もって組合と相談してパフォーマンス測定に関する合意を得る必要があるでしょう。

5．対話を維持する

　データ収集内容と使用方法について、いかなる変更が生じた時にも、常に従業員と情報を共有する必要があります。一度合意が得られたからといって、将来にわたるすべてのモニタリングに委任を得たことにはなりません。

6．データから得た明確な利点を実証する

　UPSの例のように、成功を公表し、データ・ドリブンなパフォーマンス測定やレビューによって収益が改善され、会社が目標を達成するのに役立っていることを示しましょう。従業員のパフォーマンス向上が会社全体の財務業績の向上につながれば、それに応じた社員への報酬を検討しましょう。

重要なポイント

　明らかにこの分野は、データ・ドリブン人事戦略の難しい分野の1つであり、組織にとって何が適切で、何が従業員に最も役立つかについての慎重な検討が必要な領域です。以下は、本章で取り上げた内容の要約です。

- パフォーマンス改善と従業員モニタリングの間には非常に微妙なラインがあります。この一線を超えた企業は大きな反発に直面しています。パフォーマンスの測定の仕方によっては、従業員のモチベーションを損なう可能性があります。

- 従業員がトイレで過ごす時間の長さなどの指標ではなく、従業員がその能力を最大限に発揮できない阻害要因や組織の何に満足していないかなどを検証し、従業員のやる気を引き出すことや成長とモチベーションの向上に寄与する指標を検討するべきです。

- データ・ドリブン・パフォーマンスマネジメントは、個人や会社全体のパフォーマンスの向上を支援するものであり、うまく行っていない個人を罰することが目的ではありません。誰かが期待どおりのタスク実行ができていない場合は、疲労やストレスなど、その背景には十分に正当な理由があるかもしれないのです。

- IoTもまた、従業員のパフォーマンス向上に大きな役割を果たしています。概して、「コネクテッドワーカー（つながりを持っている従業員）」は幸福で生産的であると言われています。

- ペースの速い、テクノロジー・ドリブンなこんにちの職場では、年次パフォーマンス評価はもはや機能していません。企業は、年1回のレビューから離れ始め、代わりに将来を見据えた観点でのより習慣的な

定期ディスカッションを行いはじめています。

◉ データの不適切な使用は、雇用主としてのブランドを傷つけるだけでなく、法的措置が必要となる結果につながる潜在性があります。パフォーマンス・データを公平に、倫理的に扱うためには、6つのベストプラクティスガイドラインを参照してください。

データ・ドリブン人事戦略の世界への旅の終わりに到達しました。最後に、皆さんがデータ・ドリブン人事戦略の道を切り開かれる前に、もう一度データ・ドリブン人事の未来がどのようになるのかを見ておきたいと思います。

第12章では、データとテクノロジーの未来に関する主なトレンドを紹介し、これらが将来の人事チームにどのように影響するかを探ります。

第11章注釈

1　Catapult Sports［accessed 23 October 2017］Integrating Wearable Performance Data into AMS by Catapult［Online］http://www.catapultsports.com/uk/media/catapult-clearsky-wearable-athletetracking-applied-indoors

2　Singer, E（2011）［accessed 23 October 2017］Extra Sleep Boosts Basketball Players' Prowess［Online］http://www.technologyreview.com/view/424608/extra-sleep-boosts-basketball-players-prowess

3　Alvarez, E（2017）［accessed 23 October 2017］FIFA Envisions a Future Where Players Wear In-game Fitness Trackers［Online］https://www.engadget.com/2017/08/03/fifa-epts-wearable-technology

4　Wilson, H J（2013）［accessed 23 October 2017］Wearables in the Workplace［Online］https://hbr.org/2013/09/wearables-in-theworkplace

5　Tractica［accessed 23 October 2017］Wearable Devices for Enterprise and Industrial Markets［Online］https://www.tractica.com/research/wearable-devices-for-enterprise-and-industrial-markets

6　Lee, T（2015）［accessed 23 October 2017］Hitachi Creates Wearable Sensor to Measure Employee Happiness［Online］http://www.ubergizmo.com/2015/02/hitachi-creates-wearable-sensor-to-measureemployee-happiness

7　Frankel, S（2016）［accessed 23 October 2017］Employers Are Using Workplace Wearables to Find Out How Happy and Productive We Are［Online］https://qz.com/754989/employers-are-using-workplacewearables-to-find-out-how-happy-and-productive-we-are

8　Rawlinson, K（2013）［accessed 23 October 2017］Tesco Accused of Using Electronic Armbands to Monitor Its Staff［Online］http://www.independent.co.uk/news/business/news/tesco-accused-of-usingelectronic-armbands-to-monitor-itsstaff-8493952.html

9 Hobbs, M（2017）[accessed 23 October 2017] The Internet of Things:Aligning Asset and Worker Performance [Online] http://www.telegraph.co.uk/business/digital-leaders/horizons/telegraph-horizons-asset-versusworker-performance

10 Greenwald, T（2017）[accessed 23 October 2017] How AI Is Transforming the Workplace [Online] https://www.wsj.com/articles/how-ai-is-transforming-the-workplace-1489371060

11 Bernard Marr & Co [accessed 23 October 2017] What Is Performance Management? [Online] http://www.ap-institute.com/what-isperformance-management.aspx

12 Shekhawat, S（2016）[accessed 23 October 2017] Bots and Artificial Intelligence – Next Wave of Disruption in HR [Online] https://yourstory.com/2016/12/bots-artificial-intelligence-hr

13 Barry, L, Garr, S and Liakopoulos, A（2014）[accessed 23 October 2017] Performance Management Is Broken [Online] http://dupress.com/articles/hc-trends-2014-performance-management

14 Buckingham, M and Goodall, A（2015）[accessed 23 October 2017] Reinventing Performance Management [Online] https://hbr.org/2015/04/reinventing-performance-management

15 Marr, B（2017）[accessed 23 October 2017] The Future of Performance Management: How AI and Big Data Combat Workplace Bias [Online]https://www.forbes.com/sites/bernardmarr/2017/01/17/the-future-ofperformance-management-how-ai-and-big-data-combat-workplacebias/2/#427c2c502e58

16 Zugata（2015）[accessed 23 October 2017] Big Data Startup Zugata Re-imagines Performance Reviews, Launches with a New Approach to Empower Employees to Reach Their Fullest Potential and Funding from Silicon Valley VCs and Angel Investors, press release [Online] http://www.marketwired.com/press-release/big-data-startup-zugatare- imagines-performance-reviews-launches-with-new-approachempower-2063217.htm

17 Waterson, J（2016）[accessed 23 October 2017] Daily Telegraph Installs Workplace Monitors on Journalists' Desks [Online] https://www.buzzfeed.com/jimwaterson/telegraph-workplace-sensors?utm_term=.xnadY9JN#.rrKVW9lJ

18 Robert Half（2013）[accessed 23 October 2017] Employee Burnout Common in Nearly a Third of UK Companies, Say HR Directors, press release [Online] https://www.roberthalf.co.uk/press/employee-burnoutcommon-nearly-third-uk-companies-say-hr-directors

19 Ledwith, M（2013）[accessed 23 October 2017] Tagged by Their Bosses, Zero-hour Amazon Workers: Employees Wear Monitoring Devices and Are Not Guaranteed Any Income [Online] http://www.dailymail.co.uk/ news/article-2382800/Tagged-bosses-zero-hour-Amazon-workers-Employees-guaranteed-income.html

20 Kantor, J and Streitfeld, D（2015）[accessed 23 October 2017] Inside Amazon: Wrestling Big Ideas in a Bruising Workplace [Online] https://www.nytimes.com/2015/08/16/technology/inside-amazon-wrestlingbig-ideas-in-a-bruising-workplace.html

21 PayScale [accessed 23 October 2017] The Least Loyal Employees [Online] http://www.payscale.com/data-packages/employee-loyalty/least-loyal-employees

22 Cook, J（2015）[accessed 23 October 2017] Full Memo: Jeff Bezos Responds to Brutal NYT Story, Says It Doesn't Represent the Amazon He Leads [Online] http://www.geekwire.com/2015/full-memo-jeff-bezos-responds-to-cutting-nyt-expose-says-

tolerancefor-lack-of-empathy-needs-to-be-zero

23 Goldstein, J (2014) [accessed 23 October 2017] To Increase Productivity, UPS Monitors Drivers' Every Move [Online] http://www.npr.org/sections/money/2014/04/17/303770907/to-increase-productivityups-monitors-drivers-every-move

24 UPS Pressroom [accessed 23 October 2017] Big Data Delivers Big Results at UPS [Online] https://pressroom.ups.com/pressroom/ContentDetailsViewer.page?ConceptType=Speeches&id=1426415450350-355

〈翻訳者注釈〉

T1：HPI-ヒューマンパフォーマンスインプルーブメントは、人事がパフォーマンス課題を論理的に整理して、データを見る際のフレームワークとして参考になります。）

T2：AIに学習させるデータそのものにバイアスがかかっている問題もあるため、学習させるデータからいかにバイアスを取り除くかも課題になっています。

https://www.technologyreview.jp/s/125069/this-is-how-ai-bias-really-happens-and-why-its-so-hard-to-fix/

https://jp.techcrunch.com/2016/11/09/20161107why-its-so-hard-to-create-unbiased-artificial-intelligence/

第 12 章

データ・ドリブン
人事戦略の未来

The future of data-driven HR

この本が、今、そして、今後出現すると思われるデータとアナリティクスの可能性と、それがどのように人材マネジメントに変化を及ぼし始めているのかについてのアイデアを得ることに役立ったこと、そして、データ・ドリブン人事戦略に対する興味と興奮がかきたてられたことを願っています。

　今のビジネス環境は、働く私たちにとって、ある意味とてもエキサイティングな時期にあると思います。また、このテクノロジーの世界は10～5年前に予想していたよりもはるかに速く変化しています。ほんの数年以内に人事部門の機能が、今とはまったく異なるものになるだろうことは、想像に難くありません。データ・ドリブン人事戦略の今後の確実な方向性を言うことは誰にもできません。今は想像もできないようなテクノロジーの進歩もあるでしょう。しかし、今起こっている新しいトレンドから、将来予測は可能です。したがって、この章では、明日の人事部門が直面するであろう課題、デジタル・トランスフォーメーションが及ぼすあらゆる職場への影響、そして、人事プロフェッショナルが知っておくべきと思われるキーとなるデータとテクノロジーの動向、そして、将来のデータ・ドリブン人事戦略の展望を示します。

　最後に再び、『堅牢なデータ戦略』の重要性について確認し、それをどのように皆さんの前途に広がるデータ・ドリブン人事戦略の旅の最初のステップとすればよいかをもって、この本を終えたいと思います。

12-1 ｜ 人事部門の将来課題

　私たちの世界の「データ化」とモノのインターネット（IoT）対応デバイスの普及は今も続き、ビジネスのすべての分野と同様に、人事の働き方にも影響を与え続けるでしょう。

人事にしかできない役割を見つける

　人事チームにとっての課題は、将来の組織におけるテクノロジー（具体的には作業の自動化の向上）と人間の役割のバランスを見つけることです。今後の人事チームが直面する最大の課題は、技術に追いつくことやデータ分析などの新しいスキルを習得することではありません。組織内および人事チーム自体の中で、「人間」としてのユニークな居場所を見つけることです。当然のことながら、将来的にはHRタスクと事業部門全体の両方で自動化が進むでしょうが、すべてが自動化されロボットによって実行されるのだとしたならば、人事には何が必要でしょうか？

　つまり、今こそ人事チームは、自動化されるものとされないものを含み、未来の人事部門がどうなっているかについて考える必要があります。将来のワークプレイスにおける人事の貢献とは何なのかの把握が必要です。個人的には、人事機能が完全に不必要になるとは思いません。しかし、人事部門の役割がアドミニ業務（将来、容易に自動化される可能性がある）から組織目標達成に役立つ活動に移行することは疑いようのないことでしょう。組織内の他の部門では実現できない真の価値と人事としての独自の価値を提供することが重要です。

人事はリストラクチャリングされる？

　これこそが、第1章で人事の2チームアプローチを強く提唱した理由です。1つは、ピープルアナリティクスチーム、もう1つは、ピープルサポートチームです。

　ピープルアナリティクスチームは、人々をより科学的に見て、洞察力を持って、アナリティクスを用いて、以下のような質問に答えることによって会社をサポートします。

　「自社におけるタレントギャップは何か？」

　「自社における優秀な従業員を形成するものは何か？」

　「ポテンシャルの高い従業員は誰か？」など

（この章で後述しますが、ピープル・アナリティクスチームとは、人事担当者がデータ・サイエンティストになる必要を意味するのではありません）

　ピープルサポートチームは、現場従業員から経営者層まで、会社の人々全員の支援に焦点を当てます。従業員の能力開発、従業員のエンゲージメントの確保、モチベーションやモラル問題の特定、人々の福利厚生全般に関連する対応などが含まれます。これら２つの機能以外のアドミニ作業やお役所仕事のようなタスクは、外部委託や自動化に移行されるでしょう。

12-2 | デジタル・トランスフォーメーションは、ワークプレイスをどう変えるか

　あらゆる業界とほぼすべての職種で、仕事の性質が変化しています。トランプ大統領のような政治家は地域コミュニティに仕事を取り戻すことを誓うかもしれませんが、自動化の流れを阻止する方法を真剣に考えたでしょうか？　ロボットが人の仕事にとって代わるというような注目を集める奇抜なニュース記事を目にすることはあっても、多くの人は将来自分の職場がどのように変わるかについてそれほど真剣に考えてはいなかったのではないでしょうか？

　しかし今、データ、人工知能（AI）、そして自動化が職場に与える影響を理解し、絶え間のない組織のデジタル・トランスフォーメーションが起こっている変化の海を適切にナビゲートする役割が今まで以上に重要になっています。

第４次産業革命に生き残るための基本スキル

　第４次産業革命はすでに始まっており（第２章を参照）、それは私たちの生活と働き方を完全に変えつつあります。私たちの世界は現在、インターネットに接続されたデバイスによって収集され、増え続ける情報

量とその処理を可能にするデータによって活況を呈しています。すべての職、あらゆる業界において、この新しい変革の影響による仕事や雇用の今後数年間における変化見通しを検討することは重要です。

これは人事部門だけでなく、組織のほとんどの人に当てはまります。ただし、人事チームにとっては特に重要です。人事担当者がこの新しい世界における新しい人事の在り方を見つけることだけではなく、会社組織の将来ビジネスを成功させるために不可欠なスキルを組織内の人々に提供しなければならないからです。

以下は、人事担当者としてどのようにこれらの変化を乗り越えたらよいか、そしてどのように自己開発を促進すればよいのかという問いを持つ人のための3つのヒントです。

ヒント1：自分の仕事の未来を考える

自分の業務で、何が毎日繰り返されていることでしょうか？　潜在的にインテリジェントロボットやコンピュータでできる可能性があると思われることは何かを、真剣に考えてみましょう。

ご存知のように、すでに自動運転車やトラックは実用化されつつあり、コンピュータによる顔認証技術は、いかなる人の違いをも認識できるレベルになっています。本書全体を通して見てきたように、人事的には、求人応募者の査定、就職候補者への対応、「年末年始休暇はいつか？」などの単純な従業員からの質問への回答、果ては従業員満足度の測定などの作業を完全または部分的に自動化可能です。

しかし、創造性を必要とする業務や、人と人の人間的な部分における問題解決といった、コンピュータがまだ奮闘している領域は、人事担当者にとっての重要なスキルであり、そうであるべきだ、と私は考えています。この領域こそ、人事が組織に対して真の価値を提供できる分野です。これらの領域のスキルをより磨くためにも、自動化できる分野を積極的にロボティックスなどのテクノロジーに置き替え始めることも重要です。

ヒント２：データに精通する

　私は、人事担当者がデータ・サイエンティストになるべきだと言っているわけではありません。しかし、データの持つ可能性、つまり、それによって解決できる問題や、より効率的な組織運営、あなたの顧客（会社の従業員）をより幸せにする支援方法をよく理解することは重要です。独自の方法でデータを使って、組織における重要課題の解決ができることを示すのは、情報化時代における成功への確実な道です。人事業務において、十分にデータを駆使することができることは、今後より一層重要になっていきます。

ヒント３：「AIの同僚」と友達になる

　AIは信じられないほどの速さで採用されています。私たち自身の生活の中におけるAppleのSiri、MicrosoftのCortana、AmazonのAlexaなどのAIアシスタントが、ますます有能になってきていることからも、それを感じることができます。スケジュールの管理をしたり、交通情報やニュース速報を提供したり、ユーザーの関心があるであろう今後のイベント情報を提供したりといったことは、すでに可能になっています。これら人工知能は、徐々に、我々の行動データなどのモニターから、徐々に私たちが何かを言わなくても各人に適切な情報を提供するようになるかもしれません。この種のテクノロジーは、早々に業務環境においても当たり前のこととなり、人々を心配にさせるかもしれません。

　人事チームは、AI技術の採用において先導的立場となり、AIシステムとのコラボレーションがいかに仕事の効率を高め、ビジネスの成功に役立つかを示す必要があるでしょう。

すべての社員がデータに精通するために

　この本を通して、データとアナリティクスが、ビジネス・プロセスのさらなる理解や問題が発生する前に予測することを可能にしてビジネスを効率化する例を見てきました。組織内のどこにでも自然発生的にその

ような状態が出現するとしたら、その変化はどれほど大きいものになるでしょうか。想像してください。データの民主化の背景となっている考え方です。つまり、会社全体の誰もが、改善の可能性に必要なデータにアクセスできるようになるという状態です（この章の後半で詳しく説明します）。この考え方は、誰もが、自分の仕事の効率性を高めたり、改善したりするためにテクノロジーを利用したツール、スキル、およびノウハウにアクセスでき、働くすべての人材が、将来課題に対処する備えができている状態を目指すというものです。

より多くの人にデータとアナリティクスを公開する

この考え方は、Infor（インフォア）のCEO、Charles Philips（チャールズ・フィリップス）により広められたもので、ソフトウェア会社が教育提携プログラムを作るという決定の背後にある原動力でした[*1]。このイニシアチブは、トレーニングプログラムを大学に展開し、その顧客とパートナーのネットワークを活用しながら学生に就職のあっせん、最終的には仕事を与えるというサービスを含んでいます。

プラットフォームの構築とソフトウェア・サービスツールのセットへの移行を考えると、組織におけるデータ・ドリブン型への移行の効果的な推進のためには、コンピュータ・サイエンスや統計学の学歴はもはや必要ないということです。そこでの問題となるのは、学生や専門家たちが、次にどんな行動をとるべきかを思案しているときに、彼らが明日の労働力として活躍できるスキルを持っているというメッセージを届け、確実に発信できるかということなのです。Philips氏は、次のように述べています。「私たちは、程度の差こそあれ、ほとんどすべてのビジネスがデジタル・ビジネスになると予想しています。ですから、たとえあなたがコンピュータ・サイエンスやテクノロジー専攻ではないとしても、テクノロジーの使い方とその適用の仕方を学ぶ機会に触れる必要があるでしょう」[*1]。

このコースは、7万人以上のクライアントに使われているInfor's（インフォズ）のエンタープライズ・ソフトウェアを使用した実践的なトレ

ーニングにおいて、ハンズオンセミナーやオンラインの形で提供され、また、米国の大学との提携により、正式な教育環境でのコースの数も増えているということです。このコースを大学の教育に入れてもらうことは最優先事項でした。当初、アカデミア側から懐疑的な声があったことは、フィリップスも認めています。しかし、これまでに全国27の学校機関にそのコースを入れることができました（うち25が大学、2つは高校です）。来年までにさらに50校を増やすという目標に向かって取り組んでいるということです。

価値が増すデータに精通した人材

　ビジネスとテクノロジーの両方を理解できる人材へのニーズが高まっているのは確かです。AIとデータを使って、ビジネス上の問題を分析し、自動化によって最も効果的に解決する方法を考えることに長けている人材は、業界に関係なく、明日の労働力として引っ張りだこです。

　「オートメーションは自動車を作ることはできますが、どこへ行くべきかを伝えることはできません。自分がどこに向かいたいのか、行きたい場所を知っておく必要があります。」とPhilips氏は言っています[*1]。

データとアナリティクスの他のビジネス機能への影響

　ビッグデータ・テクノロジー、特にAIと機械学習は、ビジネスのあらゆる分野に影響を及ぼしています。私は、事業部門が直面している変化にスポットを当てることによって、組織への有効な貢献を模索する人事部門にとって有益な情報を提供できると考えました。それによって今、そして今後起こるであろう多くの実際的な変化を知るだけではなく、組織で起こっているそれらの変化に対して人事機能としてどのような支援が可能かの知識を得ていただきたいと思ったからです。

　人事のプロフェッショナルとしては、新しいデータ・ドリブン型の世界における自分たち人事の役割がどのように変わるのかについて、疑問をめぐらしていることと思います。その疑問は結果として、組織全体に

わたって反映されてきます。

営業におけるAIと機械学習の隆盛

　機械学習とAIを活用してセールス機能を変革する組織は競争優位に立つと言ってよいでしょう。今私たちは、膨大な量のデータを生成し収集してマシンに提供しています。マシンが学び（アルゴリズムを使う）、データを解釈し、結果を予測するためには、膨大なデータが必要です。もちろん、営業の人間的な側面（少なくともしばらくの間）は、マシンに置き換えられることはないでしょう。人間、特に模範的な営業担当者は、聞く、説得する、交渉する、共感し、顧客の「なぜこれが私にとって最高の製品またはサービスなのか？」という非常に重要な質問を探索し、答えを提供することができます。しかし、営業の成功を促進し、貢献する機械学習の能力は強調してもし過ぎることはないほど進展し、今後も重要性が増し続けると思われます。以下は、機械学習によって営業が変わったほんの一例です。

〈顧客データの解釈〉

　機械学習は、収集された顧客情報とデータを、私たちにとって意味あるものにし、理解することを容易にします。多くの組織が顧客データを収集し、保存するシステムやリソースを持っていますが、機械学習は、それらのデータを人間だけの力ではできない、より効果的な利用を促すことに役立ちます。

〈売り上げ予測の改善〉

　営業担当者が収集した見込み客に関するあらゆる種類のデータ（会社の規模、利害関係者、希望するソリューションなど）を、機械学習は、過去の販売実績との比較データで示します。それによって、営業チームは、点と点を結び付け、どのソリューションが効果的であるか、取引が成立する可能性、そしてどれぐらいの時間がかかるかをより正確に予測することができるのです。この洞察は、リソースの適切な割り当て、売

上予算の予測といった営業管理に役立ちます。

〈顧客ニーズの予測〉

　ビジネスの成功は、お客様が必要としているものをどれだけうまく提供できるかにかかっています。機械学習により、顧客のニーズに対する即応性や顧客ニーズの先を見越した予測向上が期待されると言われています。セールスチームからクライアントのニーズが上がってくる前に顧客ニーズを捉え、顧客の生活をより良く、容易にするための解決策を提案できるようになれば、顧客との関係は強くなるでしょう。マシンはフォローアップを忘れてしまうということもなく、忙しすぎて積極的に解決策を共有できないということもありません。

〈取引的営業（トランザクショナル・セールス）への対処〉

　ハーバードビジネスレビューによると、2020年までに、顧客はその取引の85％を、人を介さずに行うようになると予測しています[*2]。特定分野の営業活動に対して迅速かつ効果的に処理するマシンを導入することは、人間の営業員を取引処理などから解放し、顧客との関係向上に集中することを可能にするでしょう。

〈コミュニケーションの向上〉

　機械学習の導入によって、セールス・コミュニケーションには、劇的な変化が生じると思われます。ビジネスコミュニケーションが消費者コミュニケーションの変化と同じような道をたどるとすれば、ビジネス上でも、ツイートやテキストメッセージのようなショートフォームコミュニケーションにはAIが応答することになるでしょう。

　マシンは、価格設定、製品の機能や契約条件などの質問に迅速かつ容易に回答できます。今後10年以内に、見込み客が、オフィスを離れることなく、バーチャルリアリティ（VR）で工場を見学し、カンファレンスやチームミーティングに「参加」し、製品が製造されるのを見ることができるようになるでしょう。

〈販売プロセスの調整〉

　セールス機能がどのように変化するのかを垣間見るにはカスタマー・リレーションシップ・マネジメント（CRM）会社、Salesforce（セールスフォース）のAIソリューションであるEinstein（アインシュタイン）の補助機能を見ればよいでしょう。Einsteinは、どの顧客の気が変わる可能性が高いか、どの機会を優先させてフォローアップする必要があるかをリマインダーなどで営業員に知らせ、また、各見込み客に最適な製品またはサービスを予測して支援します。

〈もっと日常的な仕事に気を配る〉

　マシンが営業処理的な業務を担うことになれば、人間は、顧客との関係性を構築するなどの人間しかできない性質の仕事にフォーカスができます。マシンが営業における庶務を引き受けてくれることによって、人間とマシンとの協働によるセールスプロセスをより効果的なものにする方法が明確になるでしょう。

　これを人事の将来にも当てはめるとすれば、人事業務におけるアドミニ仕事をマシンが担い、人事担当者は、より組織全体の発展、向上のために質問を見いだすことや洞察を提供することに通じています。

経理・会計業務におけるAIと機械学習の台頭

　経理や会計業務担当者が直ちにロボットに置き換わるというようなことはないにしろ、過去において、マニュアル労働が新しいテクノロジーによって置き換えられたように、ナレッジエコノミーにおけるいわゆるホワイトカラーワーカーもそのような状況に直面していることは、否めないでしょう。

　コンピュータの能力の向上により、多くの会計士がその職務をマシンにとって代わられるのではないかと脅威を感じています。しかし、機械学習の導入による会計業務の変化に脅威を感じるよりも、むしろこれは、会計士、会計の専門職の人々にとって、機会と捉えることができるので

はないでしょうか。なぜなら、単調な繰り返し業務をマシンに移行することができるからです。この変化は、むしろ、人間の会計士が排除されるということではなく、彼らが、もっと他のことで貢献できるということでもあります。

　以下は、機械学習導入による会計業務変革のいくつかの例です。

〈繰り返し業務の処理〉

　現状、会計業務におけるEI（エモーショナル・インテリジェンス：感情的知性）を必要とする業務のマシンへの移行はありません。マシンは、人間にとってあまり面白いとは言えない冗長で、しかも時間が取られる繰り返し業務を取り込もうとしています。

　以下はそのような業務の例です。

〈経費申請の監査〉

　マシンは、会社の経費方針を習得し、領収書を読み取り、請求された経費を監査し、コンプライアンスを遵守しているかを確認して、疑わしい請求を識別して承認のために人間に転送します。マシンは、このようなタスクを大量に処理できます。

〈決済業務〉

　こんにち、顧客企業が支払い処理をするときには、複数の請求書を組み合わせたり、自社の会計システムにマッチしない請求書がある場合には経理スタッフが顧客に電話をして請求が正しいかを確認したりなど、正確な支払い業務を行うには時間がかかることが多いでしょう。スマートマシンは、数ある請求書を分析し、どの請求に対していくらの支払いが生じたのかを正確に一致させることができ、自動的に短期決済の請求書をまとめて支払うなどの業務を人の手を借りずに行うことができます。

〈銀行照会業務の処理〉
マシンによる完全な自動化が図られています。

〈リスク評価の引き受け〉
　機械学習はリスク評価のマッピングを作成し、会社が行ったすべての
プロジェクトからデータを取得して、提案されたプロジェクトと比較し、
そのリスクを評価することができます。このような非常に包括的な評価
業務については、人間が同規模、同速度で処理しようとしても到底およ
びません。

〈分析算定の提供〉
　経理部門には、「昨年の第3四半期におけるこの製品の売上は？」と
か「過去10年間のこの部門成長率は？」といったような質問が、常に投
げかけられています。マシンは、データさえ提供されていれば、即時に
これらの質問に応答可能です。

〈請求分類の自動化〉
　会計ソフトウェア会社Xero（ゼロ）は、現在会計士が手作業で行っ
ている請求書の分類を、時間の経過とともに分類する方法を学習する自
動化システムを導入しています。会計部門は、大量の計算、銀行照会、
他の部門や顧客からの残高照会や情報照会に関する問い合わせへの対応
を、マシンに任せ始めています。これにより、会計士は、自動化が可能
な業務に関わる時間を短縮し、本質的に人間が関わるべき側面にもっと
集中することを可能にしています。

12-3 ｜ 人事部門が認識すべき重要なデータと テクノロジーの動向

　この章の残りの部分では、今後数年間のトップ11の予測（切りのいい
「10」に絞ることはできませんでした）に焦点を当てます（**図12.1**を参

照)。将来のトレンドを見据え、人事部門としての将来機会をしっかり探求したい方は、これらのトレンドがデータ戦略に与える影響を十分に検討する必要があります（第3章を参照）。

1	スマートデバイスがよりスマートになる
2	企業によるデータ・ソフトウェアへの出費は増え、ハードウェアへの出費は減る
3	現実世界よりもバーチャルで過ごす時間が長くなる
4	より多くの組織が、組織の「デジタル・ツイン」を発見する
5	テレプレゼンスが2つの場所に同時に存在することを可能にする
6	企業は外部データをもっと活用する
7	人事部門は報告から予測に移行する
8	量子コンピューティング革命
9	人事データの更なる民主化
10	経営にとってより価値のあるものになる人事データ
11	インテリジェント人事チームは、データフォーカスから、よりピープル（人）フォーカスになる

図12.1　主な人事データと技術動向

トレンド1：スマートデバイスがよりスマートになる

　機械学習のおかげで、時計、家電製品、娯楽などのスマートデバイスだけではなく、照明や配線などのインフラもいずれはスマートデバイスと呼ばれるようになることが見込まれます。私たちは10年ほど前から電話を「スマートフォン」と呼んできましたが、おそらく正確には「マルチタスク電話」（あまり良い呼び方ではないですが）と呼ぶべきでしょう。

　SiriのようなAIをオペレーティングシステムに組み込むことは、それ

らの機器を本当に「スマート」にするための最初のステップでした。そして、今後数年間で今以上の機能が見られるようになることは間違いありません。想像してみてください。自動化されたパーソナルアシスタントという機能がより先を見越した動きをし、予測的になり、スマート照明、セキュリティ、エアコンなどのIoTデバイスが、私たちが望むような動きをするようになるのです。これは、人事データの観点からすると、私たちが収集し、情報を得ることができるデータの量が更に増えることを意味しています。

トレンド2：企業によるデータ・ソフトウェアへの出費は 増え、ハードウェアへの出費は減る

より多くの機能がクラウドのプロバイダを通じて「サービスとして」利用できるようになるにつれて、企業のインフラへの支出はますますソフトウェアに投入されていくでしょう。同時にハードウェアのほうは、オフサイトで実行されるサービスの数が増え、人々がより好む安価で一般的なサーバーやストレージスペースといったハードウェアに移行し、高価な特注のハードウェア・ソリューションへの支出は減っていくでしょう。この傾向は今後も続くと思われます。人事チームにとっては、サービスとしてのソフトウェアの急成長は、アナリティクスの可能性についてまったく新しい世界を切り開き、高価なオンサイト・ハードウェアやデータサイエンティスト集団に投資する必要がなくなることを意味しています。

トレンド3：現実世界よりもバーチャルで過ごす時間が 長くなる

技術的に進歩した一般市場用VRヘッドセットは、すでに数社の製造元から消費者向けの機器として容易に入手可能になりました。VRはここ数年、テクノロジー業界で人気が高まっていますが、その多くは、オ

ーダーメイドのシステムとソフトウェアを構築する予算のある大手企業の使用に限られてきました。一般市場のデバイスとして入手が可能になり、ユーザーが自分の世界やバーチャルリアリティーをデザインすることを可能にするオープンソース・ソフトウェアが増えるにつれて、VRでできることの範囲や拡張現実（AR）の使用は、今後数年間で大幅に拡大すると予想されます。

　すでにこの本で見たように、VRとARは、従業員の学習と開発の分野では実質的な効果を組織に与え、雇用者のブランドを引き上げて、優秀な人材の採用にもつながっています。

トレンド4：より多くの組織が「デジタル・ツイン」を発見する

　第10章でデジタル・ツイン・テクノロジーについて少し触れましたが、「デジタル・ツイン」は、将来企業において、聞く機会が多くなるフレーズであると思います。基本的には、コンピュータ能力の向上と正確なセンサー技術が手頃な価格で手に入るようになったことにより、ほとんどのことを高度な正確さで、コンピュータ上でシミュレートできるようになったということです。

　人事的な使用という点での明らかなアプリケーションとしては、学習と開発ですが、もっと先へ進む可能性があります。デジタル・ツインは、データ・ドリブン・シミュレーションにより、会社全体のプロセスの運営シミュレーションを構築することさえ可能で、組織変革を模索するのに有効な「砂場」を提供すると考えられます。ツインを構築するために使用されるデータは、進化した予想分析のインプットにも使うことができ、シミュレーションという安全環境で、手順とプロセスを変更したときの結果を実験検証することができるのです。

トレンド５：テレプレゼンスが２つの場所に同時に存在することを可能にする

「何を言っているんだ？」と思われたかもしれませんが、私は、狂っているのでも、脱線してSFを書いているのでもありません。テレプレゼンスというのは、VR／ARとデジタル・ツインの概念からのアイデアを組み合わせて、人間が同時に２つの場所にいることが可能であるという考え方です。

無人偵察機や遠隔制御装置は、私たちが自分の手や腕の範囲を超えて直接的な影響力を及ぼす範囲を広げるためにますます使われるようになるテクノロジーであると思われます。外科医は、ロボットまたは遠隔制御された外科用機器によって遠隔で手術をすることができ、無人車両や機器は、人間では健康を害するために行くことができないような場所へのアクセスを可能にし、私たちよりも早く到達することも可能になるでしょう。

我々がすでに使っている最もシンプルな応用例は、リモート会議です。これは仮想環境（例：Skype）で行われますが、テクノロジーを使用して全員がその場にいるという印象や効果を与えます。第10章で見たハーバード大学の仮想教室のようなものです。より高度なアプリケーションは無限であり、宇宙の果てや海底でも完全に安全な状態ながらその場にいるような感じを与える方法が可能になっています。ビジネス現場では、遠隔でタスクを完了できるので、オペレーションの効果性と効率の向上を中心としてこの技術が活用されています。

トレンド６：企業は外部データをもっと活用する

内部データが素晴らしい競争力優位を提供することは疑いありません。それは会社固有のビジネス、業界、課題、顧客、そして従業員と極めて結び付いているからです。しかし、内部データを外部データで補完する企業が増えています。これはマーケティングや営業部門ではすでに、こ

こ何年もの間起こっていることです（たとえば、マーケティングの同僚がFacebookのデータを利用して広告を適切にターゲティングしているなど）。

　今後2〜3年の間に、人事部門も内部の人的データを外部データ、つまり政府、データ業者、Glassdoor（グラスドア）などのサイトからの雇用トレンドの情報や、働く人々のエンゲージメント全般の傾向などを使って、内部データから得られた知見を補完するようになるでしょう。内部データだけに注目してしまうことは、目隠しをしているようなものなのです。自分たちのデータに対して視野を広げる、他のデータを追加するのは重要なことです。

　これが将来の人事部門に対して意味することは、価値ある内部データと外部から入手可能な豊富な資産としてのデータとのバランスを狙い定める必要があるということです。

トレンド7：人事部門は報告から予測に移行する

　従来人事部は、過去1年間に何が起こったのかを伝えるレポートを作成してきました。使用するデータはほんの1〜2か月前のものであったり、12か月すべての場合もあったりしたでしょう。人事部門を含む企業の事業部門は、今後ますます、これらの古いデータからリアルタイムの分析へと移行します。より多くの分析がリアルタイムで行われる必要があり、企業にとってはこのデータ・ドリブン型の世界が真の競争の場となります。それはつまり、現在何が起こっているかを正確に理解した上で、問題が根付いてしまう前にとるべき行動をとるということです。その良い例が、年次従業員調査に代わるものとして始まっている恒常的に行われている定期的パルスサーベイ（第7、8、9章を参照）です。今後数年以内に、もっと多くの企業がこのアプローチに移行するでしょう。

　この本を通して私たちが見てきたように、より多くのデータを集めることによって（例えば定期的な調査を通じて）、予測能力は大きくなります。機械学習とAI機能により、企業は従業員の満足度が下がりそうな

指標を見つけたり、主力となる従業員が会社を辞めようとしていると思われる指標を見つけ出したりといったことができるようになるでしょう。

トレンド8：量子コンピューティング革命

　今日のスマートフォンは50年前に一部屋分の広さを必要とした軍事用コンピュータと同様の能力があります。しかし、技術革新の驚くべき進化があっても、標準的なコンピュータが解決できない問題はまだまだ残っています。そこが、量子コンピュータの領域です。従来のコンピュータの処理能力を超えた複雑な問題を解決する、というのです。

量子コンピュータはどのように機能するのか？

　原子、素粒子の世界に入ると物質は予想できない方法で活動を始めます。実際これらの粒子は一度に１つ以上の場所に存在することができ、この能力を量子コンピュータは使うことができます。従来のコンピュータが使うビットの代わりに、量子コンピュータは量子ビット（クビットとして知られる）を使います。この違いを理解するため、球体をイメージしてみましょう。ビットは球体の２つの極のどちらかにしか存在できませんが、クビットは球体のどこにでも存在できます。つまり、クビットを使うコンピュータは膨大な量の情報を従来のコンピュータより少ないエネルギーで保存が可能だということを意味します。量子の領域にあるコンピュータの世界では、従来の物理の法則はもはや通用せず、今日使われているものよりもずっと高速のプロセッサーを作り出すことができるというのです。

量子コンピュータの会社であるD-ウェーブ

　D-Waveの共同創始者Eric Ladizinsky（エリック・ラジンスキ）は、2014年に行われたWIRED（ワイアード）の会議で、通常のコンピュータと量子コンピュータの違いを説明しています[*3]。彼は、議会図書館にある5,000万冊の本の中から一つのXマークが記されているページを５分

以内に見つけるということを想像してみてほしいと言いました。普通の
コンピュータでそんなことは不可能ですが、もし5,000万のパラレルワ
ールドがあり、それぞれの現実で別の本を1冊見てXを探すことなら、
量子コンピュータがするようにできるでしょう。量子コンピュータは私
たちの世界を素早く簡単に5,000万通りに分けられるのです。私たちは
まったく新しい物理の世界を冒険するようになり、そこには考えもつか
なかった解決策と用途があるかもしれません。しかし、そのためには、
それと同時に古典的なコンピュータが、私たちの世界を簡単なビット、
つまり「0または1」という2つのオプションでどのように発展させて
きたかも考える必要があります。

　まだ、私たちは量子コンピュータの可能性のすべてについて理解して
いるわけではありません。しかし、どんな産業でもゲームチェンジが起
こるということを知っています。世界でもっとも影響のある企業、IBM
やGoogle、そして世界中の政府が量子コンピュータ技術に投資している
ことは、偶然ではありません。彼らは、量子コンピュータが世界を変え
ることを期待しています。なぜなら、それが、今日では不可能な問題解
決や効果的な経験を私たちにさせてくれると考えられるからです。

量子コンピューティングのアプリケーションとは？

　量子コンピューティングの影響を大きく受ける分野の1つがAIです。
機械学習の向上に欠かせない情報処理は、量子コンピューティングに最
適です。量子コンピュータは大量のデータを分析してAIマシンのパフ
ォーマンス向上に必要なフィードバックを提供します。

　量子コンピュータは、従来のコンピュータよりもはるかに効率的にデ
ータを分析し、フィードバックを提供するので、AIの学習曲線はさら
に短縮されます。AIマシンは、量子コンピュータからの洞察によって
まるで人間のように力を与えられ、経験から学び、自己修正することが
できるようになるでしょう。量子コンピュータは、多くの産業へのAI
技術の広がりを助長し、テクノロジーはより直感的になり、さらにスピ
ードを増すでしょう。

量子コンピュータは、オンライン・セキュリティの向上から天気や気候変動の予測の改善に至るまで多くの用途に利用されると予想されます。しかし、私にとって、最もエキサイティングなことは、量子コンピュータは、現在私たちが古典的なコンピュータでやっているような一つひとつ少しずつ問題に対処するのではなく、問題全体を一括して、一度に取り組むことができることです。

これは、金融サービスから国家安全保障まで、あらゆる分野における驚くべき発展への扉を開くでしょう。この最先端分野の本質からすると、私たちがまだ夢見ていなかった発見、革新、解決策があるかもしれません。いずれにせよ、量子コンピュータが、古典的なコンピュータの能力を超えた複雑な問題を解決する能力を私たちに与えてくれることは明らかです。

トレンド９：人事データの更なる民主化

我々は近年、データ民主主義の新たな波を目の当たりにしており、あらゆる兆候は、この流れが今後も続くことを示しています。過去50年間の大部分において、データは、IT部門によって「所有」され、ビジネス・アナリストや経営幹部が利用してビジネス上の意思決定を推進してきました。組織はデータで溢れ、データ容量が多くなったため、更に多くのビジネス・ユーザーがIT部門というゲートキーパーを介さずにデータにアクセスし、自分のデータを検索することが必要になってきました。現在、組織は、意思決定の迅速化や営業やカスタマー・サービスへ影響、機会を公けにするために、より多くのビジネス・ユーザーにデータへのアクセスを許可しています。このアクセスの増加こそ、データの民主化（データの社会化とも呼ばれる）として知られているものです。

なぜデータの民主化が重要なのか

データから、意味のあるビジネス・アクションを分析、開発することができる人々の集団を拡大することは、大局的見地から考えた場合、ビ

ジネスの競争力を獲得するためにも重要であり、企業の存続を確実にすることにつながることであるとも考えられます。データの民主化による最終ゴールは、組織内の人々が迅速かつ容易に必要なビジネスの洞察を、IT部門やデータ・サイエンティストなど他者の手助けなしで得ることができるようにすることです。これにより、人々が必要な時、適切なタイミングで適切なデータを入手できます。組織全体にデータとアナリティクスを組み込み、すべてのプロセスでその影響を測定できるようにすることは、トップダウンで集中管理された方法でデータを取り扱うよりも生産的なアプローチであると言われています。

この応用用途には幅があり、小売店店舗フロアのセールススタッフが顧客情報への瞬時アクセス（必ずしも、その個人を特定する情報である必要はなく、匿名のデータのセットかもしれない）から、エンジニアが重要な機械の故障予測を可能にするといったことまで、さまざまな可能性があります。

人事部門にとっての意味

私たちの世界の「データ化」とIoTデバイスの数の増加は、より多くのデータを利用できるようになることによって、人事部門の意思決定と運用を強化できるようになることを意味します。しかし、これらのデータの多くは人事部門以外にとっても有効な情報です。たとえば、ライン・マネジャーが、部下のパフォーマンスや満足度に関する情報を必要としているとしましょう。この場合、データの民主化とは、人事部門がもつデータを、人事部の内か外かに関わらず、ライン・マネジャーに情報へのアクセスを可能にし、必要な時にいつでも入手できる状態にするということです。

これが意味することは、組織の人々すべてがデータ・サイエンティストになる必要があるということではありません。データの民主化に関わる将来のテクノロジーの進歩によって、人々に必要なことは、重要な情報を抽出するための分析よりも、データに対して正しい質問ができるのかということになるでしょう。人事担当者やマネジャーが全社のデータ

を読み込んで解釈するのではなく、進歩した自然言語処理やチャットボットなどを使って、データ分析ツールと会話して「うちのチームの誰が会社を止めそうか？」などの質問をするようになるということです。

トレンド10：経営にとってより価値のあるものになる　　　　人事データ

　私は少し以前、企業にとって、人事データが財務データよりも価値のあるものになっているだろうと主張する記事を書きました[*4]。その理由は、企業にとって人材が最も重要な資産であるならば、その人々についての情報がビジネスにとって最も価値のあるデータであるべきだと理解するからです。このことは、情報化時代においてますます真実になってきていると思います。

　多くのハイテク企業や新興企業では、会社を構成する人間、そして彼らが生み出す知的財産が、文字通り唯一の資産であり、それは仕事をする上で必要な一般的なハードウェアやソフトウェアを超えるものかもしれないのです。したがって、多くの産業分野で、雇用主が店舗のフロアから役員室までのあらゆるレベルで、従業員の行動やパフォーマンスを測定および分析できるテクノロジーへの投資を増やしているのは当然のことだと言えるのではないでしょうか。最終的に、従業員のことを良く理解している会社が、従業員のモチベーションを維持し、幸せで生産的な従業員によって成功するだろうことに、疑いの余地はありません。ビジネス上のより多くの側面がスマートIoT対応テクノロジーによって管理されるようになることを考えると、人事も同じような道を進むことは避けられません。ビジネス戦略への情報提供と目標設定という点でも、人的情報は、財務データと同じくらい重要になります。これらのデータソース、つまり人事データと財務、運営、顧客データを包括的に使用できる組織は最大の価値を引き出すことができるでしょう。

　たとえば、パーソナリティ・プロファイリングに基づいて、顧客と営業担当者をマッチングさせるなどです。これもまた、データの民主化が

ますます重要になることを示す例と言えます。ただし、人事データが、組織に対して最大の価値を提供するためには、そのデータが、より広くビジネス状況とリンクし、ビジネスの主要パフォーマンス指標（KPI）を包括する必要があります。つまり、これまで以上に、人事データを、収益、利益、顧客サービス、人材獲得などの事業目標にリンクする必要があるということです。それが、人事データと人事部門自身がビジネスに真の価値をもたらすことを確実にする最善の方法と言えるでしょう。

トレンド11：インテリジェント人事チームは、データフォーカスから、よりピープルフォーカスになる

　私は長年にわたって多くのさまざまな人事チームと仕事をしてきましたが、私の経験では、データと数値の世界は平均的な人事担当者の心を躍らせるものではありません。ほとんどの人事担当者は、本質的に人に焦点を当てていて、データセットを分析することよりも人との交流に関心があります。

　もし、この本を読んで、将来、人事の仕事を続けるためにはデータ・サイエンティストになる必要があるのか、と感じたとしたら、リラックスしてください。事実は逆です。市場に出回るであろう多くのデータ分析ツールは、AIと機械学習の能力を通して、私たちに自動分析と洞察生成を可能にしてくれるでしょう。これは素晴らしいニュースです。量子コンピューティングは、コンピュータの機能を変革し、時間をかけずに少しの努力で、私たちにより高度なAIアルゴリズムを使うことを可能にするでしょう。

データ・サイエンティストは不要？

　オンライン雇用アナリスト会社であるGlassdoor（グラスドア）の調査によると、2016年に「データ・サイエンティスト」がアメリカで最高の仕事に選ばれました[*5]。しかし機械学習、AI、ビッグデータなどがデータ・サイエンティストの役割を危険にさらす可能性はまだ少しだけ早

いうことかもしれません。新しい機械学習アルゴリズムは、自律的にデータを分析し、パターンを識別し、さらにデータを解釈してレポートやデータの視覚化を生成することも可能になっています。また、自然言語処理テクノロジーは、データ分析の広範な使用に対する障壁を取り除き、技術的な能力に関係なく、ほぼすべての人が複雑な分析を実行できるように開発が進んでいます。たとえばIBMは、データ・サイエンティストを完全に削減し、それらをWatson（ワトソン）の自然言語分析プラットフォームに置き換える（または補足する）ことで、ビッグデータのスキル不足に対する解決策を提供できると考えています。Watson Analytics（ワトソンアナリティクス）およびビジネスインテリジェンス担当のIBM副社長、Marc Altshuller（マーク・アルトシュラー）氏は次のように説明しています。「Watsonのような認知システムには質問をするだけでいいのです。質問がない場合は、データをアップロードするだけでWatosonはそれを見てあなたが何を知りたいのか教えてくれます」*6。

　さらに、新しい技術も出現しています。それはいかなる分野の人であろうと、デバイスが、詳細なインフォグラフィックやその他のストーリーテリングを生成し、テクノロジーがデータ解釈の支援をするものです。ビジュアライゼーションは通常、データの一番上におかれ、それらのデータをよりわかりやすくするために設計されています。ビッグデータ分析では、大量の厄介なデータセットの分析から得た洞察を報告することが、そのプロセスの重要な「最後のステップ」でありますが、それが私たちをつまずかせる原因となるステップでもあるのです。

　私たちは、リアルタイムで何テラバイトものデータを処理することによって世界が変わるような変化を想像してきたかもしれませんが、行動を起こす必要がある人々に、それらを納得するように伝えることができなければ何の意味もありません。最悪、お金の無駄になります。データを視覚化するプログラムは、Excelで使えるグラフ作成機能から始まり、次第に複雑になっています。しかし、Quill（クイル）と呼ばれるプログラムは、トレンドを一歩先取りし、テキストベースのデータを明確かつ簡潔な説明のレポートにしてくれます。ボタンをクリックするだけで、

コンピュータがデータを説明するエグゼクティブサマリーレポートを作成すると考えてみてください。こういったタイプのテクノロジーを組み合わせることにより、ビッグデータの世界ではデータ・サイエンティストは不要となるかもしれません。そのようなデータ分析専門家でなくても自由に分析ができるようになるのですから。

これが、人事に意味すること

　こういったことを念頭に置くと、それほど遠くない将来、人事マネジャーが自分のコンピュータの前に座り、従業員のエンゲージメントに関する質問を分析ソフトウェアに投げかけると、視覚化されたリアルタイムのレポートの形式で正確な回答を入手することができるようになることも想像に難くありません。そうすると、人事部門担当者のデータ分析スキルそのものはそれほど重要ではなくなるように感じられますが、だからと言って、データやアナリティクスについて何も知る必要がないというわけではありません。

　組織に最大の価値を提供できるようにするには、もちろん、テクノロジーの開発や可能性に遅れずに通じている必要があります。しかし、データ・アナリストになるための再トレーニングを受けるよりも、データに対して正しい質問をし、正しい洞察を得ることができることの方がより重要になるでしょう。知っておくべきことが何かを正確に理解し、それらの質問の答えを得るための適切なデータとアルゴリズムを持っていれば、あなたが「素敵なアナリスト」として行動しなくても、必要な答えを手に入れられるでしょう。

　自動化によって、人事担当者が多くの煩雑で単純なアドミニ仕事から解放されることと組み合わされて、将来の人事部門は、本来人事がすべきであった人間面へ集中することが可能になります。

　今現在、私たちはトリッキーな過渡期におり、データ・アナリティクスが他の仕事のトップにあるような状況ですし、多くのタスクを自動化するためのシステムは、まだ整っていないように感じられることは、確かです。しかし、将来を見据えると、コンピュータとアナリティクスの

進歩に伴い、理想的な明日の人事部門は、事業の目的達成を支援し、組織全体の成長と貢献に応じて組織全体の人々を支援することに集中し、人事独自の方法でビジネスの成功に貢献しているのではないでしょうか。

12-4 | すべては「戦略」から始まる！

さて、ここで改めて、どの人事部門も堅固なデータ戦略をつくる必要があることを強調したいと思います。もし、今からデータ・ドリブン人事をスタートしていくのであるとすれば、データ戦略を立てることが、その道筋を明確にするための助けとなるでしょう。すでに、何らかの形でデータ・ドリブン人事に取り組み始めているのであれば、その取り組みをビジネスへの貢献に確実に結びつけるために、見直す良いタイミングではないでしょうか。

いま人事としてのあなたには、多くの可能性が目の前に開けていると言って良いと思います。データ戦略に関しては、第3章に戻って、データ戦略の作成や修正に関するアドバイスをご覧ください。さらに詳細なガイダンスが必要な場合は、私の著書『データ戦略：ビッグデータ、アナリティクス、IoTから利益を得る方法』[*7]も参考になるでしょう。

最後にもう一度、人事データ戦略とその活動は、広範なビジネス背景と組織が達成しようとしていることにしっかりと根付いていることがどれほど重要であるかを、十分に強調しておきます。データ戦略は、人事がどのようにビジネスの前進と組織目標の達成に貢献し、その付加価値を提供するかを正確に示すものでなければなりません。

私は、それこそが、真のインテリジェント人事であると考えています。

重要なポイント

以下は、この最終章の主な学習ポイントの再確認です。

● 私たちの世界の「データ化」とIoT対応デバイスの急増は、これからも続きます。

● テクノロジーは急速に変化しており、量子コンピューティングやVRなどの開発は、まだ想像もできない進歩と可能性をもたらすでしょう。

● 人事部門は、適切な自動化に取り組み、人間にしかできない特有の役割は何かを把握し、組織に対して提示する必要があります。テクノロジーや他の部門にはできない、どのような価値を生み出すことができるでしょうか？

● あらゆる業界、およびほとんどすべての職務において、仕事の性質は変化しており、あらゆる種類の人材がより多くのデータに精通する必要があります。しかし、これは誰もがデータ・サイエンティストになる必要を意味するものではありません。

● テクノロジーが進歩するにつれて、私たちは、AIと機械学習機能を通して、自動化による分析と洞察の生成が可能になるでしょう。人間の価値は、データに関して更に正しい質問をできるかということになるでしょう。

● 多くの単純なアドミニ業務の多くが自動化され、人事担当者がデータではなく人に集中できるようになることと組み合わせることによって、上記も可能になるでしょう。

● 今こそ、人事データ戦略を作成またはレビューし、それが組織のより広範なビジネス目標の文脈にしっかりと根付いていることを確認するときです。

この本で未来を垣間見たことが、読者の皆さんの刺激となり、インテ

リジェントで、データ・ドリブンな人事システムの推進とそのプロセス実行の動機づけになったことを願います。

いま、ビジネスのやり方そのものが劇的に変化している最先端に私たちがいることは明らかです。（読者の皆さんにとっても同じであることを望みますが…）

いずれにせよ、人事プロフェッショナルであるあなたと人事部門の同僚は、企業における働く場の変化をナビゲートし、支援する上で極めて重要だということを心していただきたいと思います。

第12章注釈

1　Marr, B（2017）[accessed 23 October 2017] Digital Transformation and Data Will Change All of Our Workplaces – Are You Prepared？ [Online] https:// www.forbes.com/sites/bernardmarr/2017/03/24/how-digital-transformationand-data-will-change-all-of-our-workplaces/#3761d4985e04

2　Baumgartner, T, Hatami, H and Valdivieso, M（2016）[accessed 23 October 2017] Why Salespeople Need to Develop 'Machine Intelligence' [Online] https://hbr.org/2016/06/why-salespeople-need-to-develop-machine-intelligence

3　Marr, B（2017）[accessed 23 October 2017] 6 Practical Examples of How Quantum Computing Will Change Our World [Online] https://www.forbes.com/sites/bernardmarr/2017/07/10/6-practical-examplesof-how-quantum-computing-will-change-our-world/2/#42a2f9a11c20

4　Marr, B（2017）[accessed 23 October 2017] Is HR Data Even More Valuable to a Business Than Its Financial Data？ [Online] https://www.forbes.com/sites/bernardmarr/2017/03/30/is-hr-data-even-morevaluable-to-a-business-than-its-financial-data/#740396c93789

5　Glassdoor [accessed 23 October 2017] 50 Best Jobs in America [Online] https://www.glassdoor.com/List/Best-Jobs-in-America-LST_KQ0,20.htm 6 Marr, B（2016）[accessed 23 October 2017] Big Data: Will We Soon No Longer Need Data Scientists？ [Online] https://www.forbes.com/sites/bernardmarr/2016/04/27/will-we-soon-no-longer-need-data-scientists/#4e840aee6897

7　Marr, B（ ）Data Strategy: How to Profit from a World of Big Data, Analytics and the Internet of Things

訳者あとがき

　2017年、2018年5月の米国でのATD（Association for Talent Development）の国際カンファレンスの際、訳者は、"Machine Learning and AI-Will They End L&D as We Know It-"と題して、AI技術によって変わりつつある事業部門の業務そのものと「人」の役割の変化、人事としてそれらの変化に備えなければならないことは何か、未来を創る人事として今何をしなければならないかを議論しました。そこでわかったことは、組織のさまざまなところで、AI技術による自動化や業務プロセスの大きな変化が起こっているにも関わらず、いま人事がそれらのテクノロジーとどう向き合い、何をしていかなければならないのかが分からず、テクノロジーの進化に圧倒されている人事やL&Dの仲間たちの現実でした。

　2018年帰国後、いったいグローバルでは、AI技術やデータによって、人事はどう変わらなければならないというメッセージがあるのか、HRテクノロジー導入を業としている側の話ではなく、人事の立場としてこの移行期と将来にどう対処していく必要があるのかがどう議論されているのだろうか、と思い"ピープル・アナリティクス"や"データ・ドリブン〜"などバズワードを冠した本を数冊買い求め読んでみました。その際に出合ったのが、この『DATA-DRIVEN HR』です。HRテクノロジー関連の本は、とかく米国発のものが多い中で、本書はイギリスのコンサルタントが書いた本です。彼のベストセラーに『DATA STRATEGY』(2017) もあるのですが、人事に焦点を当て、人事として必要なテクノロジー情報を平易に紹介しているのは前者の本でした。人事の「データ戦略」を実践的に解説していることは、日本の人事プロフェッショナルに対しても有用な情報になると思い、翻訳を決意しました。また、企業における個人情報の取り扱いに関して、比較的寛容な米国に比べて、GDPRに代表されるヨーロッパ圏の個人情報の取り扱いに対する態度も日本にとって参考になるものがあるのではないかと思います。

　原書の副題が、"How To Use Analytics And Metrics To Drive Performance（どのようにアナリティクスとメトリクスをパフォーマンスに活かすか）"であることも、パフォーマンス・コンサルティングを

業としている私にとって、注意を引いた本でもありました。

　本来目的（目標と課題）を明らかにし、システムとしてつながっている組織体の各要素を統合的にみながら、さまざまなデータに基づいて適切な介入策を検討し、目標が達成されたかどうかを測定しながら解決を導くという「パフォーマンス・コンサルティング」と共通の概念で書かれているのが本書です。"データありき" "システム導入ありき" のアプローチではなく、なぜいま、組織戦略として「データ・ドリブン」な人事になる必要があるのかが、常に意識された形で解説されています。データを活用した経営のパートナーとなっていくための道筋と、統合的な人事戦略を考える時に役立つ本だと思います。戦略パートナーとしての人事に求められるコンサルティング能力をデジタルデータの観点から整理してくれます。

　おりしも、このあとがきを書いているころ、日本の人事にとっては大きなニュースが入ってきました。日本を代表する製造企業のトップが、いよいよ日本における終身雇用制度の維持が難しいことに言及したのです。つまり、「メンバーシップ型雇用」から「ジョブ型雇用」へのシフトが必要となり、人事も、いよいよグローバルの海で競争力のある組織づくりへの貢献をしていかなければならないということでしょう。データエコノミー時代への対応のみならず、グローバル環境における組織競争力の源泉として、なぜデータ・ドリブン人事になる必要性があるのかと、そのステップを説いているという点で、「いま」変わらなければならない人事にとって、インテリジェント人事とグローバル化を同時に進めるためのきっかけとしていただける本ではないでしょうか。

　なお、訳出にあたり、株式会社日本能率協会マネジメントセンター（JMAM）出版事業本部の黒川剛様には、まさに「アジャイル」にご対応いただき、編集と出版に大きく尽力していただきました。ここに敬意と感謝を表します。

2019年5月16日

中原　孝子

著者紹介

●バーナード・マー　Bernard Marr

　ドイツのハンブルクの近くで生まれ、そこで育つ。その後、イギリスのケンブリッジに移り、ビジネス、エンジニアリング、および情報技術の学位を取得し、研究員として入社したケンブリッジ・ビジネススクール、クランフィールド・スクール・オブ・マネジメントを経て、2006年に自身の会社Bernard Marr＆Coを立ち上げて現在に至る。世界中で人気のビジネス作家であり、カンファレンス等における基調講演者、さらには数多くの企業や政府に対する戦略アドバイザー（アクセンチュア、アストラゼネカ、イングランド銀行、バークレイズ、BP、シスコ、DHL、富士通、ガートナー、HSBC、IBM、米国国防省、マイクロソフト、オラクル、内務省、Tモバイル、トヨタ、イギリス空軍、SAP、シェル、国連、ウォルマートなど多数）やアイルランドマネジメント研究所、オックスフォード大学における教鞭、企業理事会の非常勤取締役など多方面で活躍している。ビジネス・パフォーマンス、デジタル・トランスフォーメーション、およびビジネスにおけるデータのインテリジェントな活用に関する提言活動では、世界で最も尊敬されている専門家の1人であり、LinkedInは世界のトップ5のビジネスインフルエンサーとしてランク付けしている。加えて、世界経済フォーラムにも頻繁に寄稿を行い、ForbesとLinkedIn Pulseにも定期的にコラムを執筆している。専門家としてのコメントはBBCニュース、Skyニュース、BBCワールドといったテレビやラジオ、およびタイムズ、フィナンシャルタイムズ、CFOマガジン、ウォールストリートジャーナルなどの注目の出版物に掲載されている。さらには、毎日150万人のソーシャルメディアフォロワーに積極的に参加し、何百万もの読者に届くコンテンツを共有している。

　主な著書は『Big Data in Practice: How 45 Successful Companies Used Big Data Analytics To Deliver Extraordinary Results』『Data Strategy: How to Profit from a World of Big Data, Analytics and the Internet of Things』『Big Data: Using SMART Big Data, Analytics and Metrics To Make Better Decisions and Improve Performance』『 'Key Business Analytics: The 60+ Business Analysis Tools Every Manager Needs to Know』など数多く、20以上の言語に翻訳されて、Amazon No 1ベストセラー、CMIマネジメントブックオブザイヤー、Axiomブック賞、WHSmithベストビジネスブック賞を受賞している。

訳者紹介

●中原孝子　Koko Nakahara

ATD 認定CPLP
株式会社インストラクショナルデザイン　代表取締役社長

国立岩手大学卒業後、米コーネル大学大学院にて、教育の経済効果、国際コミュニケーション学等を学び、その後、慶應義塾大学環境情報学部武藤研究室訪問研究員として、インターネットを利用したデータマインニングやE-ラーニングなどの研究に携わる。
米系製造販売会社、シティバンク、マイクロソフトにてトレーニングマネージャーとして活躍後、2002 年 5 月株式会社インストラクショナル デザインを設立。
ATD（Association for Talent Development）インターナショナルメンバーネットワークジャパンの理事（現副代表、元代表）も務めている（2019年時点）。

　人材開発を取り巻く環境に求められるプロフェッショナル要件の変遷とともに、研修実施や設計をする者にとってのグローバルスタンダードとも言えるインストラクショナルデザインを紹介したいという思いでインストラクショナルデザイン社を立ち上げ、ATDの活動に積極的に携わってきた。インストラクショナルデザインだけではなく、人事・人材開発の重要な機能としての人々のパフォーマンス支援を重視したパフォーマンスコンサルティング業務（パフォーマンス分析～施策選定～測定～チェンジマネジメント）も行っている。ATDの認定資格者CPLP（Certified Professional in Learning and Performance）として、その研鑽を重ね、理論と実践を兼ね備えたパフォーマンスコンサルタントとして金融から医薬品、製造業、IT企業、国際機関など幅広い分野にそのコンサルティングを提供してきている。
　JMAM発行の『人材教育』など人材関連冊子への投稿をはじめ、啓蒙のための記事も多数。パフォーマンスコンサルティング関連の翻訳書として『HPIの基本』（2011年ヒューマンバリュー出版）があり、日本におけるインストラクショナルデザインおよびパフォーマンスコンサルティングの第一人者。
　2008年からは、ATDの国際カンファレンスをはじめとし、インド、マレーシア、ブラジル、台湾、韓国、オランダなど人事関連の国際カンファレンスでもスピーカーを務めるなど、国際的に活躍中。2017 年 5 月ATD国際カンファレンスにて、"Machine Learning and AI-Will They End L&D as We Know It-"と題して、AI関連技術によって新しい段階に入った人材開発の役割変化への認識を喚起するパネルディスカッションを行っている。

データ・ドリブン人事戦略
データ主導の人事機能を組織経営に活かす

2019年6月30日　　　初版第1刷発行

著　　者——バーナード・マー
訳　　者——中原 孝子
　　　　　　　©2019 Koko Nakahara
発 行 者——張　士洛
発 行 所——日本能率協会マネジメントセンター
〒103-6009　東京都中央区日本橋2-7-1　東京日本橋タワー
TEL　03(6362)4339(編集)／03(6362)4558(販売)
FAX　03(3272)8128(編集)／03(3272)8127(販売)
http://www.jmam.co.jp/

装　　丁——重原　隆
本文DTP——株式会社明昌堂
印 刷 所——広研印刷株式会社
製 本 所——株式会社宮本製本所

ISBN 978-4-8207-2733-0　C2034
落丁・乱丁はおとりかえします。
PRINTED IN JAPAN

経営を強くする戦略人事

加藤　宏未・田崎　洋・金子　誠二　著
A5判並製320ページ

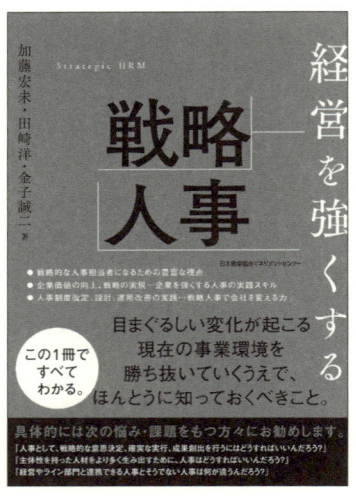

企業経営における「人事部門」の重要性に注目し、経営視点と現場視点での人事「戦略」のシナジーを『戦略人事』として、これからの時代に求められる人事の姿を考える一冊

　これまでの『強い統制型の人事』から、「働き方改革」「多様性」「ワークとノンワークとのバランス」の尊重などを踏まえた『しなやかで開かれた人事（ライン部門や従業員個々も参画しながら全体を作り上げる人事）』を目指す。また本書では、あえて「人事管理」に対応する言葉として「HRM（Human Resource Management：人的資源管理）」を使い、新しい人事＝戦略人事のあり方を提示していく。

　これからは、「環境変化を主体的に察知して企業活動の競争優位性を高める経営（人事）戦略を打ち出し、社会・従業員などステークホルダーすべての満足を創りあげる人事」という能動的な「戦略人事」の姿勢を改めて強調しなければならない。そして、それを司る人事担当者は、今までになく「経営を強くする」、すなわち「経営資源としてのヒト」を軸として「モノを創造すること」「カネを生み出すこと」「情報を活用しきること（新たに生み出すこと）」「時間（トキ）を稼ぎ出すこと」ができる人材を、市場から獲得し、活用し、社会に輩出していく一連のプロセスを戦略的に思考し、実践することを求められている。

主な目次

第1章　「戦略人事」の背景
第2章　戦略人事のあり方〜HRM戦略の立案と展開〜
第3章　戦略人事の実践プロセス
第4章　戦略人事の実践事例
第5章　これからの戦略人事に求められる7箇条
【付録】「HRMの成果と検証」における管理項目INDEX